Bilanzwissen für Führungskräfte

Klaus Hirschler

Bilanzwissen für Führungskräfte

Vielschichtigkeit und Aussagekraft von Jahresabschlüssen

Professor Dr. Klaus Hirschler
Wirtschaftsuniversität Wien,
Österreich

ISBN 978-3-8349-2977-8
ISBN 978-3-8349-4312-5
ISBN 978-3-8349-3704-9 (eBook)
DOI 10.1007/978-3-8349-3704-9

Die Deutsche Nationalbibliothek verzeichnet diese Publikation in der Deutschen Nationalbibliografie; detaillierte bibliografische Daten sind im Internet über http://dnb.d-nb.de abrufbar.

Springer Gabler
© Springer Fachmedien Wiesbaden 2012
Das Werk einschließlich aller seiner Teile ist urheberrechtlich geschützt. Jede Verwertung, die nicht ausdrücklich vom Urheberrechtsgesetz zugelassen ist, bedarf der vorherigen Zustimmung des Verlags. Das gilt insbesondere für Vervielfältigungen, Bearbeitungen, Übersetzungen, Mikroverfilmungen und die Einspeicherung und Verarbeitung in elektronischen Systemen.

Die Wiedergabe von Gebrauchsnamen, Handelsnamen, Warenbezeichnungen usw. in diesem Werk berechtigt auch ohne besondere Kennzeichnung nicht zu der Annahme, dass solche Namen im Sinne der Warenzeichen- und Markenschutz-Gesetzgebung als frei zu betrachten wären und daher von jedermann benutzt werden dürften.

Lektorat: Irene Buttkus, Walburga Himmel

Gedruckt auf säurefreiem und chlorfrei gebleichtem Papier

Springer Gabler ist eine Marke von Springer DE. Springer DE ist Teil der Fachverlagsgruppe Springer Science+Business Media.
www.springer-gabler.de

Vorwort

Dieses Buch ist aus mehreren Führungskräfteseminaren hervorgegangen und hat zum Ziel, unternehmensverantwortlichen Nichtfachleuten für Rechnungswesen ein Verständnis dafür zu vermitteln, was insbesondere Inhalt der Bilanz und der GuV ist, wie man zu den im Jahresabschluss abgebildeten Werten kommt und vor allem, welche Wahlrechte und Entscheidungsspielräume denjenigen zur Verfügung stehen, die den Jahresabschluss aufstellen (Geschäftsführung und Vorstand) und feststellen (Aufsichtsrat).

Auch sollen grundlegende betriebswirtschaftliche Aussagen, die mit Hilfe eines Jahresabschlusses getroffen werden können, vermittelt werden.

Für die Mitwirkung an der Entstehung dieses Buches danke ich meinen Mitarbeiterinnen MMag. Gudrun *Geutebrück*, Mag. Verena *Knapp* und Herrn MMag Jürgen *Reinold* ganz herzlich.

Wien, im Sommer 2012   Klaus Hirschler

Inhaltsverzeichnis

1	Einleitung	1
2	**Bilanz**	**3**
2.1	Funktionen der Bilanz	4
2.1.1	Dokumentationsfunktion	4
2.1.2	Gewinnermittlungsfunktion	4
2.1.3	Informationsfunktion	7
2.2	Was versteht man unter einem Vermögensgegenstand?	7
2.2.1	Unter welcher Voraussetzung ist ein Vermögensgegenstand in der Bilanz eines Unternehmens auszuweisen?	9
2.3	Grundsatz: Keine Bilanzierung schwebender Geschäfte	10
2.4	Gliederung der Bilanz	14
2.4.1	Aktivseite	19
2.4.2	Passivseite	25
3	**Die Gewinn- und Verlustrechnung**	**31**
3.1	Gesamtkostenverfahren	31
3.2	Umsatzkostenverfahren	37
4	**Anhang**	**41**
5	**Lagebericht**	**45**
6	**Die „Spielregeln" der Rechnungslegung – die Grundsätze ordnungsmäßiger Bilanzierung**	**47**
6.1	Wesen der Grundsätze ordnungsmäßiger Bilanzierung (GoB)	47
6.2	Bilanzwahrheit	48
6.3	Vollständigkeit (§ 246 Abs 1 HGB)	49
6.4	Bilanzklarheit (§ 243 Abs 2 HGB)	49
6.5	Einzelbewertung (§ 252 Abs 1 Z 3 HGB)	50
6.6	Stichtagsprinzip (§ 252 Abs 1 Z 4 HGB)	51
6.7	Bilanzkontinuität (§ 252 Abs 1 Z 1 HGB)	53
6.8	Grundsatz der Unternehmensfortführung (§ 252 Abs 1 Z 2 HGB)	54
6.9	Vorsichtsprinzip (§ 252 Abs 1 Z 4 HGB)	54
6.9.1	Das Realisationsprinzip	55
6.9.2	Das Imparitätsprinzip	57
6.9.3	Das Anschaffungskostenprinzip	58
6.10	Abgrenzungsprinzip (§ 252 Abs 1 Z 5 HGB)	58
6.11	Grundsatz der Wesentlichkeit	59
7	**Bewertung**	**61**
7.1	Anschaffungskosten- Herstellungskostenprinzip	61
7.1.1	Anschaffungskosten	62
7.1.2	Herstellungskosten	63
7.2	Abschreibung	73
7.2.1	Lineare Abschreibung	74
7.2.2	Degressive Abschreibung	75

7.2.3	Progressive Abschreibung	76
7.2.4	Leistungsabschreibung	76
7.2.5	Außerplanmäßige Abschreibung	78
7.3	Zuschreibungen zum Anlagevermögen	80
7.4	Exkurs: Steuerrecht	82
7.5	Immaterielle Vermögensgegenstände	82
7.5.1	Geschäftswert/Firmenwert	83
7.6	Finanzanlagen	85
7.7	Die Wareneinsatzermittlung	86
7.7.1	Die mengenmäßige Einsatzermittlung	87
7.7.2	Die wertmäßige Einsatzermittlung	87
7.7.3	Festbewertung(-sverfahren)	94
7.8	Umlaufvermögen	95
7.9	Forderungen aus Lieferung und Leistungen	98
7.10	Verbindlichkeiten	99
7.11	Rückstellungen	102
7.12	Wahlrechte	105
8	**Zusammenfassende Darstellung der Wechselwirkung von Bilanz und GuV-Rechnung**	**109**
8.1	Die Technik der Verbuchung	109
8.2	Die Verbuchung auf Bestandskonten	109
8.3	Die Verbuchung auf Erfolgskonten	115
8.4	Die erfolgswirksame Verbuchung	118
9	**Bilanzpolitik**	**129**
9.1	Definition von Bilanzpolitik	129
9.2	Bilanzpolitische Maßnahmen	130
9.2.1	Sachverhaltsgestaltung	130
9.2.2	Sachverhaltsabbildung	137
9.3	Bilanzansatzwahlrechte in Deutschland	137
9.4	Bewertungswahlrechte in Deutschland	137
9.5	Bilanzansatzwahlrechte in Österreich	138
9.6	Bewertungswahlrechte in Österreich	139
10	**Bilanzanalyse**	**141**
10.1	Chancen und Risiken	141
10.2	Aufbereitung der Zahlen aus dem Jahresabschluss	142
10.2.1	Bereinigung – Wozu?	142
10.2.2	Berücksichtigung der Fristigkeit	143
10.3	Berechnung und Interpretation ausgewählter Kennzahlen	143
10.3.1	Erklärung ausgewählter Kennzahlen	144
10.3.2	Bereinigungen – Typische Sachverhalte	154
10.3.3	Spezifika für Österreich	156
10.4	Beispiel	160
Weiterführende Literaturhinweise		**179**
Stichwortverzeichnis		**181**

1 Einleitung

Der Jahresabschluss besteht bei Kapitalgesellschaften (einschließlich jener Personengesellschaften, bei denen keine natürliche Person Vollhafter ist, wie typischerweise bei der GmbH & Co KG mit der GmbH als einzigem Komplementär) aus 3 Teilen:

- der Bilanz
- der Gewinn- und Verlustrechnung (kurz GuV)
- dem Anhang

Bei Personengesellschaften und Einzelunternehmen besteht der Jahresabschluss allerdings nur aus der Bilanz und der GuV, diese haben keinen Anhang aufzustellen. Kapitalgesellschaften ausgenommen die sogenannte kleine GmbH haben zusätzlich zum Jahresabschluss einen Lagebericht aufzustellen, in dem der Geschäftsverlauf, einschließlich des Geschäftsergebnisses, und die Lage des Unternehmens so darzustellen sind, dass ein möglichst getreues Bild der Vermögens-, Finanz- und Ertragslage des Unternehmens vermittelt wird und die wesentlichen Risiken und Ungewissheiten, denen das Unternehmen ausgesetzt ist, zu beschreiben sind.

Ziel dieses Buches ist es, dem Nichtfachmann des Rechnungswesens ein Verständnis dafür zu vermitteln, was insbesondere Inhalt der Bilanz und der GuV ist, wie man zu den im Jahresabschluss abgebildeten Werten kommt und vor allem, welche Wahlrechte und Entscheidungsspielräume denjenigen zur Verfügung stehen, die den Jahresabschluss aufstellen und feststellen. Dass die Begriffe „aufstellen" und „feststellen" nicht das gleiche bedeuten, sei bewusst erwähnt. Aufgestellt wird der Jahresabschluss durch den Vorstand der Aktiengesellschaft bzw. die Geschäftsführer der GmbH, wobei sämtliche Mitglieder des Vorstands bzw. der Geschäftsführung den Jahresabschluss aufstellen und dies mit ihrer Unterschrift bestätigen, sodass sie auch alle für den Inhalt des Jahresabschlusses verantwortlich und verantwortbar sind. Festgestellt wird der durch Vorstand bzw. Geschäftsführung aufgestellte Jahresabschluss grundsätzlich durch den Aufsichtsrat der AG bzw. die Generalversammlung der GmbH.

Umfang und Ausmaß der durch Bilanz, GuV, Anhang und gegebenenfalls Lagebericht zu präsentierenden Information ist, wie bereits kurz angesprochen, vor allem von Rechtsform und Größenklassen abhängig. Vereinfacht gesagt kann Folgendes festgehalten werden: je beschränkter die Haftung und je größer das Unternehmen, desto mehr Information ist zu gewähren. Für Kapitalgesellschaften bestehen derzeit folgende Größenkriterien:

Kleine Kapitalgesellschaften sind solche, die zwei der folgenden drei Merkmale nicht überschreiten (vgl. § 267 Abs 1 HGB bzw. § 221 Abs 1 öUGB):

- 4,84 Millionen Euro Bilanzsumme. Die Bilanzsumme kann insbesondere durch die Ausübung von Bilanzansatz- und Bewertungswahlrechten beeinflusst werden (bspw. durch den Ansatz selbst geschaffener immaterieller Vermögensgegenstände), bei Personengesellschaften darüber hinaus durch vor dem Bilanzstichtag getätigte Entnahmen.

- 9,68 Millionen Euro Umsatzerlöse in den zwölf Monaten vor dem Abschlussstichtag. Die Umsatzerlöse sind dabei im Sinne des § 277 Abs 1 HGB bzw. § 232 Abs 1 öUGB als die für die gewöhnliche Geschäftstätigkeit des Unternehmens typischen Erlöse aus dem Verkauf und der Nutzungsüberlassung von Erzeugnissen und Waren sowie aus Dienstleistungen nach Abzug der Erlösschmälerungen und der Umsatzsteuer zu verstehen. Die Erlöse des Abschlussstichtages zählen dabei, entgegen der wörtlichen Interpretation „… vor dem Bilanzstichtag" auch zur Bemessungsgrundlage.

- im Jahresdurchschnitt 50 Arbeitnehmer, wobei der Jahresdurchschnitt nach der Arbeitnehmerzahl am jeweils letzten Tag eines Quartals (in Österreich an den jeweiligen Monatsletzten) des Geschäftsjahres berechnet wird. Wer Arbeitnehmer ist, bestimmt sich nach den Bestimmungen des Arbeitsrechts. Dabei kommt es nicht auf die Höhe der monatlichen Beschäftigung der einzelnen Arbeitnehmer an. Teilzeitbeschäftigte zählen daher genauso als ein Arbeitnehmer wie Vollbeschäftigte.

Für mittelgroße Kapitalgesellschaften gelten folgende Grenzen (vgl. § 267 Abs 2 HGB bzw. § 221 Abs 2 öUGB):

- 19,25 Millionen Euro Bilanzsumme
- 38,5 Millionen Euro Umsatzerlöse
- im Jahresdurchschnitt 250 Arbeitnehmer.

Werden hingegen zwei der für die mittelgroße (kleine) Kapitalgesellschaft genannten Merkmale überschritten, so handelt es sich bei der untersuchten Gesellschaft um eine große (mittelgroße) Kapitalgesellschaft.

Eine große Kapitalgesellschaft liegt jedenfalls vor, wenn Aktien oder andere von ihr ausgegebene Wertpapiere an einem organisierten Markt vor allem der EU zum Handel zugelassen sind (vgl. § 267 Abs 3 HGB; ähnlich § 221 Abs 3 öUGB).

2 Bilanz

Die Bilanz stellt die rechnerische Gegenüberstellung der Aktiva und Passiva eines Unternehmens zu einem bestimmten Stichtag dar. Unter den Aktiva sind vor allem die **Vermögensgegenstände**, unter den Passiva vor allem die **Schulden** (Fremdkapital) zu verstehen. Die Differenz zwischen Schulden und Vermögensgegenständen wird als **Eigenkapital** des Unternehmens bezeichnet. Obwohl das Eigenkapital logisch gesehen eine Restgröße darstellt, steht es auf der Passivseite immer vor dem Fremdkapital.

Aktiva	Bilanz	Passiva
Vermögen		Eigenkapital
		Fremdkapital

Die Aktivseite der Bilanz zeigt die Verwendung des investierten Kapitals, also in welcher Form die Mittel im Unternehmen gebunden sind (z. B. Maschinen). Die Aktivseite wird daher als **Mittelverwendung** bezeichnet. Die Passivseite zeigt die Herkunft des investierten Kapitals, also woher die Mittel stammen (z. B. Bankkredit). Die Passivseite wird daher als **Mittelherkunft** bezeichnet. Alle Mittel, die in ein Unternehmen eingebracht werden, müssen irgendwie verwendet und alle Mittel, die im Unternehmen verwendet werden, müssen irgendwie aufgebracht werden. Dementsprechend gelten stets die folgenden **Bilanzgleichungen**:

AKTIVA	=	PASSIVA
SOLL	=	HABEN
MITTELVERWENDUNG	=	MITTELHERKUNFT
VERMÖGEN	=	EIGENKAPITAL + FREMDKAPITAL
VERMÖGEN – FREMDKAPITAL	=	EIGENKAPITAL

Kurz zusammengefasst kann folgender Merksatz aufgestellt werden:

> **Merksatz:**
>
> Eigenkapital ist stets die rechnerische Differenz der bilanzierten Werte der Vermögensgegenstände abzüglich der Schulden.

2.1 Funktionen der Bilanz

Die Bilanz soll primär folgende Funktionen erfüllen:

- die Dokumentationsfunktion
- die Gewinnermittlungsfunktion
- die Informationsfunktion

2.1.1 Dokumentationsfunktion

Ziel der Dokumentation ist es, das Vorhandensein der Vermögensgegenstände und Schulden durch Aufzeichnung in den Büchern zu belegen. Ermöglicht wird diese Dokumentation über eine ordnungsmäßige Buchführung, worunter im Wesentlichen die vollständige, systematische und chronologische Erfassung aller Geschäftsfälle verstanden wird.

Die Bilanz gibt somit eine verbindliche Auskunft über das vorhandene Vermögen des Unternehmers zu einem bestimmten Stichtag. Durch das Festhalten des Vermögens in der Bilanz wird diese zu einer beweiskräftigen Urkunde über die vom Unternehmen getätigten Geschäfte. Die Bilanz stellt somit den formalen Abschluss der Buchhaltung dar.

2.1.2 Gewinnermittlungsfunktion

Eine weitere wesentliche Funktion der Bilanz besteht in der Ermittlung des **Periodengewinnes**. Der Vergleich des Eigenkapitals am Beginn des Geschäftsjahres mit dem am Ende des Geschäftsjahres ergibt den Gewinn bzw. den Verlust des Geschäftsjahres. Dies wird als **Betriebsvermögensvergleich** oder als Reinvermögensvergleich bezeichnet. Ist das Reinvermögen gewachsen, liegt ein Gewinn vor, ist es hingegen gesunken, liegt ein Verlust vor.

Abbildung 2.1 Betriebsvermögensvergleich

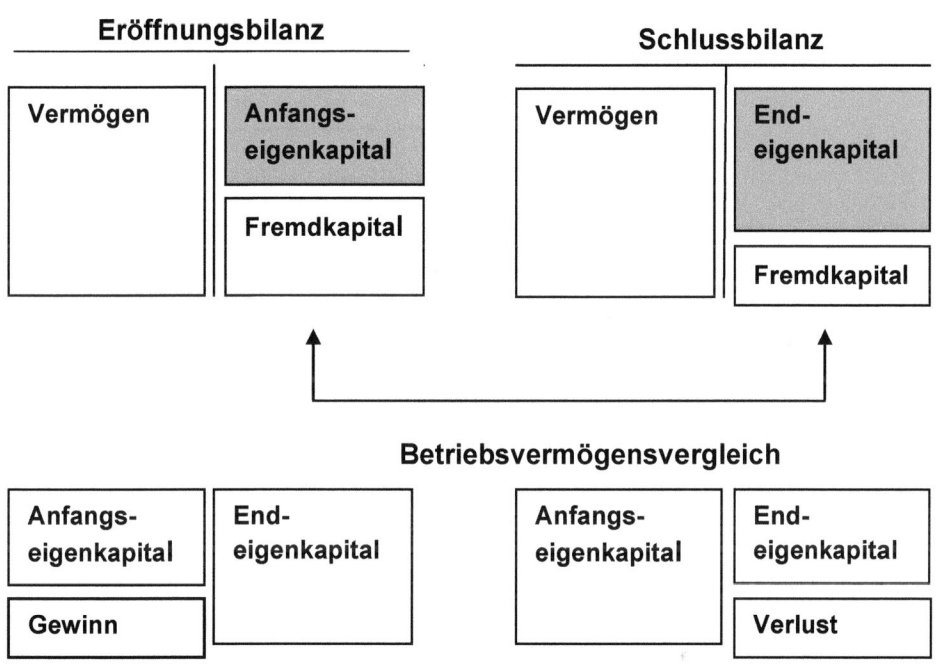

Allerdings kann das Ergebnis des Betriebsvermögensvergleiches durch Privatentnahmen sowie Privateinlagen, die mit dem eigentlichen betrieblichen Ergebnis nichts zu tun haben, verfälscht werden. Wurden während des Jahres Entnahmen getätigt, so ist das Reinvermögen dadurch kleiner als es eigentlich sein sollte. Wurden hingegen Privateinlagen getätigt, so ist das Reinvermögen gestiegen, obwohl keine betrieblichen Gewinne erzielt wurden. Das Ergebnis des Betriebsvermögensvergleichs ist daher um Einlagen zu verringern und um Entnahmen zu erhöhen.

Beispiel:	a)	b)
Eigenkapital am 31.12.	100	70
- Eigenkapital am 1.1.	- 70	- 100
- Einlage	- 10	- 10
+ Entnahme	5	5
+ Gewinn / - Verlust	25	- 35

Der Gewinn bzw. Verlust eines Geschäftsjahres kann aber auch direkt über die sogenannte **Gewinn- und Verlustrechnung** (GuV) berechnet werden. Hierbei werden sämtliche Erträge einer Periode den Aufwendungen gegenüber gestellt. Beide Berechnungsarten (indirekt über die Bilanz sowie direkt über die GuV) müssen zum gleichen Ergebnis führen:

Beispiel:	a)	b)
Erträge	90	10
- Aufwendungen	- 65	- 45
+ Gewinn / - Verlust	25	- 35

Die Anteilseigner haben einen gesellschaftsrechtlichen Anspruch auf Ausschüttung des Gewinnes (§ 120 HGB, § 58 AktG, § 29 GmbHG). Dementsprechend hat für die Gesellschafter die Ermittlung des Gewinns große Bedeutung, da der Gewinn die Grundlage für die Gewinnausschüttung darstellt. Bei Personengesellschaften bildet der Gewinn die Basis für die Zurechnung des Gewinns zu den Kapitalanteilen und für die Höhe möglicher Entnahmen. Die Feststellung des Gewinns ist aber auch erforderlich für die aus dem Gewinn zu bildenden Rücklagen zur Stärkung der Eigenfinanzierung.

Der Bilanz wird auch eine **Ausschüttungsregelungsfunktion** zugesprochen, da die Gewinnausschüttung insbesondere bei Unternehmen, deren Haftung auf das Gesellschaftsvermögen beschränkt ist, von Bedeutung ist. Wesentlich ist dabei vor allem die Ausschüttungssperrfunktion, die für eine Erhaltung des haftenden Kapitals sorgen soll (**Kapitalerhaltungsfunktion**). Dies bedeutet, dass nur der nach der Bildung und Auflösung von Rücklagen verbleibende Betrag (der sog. **Bilanzgewinn**) ausschüttungsfähig ist. Für Aktiengesellschaften besteht das Gebot der Bildung einer gesetzlichen Rücklage (§ 150 AktG), die den Haftungsrahmen erhöht (in Österreich gilt dies auch für große GmbHs). Diese gesetzliche Rücklage darf grundsätzlich nur zum Ausgleich eines Jahresfehlbetrages und daraus folgendem Bilanzverlust verwendet werden.

Die Feststellung des Gewinns ist aber nicht nur für die Gesellschafter von Bedeutung, sondern insbesondere auch für den Fiskus, da der handelsrechtliche Gewinn über das Maßgeblichkeitsprinzip entscheidenden Einfluss auf die Ermittlung des steuerpflichtigen Gewinns hat.

2.1.3 Informationsfunktion

Die Generalklausel des § 264 Abs 2 HGB (§ 195 bzw. § 222 öUGB) enthält das ausdrückliche Erfordernis, ein den tatsächlichen Verhältnissen entsprechendes Bild der Vermögens-, Finanz- und Ertragslage des Unternehmens zu vermitteln. Die Darstellung der **Vermögenslage** in der Bilanz gibt Auskunft darüber, wie reich bzw. arm ein Unternehmen zu einem bestimmten Stichtag ist. Die Darstellung der **Finanzlage** zeigt Herkunft, Verwendung und Fristigkeit der im Unternehmen eingesetzten Mittel. Die **Ertragslage** informiert über die Veränderung des im Unternehmen erwirtschafteten Eigenkapitals innerhalb der letzten Periode. Aus der Vermögens- und Ertragsentwicklung kann daher die Entwicklung des Unternehmens (Rentabilität, Verschuldung, Vermögensstruktur) verfolgt und daraus Entscheidungen (Investitionspolitik, Finanzierungserfordernis, Gewinnverteilung) ableitet werden.

Der Unternehmer legt mit der Bilanz Rechenschaft über den wirtschaftlichen Erfolg des Geschäftsjahres, man kann daher auch von einer Rechenschaftsfunktion der Bilanz sprechen. Mit Hilfe der Bilanz kann daher eine vergangenheitsorientierte Kontrolle der Wirtschaftlichkeit der Unternehmensführung vorgenommen werden.

Die Bilanz dient jedoch nicht nur dem Unternehmer selbst als Informationsinstrument, sondern darüber hinaus auch am Unternehmen interessierten Dritten. Beispielsweise haben Gläubiger Interesse an der finanziellen Situation, Lieferanten und Abnehmer an der wirtschaftlichen Entwicklung, Arbeitnehmer des Unternehmens bezüglich ihres Arbeitsplatzes, der Staat betreffend der zu erhebenden Steuern und Abgaben, sowie die Anteilseigner bezüglich der aktuellen und zukünftigen Entwicklung des Unternehmens. Neben diesen bereits aktuell betroffenen Dritten dient die Bilanz aber auch all jenen als Informationsinstrument, die eine Beziehung zu dem Unternehmen planen.

Die Bilanz dient neben der Auskunft über die Situation des Unternehmens am Bilanzstichtag auch als **Prognoseinstrument** für die zukünftige Entwicklung. Die Erstellung der Bilanz dient somit auch der Insolvenzprophylaxe, da negative Entwicklungen des Unternehmens erkannt und geeignete Strategien zur Vermeidung der tatsächlichen Insolvenz ergriffen werden können.

2.2 Was versteht man unter einem Vermögensgegenstand?

Vermögensgegenstände sind sämtliche Sachen und Rechte, die für sich allein auf andere übertragen werden können.

Typische Beispiele für Vermögensgegenstände sind:

- Grundstücke
- Maschinen
- Forderungen
- Wertpapiere
- Lizenzrechte
- Bargeld

All diesen Sachen und Rechten ist gemeinsam, dass jedes von ihnen grundsätzlich an einen anderen übertragen, d.h. veräußert/zediert werden kann. Diese Eigenschaft als Vermögensgegenstand verliert die Sache bzw. das Recht auch dann nicht, wenn z. B. ein vertragliches Veräußerungsverbot besteht. Die abstrakte Übertragbarkeit entscheidet über die Eigenschaft als Vermögensgegenstand.

Fehlt es am Vorliegen eines Vermögensgegenstandes (oder wird ausnahmsweise für einen Vermögensgegenstand ein Ausweis in der Bilanz verboten – so in Österreich für nicht entgeltlich erworbene immaterielle Vermögensgegenstände des Anlagevermögens gemäß § 197 Abs 2 öUGB oder selbstgeschaffene Marken, Drucktitel, Verlagsrechte, Kundenlisten gemäß § 248 Abs 2 Satz 2 HGB- bzw. wahlweise angeboten und von diesem Wahlrecht kein Gebrauch gemacht – so für selbstgeschaffene immaterielle Vermögensgegenstände gemäß § 248 Abs 2 Satz 1 HGB, wobei Kosten der Forschungsphase nicht aktiviert werden dürfen), so sind die dafür aufgewendeten Mittel als Aufwand in der GuV zu erfassen.

Typische Fälle für das Fehlen eines Vermögensgegenstandes mangels Übertragbarkeit auf einen anderen:

- Bezahlung der Mitarbeiter
- Miete des Geschäftslokals
- Zinsen für den Bankkredit

Auch Vermögensgegenstände führen letztlich stets zu Aufwand. Zeitlich befristet nutzbare Vermögensgegenstände sind planmäßig über die Nutzungsdauer verteilt abzuschreiben. Mit der Abschreibung soll dem Wertverzehr, aber auch dem Werteinsatz Rechnung getragen werden. Neben einer sogenannten planmäßigen Abschreibung aufgrund der zeitlich befristeten Nutzbarkeit sind bei sämtlichen Vermögensgegenständen auch außerplanmäßige Abschreibungen infolge eines Wertverlustes vorstellbar. Spätestens das Veräußern oder sonstige Ausscheiden eines Vermögensgegenstandes aus dem Unternehmen führt hinsichtlich dieses konkreten Vermögensgegenstandes zu einem Aufwand, da das Unternehmen um diesen Vermögensgegenstand ärmer ist – wenngleich es dafür hoffentlich einen anderen Vermögensgegenstand, z. B. Geld, erhalten hat.

> **Merksatz:**
>
> Grundsätzlich führt jeder Vermögensgegenstand in weiterer Folge zu Aufwand, sei es infolge der laufenden Nutzung, sei es bei seiner Veräußerung oder sonstigem Ausscheiden aus dem Unternehmen.

2.2.1 Unter welcher Voraussetzung ist ein Vermögensgegenstand in der Bilanz eines Unternehmens auszuweisen?

Vermögensgegenstände sind dann im Jahresabschluss, und damit in der Bilanz eines Unternehmens auszuweisen, wenn sie **am Jahresabschlussstichtag** im **wirtschaftlichen Eigentum** des Unternehmens stehen.

Für die Bilanzierung gilt ganz allgemein der Grundsatz der wirtschaftlichen Betrachtungsweise. Dieser Gedanke, dass im Zweifel nicht eine formalrechtliche Betrachtung, sondern eine den wirtschaftlichen Gesamtumständen entsprechende Betrachtung für die Erfassung von Geschäftsvorgängen im Jahresabschluss zählt, findet seinen Ausdruck z. B. in der Tatsache, dass als Vermögensgegenstände auch solche ausgewiesen werden, die nicht im zivilrechtlichen Eigentum des Unternehmens stehen, aber eine dem zivilrechtlichen Eigentum nahekommende Rechtsposition vermitteln, eben das sog. „wirtschaftliche Eigentum".

In der Praxis findet sich die Ausprägung dieses Gedankens des „wirtschaftlichen Eigentums" insbesondere in folgenden Fällen:

Treuhandschaft
Nicht der Treuhänder als der zivilrechtliche Eigentümer eines Vermögensgegenstandes bilanziert diesen in seinem Jahresabschluss, sondern der Treugeber als der wirtschaftlich Verfügungsberechtigte.

Kauf unter Eigentumsvorbehalt
Nicht der Vorbehaltsverkäufer, sondern der Käufer bilanziert den Vermögensgegenstand, da letzterer ein umfassendes Nutzungsrecht an dem Vermögensgegenstand hat und vor allem auch den Eigentumsvorbehaltsverkäufer von der Nutzung des Gegenstandes ausschließen kann.

Bestimmte Leasingverträge
Insbesondere Leasingverträge, bei denen die Grundmietzeit annähernd der wirtschaftlichen Nutzungsdauer des Vermögensgegenstandes entspricht sowie sog. Spezialleasingverträge führen dazu, dass nicht der Leasinggeber als zivilrechtlicher Eigentümer, sondern der Leasingnehmer als wirtschaftlicher Eigentümer den Vermögensgegenstand bilanziert.

> **Merksatz:**
> In der Bilanz ausgewiesene Vermögensgegenstände müssen nicht im zivilrechtlichen Eigentum des Unternehmens stehen, die Bilanz ist daher kein zivilrechtliches Vermögensverzeichnis.

Die Haftungsmasse des Unternehmens ist daher keinesfalls deckungsgleich mit dem bilanzierten Vermögen. Selbst wenn das Unternehmen zivilrechtlicher Eigentümer des Vermögens ist, heißt dies noch lange nicht, dass dieses Vermögen für Gläubiger des Unternehmens eine allgemein verwertbare Haftungsmasse darstellt, kann doch an diesem Vermögensgegenstand ein Pfandrecht bzw. bei Liegenschaften eine Hypothek zugunsten einer bestimmten Person bestehen. Aus diesem Grund sind auch im Anhang zu den Verbindlichkeiten des Unternehmens Angaben zu machen hinsichtlich des Bestehens sog. dinglicher Ansprüche (das sind vor allem Pfandrechte) Dritter.

Wesentlich für den Ausweis von Vermögensgegenständen (aber auch umgekehrt Schulden) im Jahresabschluss ist, dass diese am Jahresabschlussstichtag (konkret um 24 Uhr des Stichtages) vorliegen. Wird daher das wirtschaftliche Eigentum erst um 0 Uhr des Folgetages erworben, kann es im Jahresabschluss des in der (juristischen) Sekunde davor beendeten Geschäftsjahres aufgrund des sog. Stichtagsprinzips nicht ausgewiesen werden. Ebenso sind daher aber Vermögensgegenstände, die mit Beginn des dem Jahresabschlussstichtag folgenden Tages veräußert werden, um 24 Uhr noch als Vermögensgegenstand auszuweisen. Letzteres ist wiederum von Bedeutung im Zusammenhang mit dem sog. **imparitätischen Realisationsprinzip**, also der Frage, wann ein Gewinn aus einem Geschäftsfall im Rechnungswesen zu erfassen ist. Dabei gilt der Grundsatz, dass ein Gewinn erst dann ausgewiesen werden darf, wenn der Unternehmer alles getan hat, um seine Leistung zu erfüllen, wozu insbesondere auch die Übergabe des Vermögensgegenstandes samt Übergang des wirtschaftlichen Risikos des zufälligen Untergangs des Vermögensgegenstandes zählt. Wenn aber vor allem der Risikoübergang erst für die erste Sekunde nach Ablauf des Geschäftsjahres vereinbart ist, ist auch erst zu diesem Zeitpunkt der Übergang des (wirtschaftlichen) Eigentums.

2.3 Grundsatz: Keine Bilanzierung schwebender Geschäfte

Für das Verständnis des Inhaltes einer Bilanz wesentlich ist auch der Grundsatz, dass sog. schwebende Geschäfte nicht bilanziert werden. Unter einem schwebendem Geschäft versteht man typischerweise den Zeitraum zwischen Vertragsabschluss und Erfüllung des Vertrages. In dieser Phase hat zwar bei einem Kaufvertrag der Käufer wirtschaftlich einen Anspruch auf Erfüllung des Vertrages durch den Verkäufer (also eine Art Forderung), diesem Anspruch steht in gleicher Höhe eine Verpflichtung auf Bezahlung des Kaufpreises gegenüber. Es würden sich daher in einem Jahresabschluss eine Vielzahl an gleichwertigen Forderungen und Verbindlichkeiten gegenüberstehen, sodass sich der Grundsatz entwickelt hat, diese Schwebezustände bilanziell nicht zu erfassen, solange die zukünftigen Leistungen wirtschaftlich einander gleichwertig gegenüberstehen. Sollte allerdings für eine Vertragsseite das Risiko erkennbar sein, ein „schlechtes" Geschäft gemacht zu haben, da seine Leistung höher ist als die vertraglich vereinbarte Gegenleistung, hätte dieser Unternehmer eine Rückstellung für drohende Verluste aus schwebenden Geschäften zu bilden. Ebenso muss im Rechnungswesen eine Anzahlung erfasst werden, die im Zuge eines schwebenden Geschäfts geleistet wurde, da ja insoweit wirtschaftlich eine Vermögensverschiebung stattgefunden hat.

Beispiel:
Schwebendes Geschäft - drohender Verlust (Beschaffungsmarkt)

Die Huber AG bestellte im Oktober X0 folgende Waren zu fixen Preisen:

Ware A:	400 Stk.	à	EUR 237,-
Ware B:	500 Stk.	à	EUR 312,-
Ware C:	300 Stk.	à	EUR 210,-

Die Lieferungen sowie die Rechnungen der Ware A und B trafen im Dezember ein, die Lieferung von Ware C erst im Februar des Jahres X1. Nach der Lieferung der Ware C werden sämtliche Lieferungen bezahlt. Die Stückpreise der Waren betragen per 31.12.X0:

Ware A:	EUR 245,-
Ware B:	EUR 305,-
Ware C:	EUR 190,-

Lösung:
Im Dezember X0 hat die Huber AG die Waren A und B bilanziell zu erfassen (Übergang des wirtschaftlichen Eigentums; keine bilanzielle Erfassung im Oktober X0 – mit Vertragsabschluss). Am 31.12.X0 sind die Waren A und B zu bewerten (Umlaufvermögen – strenges Niederstwertprinzip; mehr hierzu im Kapitel Bewertung). Für die Ware B ergibt sich eine Abwertungspflicht, da der Vergleichswert am Bilanzstichtag geringer ist als ihr Buchwert (= „Anschaffungswert").

	31.12.X0	Buchwert	Abwertungspflicht
Ware A	245,-	> 237 → 237	(-)
Ware B	305,-	< 312 → 305	(3.500,-)

Da die Ware C noch nicht geliefert wurde (Lieferung erfolgt erst im Folgejahr), handelt es sich um ein schwebendes Geschäft. Die Ware C wird nicht bilanziell erfasst (erst mit Übergang des wirtschaftlichen Eigentums, voraussichtlich im Februar X1). Aufgrund des Vorsichtsprinzips (davon abgeleitet Realisationsprinzip – siehe Kapitel Grundsätze ordnungsmäßiger Bilanzierung) ist eine Rückstellung für drohende Verluste aus schwebenden Geschäften i. H. v. 6.000,- € zu bilden, weil der Wert am Abschlussstichtag für die Ware C niedriger ist (190,-), als der vereinbarte Kaufpreis (210,-). Der Käufer hat (unter Zugrundelegung der Werte am Bilanzstichtag – nach dem Bilanzstichtag können die Werte wieder steigen) somit ein „schlechtes Geschäft", bezogen auf die Ware C, abgeschlossen.

	31.12.X0	Buchwert	Rückstellung
Ware C	190,-	< 210 → 190	x 300 = 6.000,-

Zur besseren Veranschaulichung sollen die Auswirkungen auf Bilanz und GuV gezeigt werden. Einfachheitshalber gehen wir von einer Bilanz aus, welche nur Barguthaben in Höhe von 1.000.000,- € ausweist. Mit der Übernahme der Waren A und B werden diese bilanziell erfasst. Der Wert der Warenvorräte ergibt sich aus dem Preis pro Stück multipliziert mit der Anzahl der gekauften Ware (400 x 237 = 94.800,- bzw. 500 x 312 = 156.000,-) und davon die Summe (94.800 + 156.000 = 250.800,-). Am Abschlussstichtag sind zunächst die Waren A und B zu bewerten. Da der Vergleichswert der Ware B geringer ist als der Buchwert ist eine (erfolgswirksame) Abwertung vorzunehmen (3.500,-). Das Warenvorratskonto verringert sich um diesen Betrag und beträgt somit 247.300,-. Sodann ist die Rückstellung für drohende Verluste aus schwebenden Geschäften in Höhe von 6.000 zu bilden (erfolgswirksam). Da das Unternehmen in diesem Jahr keine Erträge erwirtschaftet hat, ergibt sich ein Verlust aus der Summe der beiden Aufwandskonten in Höhe von 9.500,-. Das GuV-Konto (Verlust) wird am Ende des Jahres (quasi als letzte Buchung) gegen das Kapitalkonto abgeschlossen. Das Kapitalkonto verringert sich demnach um die 9.500,- und beträgt somit 990.500,-.

Abbildung 2.2   Auswirkungen auf Bilanz und GuV

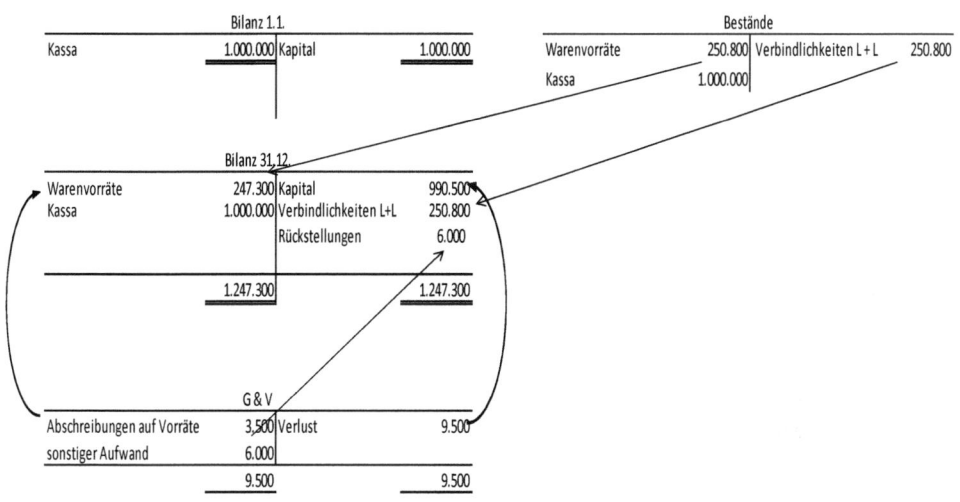

Fortsetzung Beispiel: Anzahlung

Angenommen die Huber AG leistet eine bare Anzahlung im Oktober X0 in Höhe von 12.000,- €. Die sonstigen Angaben bleiben unberührt.

Lösung:

Aus Sicht des Anzahlenden handelt es sich bei der Vorauszahlung um eine gegebene Anzahlung, die ein Forderungsrecht auf den Leistungsgegenstand (Ware C) darstellt. Der Käufer hat die Anzahlung in Höhe von 12.000,- im Oktober X0 zu verbuchen, weil sich sein Vermögen (Kassa) verringert hat. Buchungstechnisch wird die Verbindlichkeit auf dem entsprechendem Lieferantenkonto im Soll verbucht, im Haben steht die Kassa. Im Zeitpunkt der Leistungserbringung wird die Lieferung mit dem vollen Rechnungsbetrag verbucht. Der Saldo aus geleisteter Anzahlung und Rechnungsbetrag stellt die noch offene Schuld dar. Eine Besonderheit gibt es zu beachten, wenn die Anzahlung vor dem Bilanzstichtag, die Leistung aber erst nach dem Bilanzstichtag erfolgt ist (wie in unserem Beispiel). In diesem Fall hat für bilanzielle Zwecke (Stichwort: Grundsätze ordnungsmäßiger Bilanzierung, „Vermittlung eines möglichst getreuen Bildes der Vermögens-, (Finanz-) und Ertragslage") eine Umbuchung von den Lieferantenkonten auf das Konto „geleistete Anzahlung auf Vorräte" (= Bestandskonto) zu erfolgen. Dabei gilt es zu beachten, für welche Art von Vermögensgegenstand die Anzahlung geleistet wurde, da es jeweils einen eigenen Bilanzposten für geleistete Anzahlungen für immaterielle Wirtschaftsgüter, für Sachanlagevermögen, für Finanzanlagevermögen und für Vorräte gibt.

Die Anzahlung bewirkt lediglich einen Aktivtausch. Der Kassabestand verringert sich im Ausmaß der Anzahlung. Dafür wird die Anzahlung am Bestandskonto „geleistete Anzahlungen auf Vorräte" erfasst. Der Rest bleibt unberührt.

	Bilanz 1.1.		
Kassa	1.000.000	Kapital	1.000.000

	Bilanz 31.12.		
Warenvorräte	247.300	Kapital	990.500
Geleistete Anzahlungen auf Vorräte	12.000	Verbindlichkeiten	250.800
Kassa	988.000	Rückstellungen	6.000
	1.247.300		1.247.300

	G & V		
Abschreibungen auf Vorräte	3.500	Verlust	9.500
sonstiger Aufwand	6.000		
	9.500		9.500

2.4 Gliederung der Bilanz

Das Bilanzgliederungsschema des § 266 HGB (bzw. § 224 öUGB) dient dem Grundsatz der Klarheit und der Übersichtlichkeit, dem zwischenbetrieblichen Vergleich von Bilanzen sowie der Vergleichbarkeit von Bilanzen eines Unternehmens im Zeitverlauf. Das Gliederungsschema regelt Form, Bezeichnung und Inhalt der Bilanzposten sowie deren Reihenfolge.

Abbildung 2.3 Aktivseite der Bilanz

Aktivseite

A. Anlagevermögen:
  I. Immaterielle Vermögensgegenstände:
   1. Selbst geschaffene gewerbliche Schutzrechte und ähnliche Rechte und Werte;
   2. entgeltlich erworbene Konzessionen, gewerbliche Schutzrechte und ähnliche Rechte und Werte sowie Lizenzen an solchen Rechten und Werten;
   3. Geschäfts- oder Firmenwert;
   4. geleistete Anzahlungen;
  II. Sachanlagen:
   1. Grundstücke, grundstücksgleiche Rechte und Bauten einschließlich der Bauten auf fremden Grundstücken;
   2. technische Anlagen und Maschinen;
   3. andere Anlagen, Betriebs- und Geschäftsausstattung;
   4. geleistete Anzahlungen und Anlagen im Bau;
  III. Finanzanlagen:
   1. Anteile an verbundenen Unternehmen;
   2. Ausleihungen an verbundene Unternehmen;
   3. Beteiligungen;
   4. Ausleihungen an Unternehmen, mit denen ein Beteiligungsverhältnis besteht;
   5. Wertpapiere des Anlagevermögens;
   6. sonstige Ausleihungen.

B. Umlaufvermögen:
  I. Vorräte:
   1. Roh-, Hilfs- und Betriebsstoffe;
   2. unfertige Erzeugnisse, unfertige Leistungen;
   3. fertige Erzeugnisse und Waren;
   4. geleistete Anzahlungen;
  II. Forderungen und sonstige Vermögensgegenstände:
   1. Forderungen aus Lieferungen und Leistungen;
   2. Forderungen gegen verbundene Unternehmen;
   3. Forderungen gegen Unternehmen, mit denen ein Beteiligungsverhältnis besteht;
   4. sonstige Vermögensgegenstände;
  III. Wertpapiere:
   1. Anteile an verbundenen Unternehmen;
   2. sonstige Wertpapiere;
  IV. Kassenbestand, Bundesbankguthaben, Guthaben bei Kreditinstituten und Schecks

C. Rechnungsabgrenzungsposten

D. Aktive latente Steuern

E. Aktiver Unterschiedsbetrag aus der Vermögensverrechnung

Bilanzsumme

Abbildung 2.4 Passivseite der Bilanz

Passivseite

A. Eigenkapital:
    I. Gezeichnetes Kapital;
    II. Kapitalrücklage;
    III. Gewinnrücklagen:
        1. gesetzliche Rücklage;
        2. Rücklage für Anteile an einem herrschenden oder mehrheitlich beteiligten Unternehmen;
        3. satzungsmäßige Rücklagen;
        4. andere Gewinnrücklagen;
    IV. Gewinnvortrag/Verlustvortrag;
    V. Jahresüberschuss/Jahresfehlbetrag.

B. Rückstellungen:
    1. Rückstellungen für Pensionen und ähnliche Verpflichtungen;
    2. Steuerrückstellungen;
    3. sonstige Rückstellungen.

C. Verbindlichkeiten:
    1. Anleihen
    davon konvertibel;
    2. Verbindlichkeiten gegenüber Kreditinstituten;
    3. erhaltene Anzahlungen auf Bestellungen;
    4. Verbindlichkeiten aus Lieferungen und Leistungen;
    5. Verbindlichkeiten aus der Annahme gezogener Wechsel und der Ausstellung eigener Wechsel;
    6. Verbindlichkeiten gegenüber verbundenen Unternehmen;
    7. Verbindlichkeiten gegenüber Unternehmen, mit denen ein Beteiligungsverhältnis besteht;
    8. sonstige Verbindlichkeiten,
    davon aus Steuern,
    davon im Rahmen der sozialen Sicherheit.

D. Rechnungsabgrenzungsposten

E. Passive latente Steuern

Bilanzsumme

Abbildung 2.5   Aktivseite der österreichischen Bilanz

Aktivseite

A. Anlagevermögen:
   I. Immaterielle Vermögensgegenstände:
       1. Konzessionen, gewerbliche Schutzrechte und ähnliche Rechte und Vorteile sowie daraus abgeleitete Lizenzen;
       2. Geschäfts(Firmen)wert;
       3. geleistete Anzahlungen;
   II. Sachanlagen:
       1. Grundstücke, grundstücksgleiche Rechte und Bauten, einschließlich der Bauten auf fremdem Grund;
       2. technische Anlagen und Maschinen;
       3. andere Anlagen, Betriebs- und Geschäftsausstattung;
       4. geleistete Anzahlungen und Anlagen in Bau;
   III. Finanzanlagen:
       1. Anteile an verbundenen Unternehmen;
       2. Ausleihungen an verbundene Unternehmen;
       3. Beteiligungen;
       4. Ausleihungen an Unternehmen, mit denen ein Beteiligungsverhältnis besteht;
       5. Wertpapiere (Wertrechte) des Anlagevermögens;
       6. sonstige Ausleihungen.

B. Umlaufvermögen:
   I. Vorräte:
       1. Roh-, Hilfs- und Betriebsstoffe;
       2. unfertige Erzeugnisse;
       3. fertige Erzeugnisse und Waren;
       4. noch nicht abrechenbare Leistungen;
       5. geleistete Anzahlungen;
   II. Forderungen und sonstige Vermögensgegenstände:
       1. Forderungen aus Lieferungen und Leistungen;
       2. Forderungen gegenüber verbundenen Unternehmen;
       3. Forderungen gegenüber Unternehmen, mit denen ein Beteiligungsverhältnis besteht;
       4. sonstige Forderungen und Vermögensgegenstände;
   III. Wertpapiere und Anteile:
       1. Anteile an verbundenen Unternehmen;
       2. sonstige Wertpapiere und Anteile;
   IV. Kassenbestand, Schecks, Guthaben bei Kreditinstituten.

C. Rechnungsabgrenzungsposten.

Abbildung 2.6 Passivseite der österreichischen Bilanz

Passivseite:

A. Eigenkapital:
    I. Nennkapital (Grund-, Stammkapital);
    II. Kapitalrücklagen:
        1. gebundene;
        2. nicht gebundene;
    III. Gewinnrücklagen:
        1. gesetzliche Rücklage;
        2. satzungsmäßige Rücklagen;
        3. andere Rücklagen (freie Rücklagen);
    IV. Bilanzgewinn (Bilanzverlust), davon Gewinnvortrag/Verlustvortrag.

B. Unversteuerte Rücklagen:
    1. Bewertungsreserve auf Grund von Sonderabschreibungen;
    2. sonstige unversteuerte Rücklagen.

C. Rückstellungen:
    1. Rückstellungen für Abfertigungen;
    2. Rückstellungen für Pensionen;
    3. Steuerrückstellungen;
    4. sonstige Rückstellungen.

D. Verbindlichkeiten:
    1. Anleihen, davon konvertibel;
    2. Verbindlichkeiten gegenüber Kreditinstituten;
    3. erhaltene Anzahlungen auf Bestellungen;
    4. Verbindlichkeiten aus Lieferungen und Leistungen;
    5. Verbindlichkeiten aus der Annahme gezogener Wechsel und der Ausstellung eigener Wechsel;
    6. Verbindlichkeiten gegenüber verbundenen Unternehmen;
    7. Verbindlichkeiten gegenüber Unternehmen, mit denen ein Beteiligungsverhältnis besteht;
    8. sonstige Verbindlichkeiten, davon aus Steuern, davon im Rahmen der sozialen Sicherheit.

E. Rechnungsabgrenzungsposten.

Im Folgenden werden die einzelnen Posten der Bilanz, beginnend mit der Aktivseite, genauer erklärt:

2.4.1 Aktivseite

Auf der **Aktivseite** der Bilanz befinden sich die Vermögensgegenstände. Gegliedert werden diese nach dem Grad ihrer Liquidität, d.h. nach der Schnelligkeit, mit der sie zu Geld gemacht werden können. Manche Vermögensgegenstände, wie etwa ein erworbener Firmenwert, sind nur sehr langsam flüssig zu machen. Andere hingegen, wie z. B.. fertige Waren lassen sich rascher verwerten. Zum Schluss findet man tatsächliche flüssige Mittel, wie etwa Bargeld oder Guthaben bei Banken.

Zu Bedenken ist jedoch, dass diese Vermögenswerte mit den Anschaffungskosten angesetzt sind. Manche Vermögensgegenstände können allerdings im Zeitverlauf an Wert gewinnen (wie beispielsweise Grundstücke in guter Lage). Da diese sog. **stillen Reserven** allerdings noch nicht tatsächlich realisiert sind, dürfen sie aufgrund des Gläubigerschutzes noch nicht ausgewiesen werden. Die Bilanz spiegelt diese gestiegenen Werte daher nicht wider.

Die Vermögensgegenstände der Aktivseite sind zunächst in Anlage- und Umlaufvermögen zu trennen. Im **Anlagevermögen** sind gemäß § 247 HGB (bzw. § 198 öUGB) nur die Gegenstände auszuweisen, die dazu bestimmt sind, dem Geschäftsbetrieb dauernd zu dienen. Anlagevermögen steht dem Unternehmen daher langfristig zur Verfügung und ist nicht zur weiteren Verarbeitung oder zum Verkauf vorgesehen. Die Bestimmung der Dauerhaftigkeit richtet sich grundsätzlich nach objektiven Kriterien, aber auch nach subjektiven Kriterien, da letztlich nur der Unternehmer über die geplante Funktion des Gegenstandes Bescheid weiß.

Beispiel:
In einem Transportunternehmen stellt ein LKW Anlagevermögen dar, er ist dazu bestimmt, dauernd dem Unternehmen zu dienen.

Bei einem Autohändler ist der LKW allerdings Umlaufvermögen, da dieser zum Verkauf bestimmt ist.

Die Abgrenzung von Anlage- und Umlaufvermögen ist insbesondere aufgrund der unterschiedlichen Bewertungsvorschriften von großer Bedeutung.

> **Merksatz:**
>
> Ein Gegenstand stellt daher dann **Anlagevermögen** dar, wenn er zur wiederholten Nutzung, d.h. zum **Gebrauch** bestimmt ist.
>
> Ein Gegenstand stellt hingegen **Umlaufvermögen** dar, wenn er zum **Verbrauch** bestimmt ist, d.h. im Fertigungsprozess untergeht oder zur Veräußerung bestimmt ist.

Innerhalb des Anlagevermögens ist aufgrund des unterschiedlichen Charakters und der unterschiedlichen Realisierbarkeit des Vermögens jedenfalls eine Aufgliederung nach immateriellem Anlagevermögen, Sachanlagevermögen sowie Finanzanlagevermögen vorzunehmen.

Immaterielle Vermögensgegenstände sind körperlich nicht fassbare Werte, wie insbesondere Konzessionen, gewerbliche Schutzrechte und Geschäfts- oder Firmenwerte. Seit 2010 dürfen nun auch selbst geschaffene gewerbliche Schutzrechte und ähnliche Rechte und Werte in die Bilanz aufgenommen werden. Dieses **Wahlrecht** gilt allerdings **nicht** für selbst geschaffene Marken, Drucktitel, Verlagsrechte, Kundenlisten oder vergleichbare immaterielle Vermögensgegenstände, weil bei diesen die Herstellungskosten nicht zweifelsfrei bestimmt werden können. Für diese besteht weiterhin Aktivierungsverbot, wenn sie nicht entgeltlich erworben wurden.

Beim entgeltlich erworbenen **Geschäfts- oder Firmenwert** handelt es sich um den Unterschiedsbetrag zwischen dem Kaufpreis und dem Wert der übernommenen Vermögensgegenstände abzüglich der Schulden. Für diesen derivativen Geschäfts- oder Firmenwert, der also entgeltlich erworben wurde, besteht Aktivierungspflicht. Hingegen darf ein originärer, also ein selbst geschaffener Geschäfts- oder Firmenwert nicht in die Bilanz aufgenommen werden.

Als **geleistete Anzahlungen** sind Vorleistungen auszuweisen, die zur Anschaffung eines immateriellen Vermögensgegenstandes geleistet wurden.

> **Merksatz:**
>
> Aktivierung immaterieller Vermögensgegenstände
>
> - **Aktivierungspflicht** besteht für alle **entgeltlich** erworbenen immateriellen Vermögensgegenstände des <u>Anlagevermögens</u>.
>
> - **Aktivierungspflicht** besteht für alle immateriellen Vermögensgegenstände des <u>Umlaufvermögens</u> und zwar unabhängig davon, ob sie entgeltlich erworben oder selbst geschaffen wurden.
>
> - **Aktivierungswahlrecht** besteht für selbst geschaffene und unentgeltlich erworbene (z. B. durch Schenkung) immaterielle Vermögensgegenstände des <u>Anlagevermögens</u>, außer es handelt sich um selbst geschaffene Marken, Drucktitel, Verlagsrechte oder Kundenlisten (**Aktivierungsverbot**).
>
> Für sämtliche anderen Vermögensgegenstände besteht Aktivierungspflicht.

In Österreich besteht **kein Wahlrecht** zum Ansatz von nicht entgeltlich erworbenen immateriellen Vermögensgegenständen des Anlagevermögens. Für diese besteht weiterhin Aktivierungsverbot.

Sachanlagevermögen stellt jene Vermögensgegenstände dar, die physisch greifbar sind. Diese können entweder nicht abnutzbar oder abnutzbar sein. Nicht abnutzbares Sachanlagevermögen unterliegt keiner ständigen Wertminderung, wie beispielsweise Grundstücke. Abnutzbares Sachanlagevermögen hingegen verliert aufgrund der Nutzung oder des Zeitablaufs an Wert, wie beispielsweise Gebäude, Maschinen oder PKWs. Diese laufende Wertminderung spiegelt sich in der Abschreibung von abnutzbarem Sachanlagevermögen wider.

Unter dem Posten **Grundstücke und grundstücksgleiche Rechte und Bauten einschließlich der Bauten auf fremden Grund** werden alle **unbeweglichen** Vermögensgegenstände ausgewiesen. Darunter sind sowohl unbebaute Grundstücke als auch Grundstücke zu verstehen, auf denen Fabriks-, Geschäfts- und Wohnbauten oder sonstige Baulichkeiten (wie Straßen, Parkplätze, Brücken, Untertagbauten u.Ä.) errichtet sind. Soweit solche Bauten auf fremden Grund errichtet sind, sind sie ebenfalls unter diesem Posten auszuweisen. Bei Grundstücken kann es, insbesondere bei älteren Grundstücken in guter Lage, zur Bildung von stillen Reserven kommen, da diese höchstens mit ihren Anschaffungskosten in der Bilanz anzusetzen sind.

Der Posten **Technische Anlagen und Maschinen** enthält alle Anlagen und Maschinen, die im Unternehmen unmittelbar in der Leistungserstellung eingesetzt werden, wie beispielsweise Anlagen zur Energieerzeugung, zur Materialbearbeitung oder zur Materialverarbeitung. Diese Vermögensgegenstände werden in der Bilanz mit ihren Anschaffungskosten abzüglich Abschreibungen angesetzt.

Andere Anlagen sowie Betriebs- und Geschäftsausstattung ist ein Sammelposten, der alle Vermögensgegenstände enthält, die keiner anderen Bilanzposition zugeordnet sind. Beispielsweise zählen zur Betriebsausstattung die Werkstätteneinrichtung und der Fuhrpark, zur Geschäftsausstattung die Büroeinrichtung sowie EDV-Anlagen. Andere Anlagen sind Vermögensgegenstände, die nicht unmittelbar in der Leistungserstellung eingesetzt werden.

Geleistete Anzahlungen und Anlagen in Bau enthalten einerseits getätigte Vorleistungen für noch ausstehende Lieferungen und Leistungen und andererseits Anlagen, die zum Bilanzstichtag noch nicht fertiggestellt bzw. noch nicht betriebsbereit sind. Zu beachten ist hier, dass Anlagen in Bau bei der Aufstellung bzw. Feststellung des Jahresabschlusses bereits abgeschlossen sein können.

Im Gegensatz zum Sachanlagevermögen dienen **Finanzanlagen** primär der Erzielung von Finanzerfolgen und müssen nicht unbedingt dem eigentlichen Betriebszweck dienen. Unter diesem Posten werden Anteile an anderen Unternehmen, Ausleihungen und Wertpapiere ausgewiesen, die langfristig dem Unternehmen dienen. Abgrenzungsmerkmal zu Forderungen, Wertpapieren und sonstigen Vermögensgegenständen des Umlaufvermögens ist also die Dauerhaftigkeit.

Unter dem Posten **Anteile an verbundenen Unternehmen** sind Anteile an Unternehmen auszuweisen, mit denen ein Mutter/Tochter-Verhältnis besteht, d.h. die in einem Über- bzw. Unterordnungsverhältnis zueinander stehen. Verbundene Unternehmen sind also solche, die in einen Konzernabschluss einzubeziehen wären. Anteile an verbundenen Unternehmen sind beispielsweise Aktien, GmbH-Anteile, stille Beteiligungen sowie Komplementär- oder Kommanditeinlagen. Diese Anteile vermitteln Mitgliedschaftsrechte, die einerseits Vermögensrechte, wie z. B. einen Gewinnanspruch, und andererseits Verwaltungsrechte, wie z. B. Informations- und Mitspracherechte, beinhalten.

Der Posten **Ausleihungen an verbundene Unternehmen** enthält Kapitalforderungen, bei denen der Schuldner ein verbundenes Unternehmen ist. Allgemein kann eine Ausleihung als langfristige, dem Geschäftsbetrieb auf Dauer dienende Kapitalhingabe umschrieben werden, die mit keiner Gesellschafterstellung verbunden ist. Die Kapitalforderung muss jedenfalls langfristig sein, d.h. länger als ein Jahr, um im Anlagevermögen ausgewiesen zu werden. Ausleihungen sind somit insbesondere langfristige Darlehen.

Unter den **Beteiligungen** sind Anteile an anderen Unternehmen auszuweisen, die dem eigenen Geschäftsbetrieb durch eine dauernde Verbindung dienen. Wesentlich ist, dass der Gesellschaftsanteil dem eigenen Geschäftsbetrieb dienen muss, und daher über die reine Kapitalveranlagung hinausgeht. Eine Beteiligung wird daher regelmäßig dann vorliegen, wenn die beiden Unternehmen sich in ihren Tätigkeiten ergänzen bzw. unterstützen. Soweit der Anteilsbesitz zumindest 20 % des Nennkapitals beträgt, gelten Anteile an Kapitalgesellschaften im Zweifel als Beteiligung. Diese Beteiligungsvermutung ist allerdings widerlegbar.

Ausleihungen an ein Unternehmen, an dem die Beteiligung gehalten wird, sind in einem eigenen Posten **Ausleihungen an Unternehmen, mit denen ein Beteiligungsverhältnis besteht** auszuweisen. Ebenso enthält dieser Posten auch Ausleihungen an das Unternehmen, das die Beteiligung hält.

Wertpapiere des Anlagevermögens sind verbriefte festverzinsliche oder gewinnbeteiligte Vermögensrechte. Zu den Wertpapieren zählen insbesondere Aktien, Anleihen und Obligationen. Soweit es sich um Wertpapiere handelt, die zur dauernden Anlage bestimmt sind, sind diese im Anlagevermögen, sonst im Umlaufvermögen auszuweisen. Derartige Wertpapiere dürfen nicht als Beteiligung oder als Anteil an einem verbundenen Unternehmen klassifiziert werden.

Unter dem Sammelposten **sonstige Ausleihungen** sind alle anderen Ausleihungen, die nicht gegenüber verbundenen Unternehmen oder Beteiligungsunternehmen bestehen, auszuweisen, wenn diese langfristig und nicht in Wertpapieren verbrieft sind. Hierzu zählen z. B. langfristige Darlehen an Mitarbeiter oder Vorstands- und Aufsichtsratsmitglieder.

Alle Vermögensgegenstände, die nicht dazu bestimmt sind, dem Geschäftsbetrieb dauernd zu dienen, sind im **Umlaufvermögen** auszuweisen.

Vorräte werden im Zuge der Leistungserstellung verbraucht oder veräußert. Je nach Branchenzugehörigkeit eines Unternehmens variieren die Posten des Vorratsvermögens. Ein Handelsunternehmen wird vorrangig Handelswaren ausweisen, ein Produktionsunternehmen im Wesentlichen unfertige und fertige Erzeugnisse und ein Dienstleistungsunternehmen primär unfertige Leistungen.

Der Posten **Roh-, Hilfs- und Betriebsstoffe** wird in der Praxis oftmals als „RHB" bezeichnet. Unter **Rohstoffen** sind die in das Produkt als wesentliche Bestandteile eingehenden Vermögensgegenstände zu verstehen (z. B. Holz bei Möbelherstellung, Eisen bei Stahlerzeugung). Die **Hilfsstoffe** sind demgegenüber die unwesentlichen Bestandteile des Produkts (z. B. Nägel, Farben oder Leim), während als **Betriebsstoffe** dem Herstellungsprozess dienende Vermögenswerte anzusehen sind, die nicht Bestandteil der Produkte sind (z. B. Schmiermittel, Reinigungsmaterial oder Verpackungsmittel).

Unfertige Erzeugnisse sind jene Produkte, mit deren Herstellung am Bilanzstichtag schon begonnen wurde, die aber noch nicht fertig hergestellt, d.h. noch nicht auslieferungsfähig sind. Solange also der Produktionsprozess noch nicht abgeschlossen ist handelt es sich um unfertige Erzeugnisse. Soweit Dienstleistungen noch nicht vollständig erbracht sind, hat für den bereits erbrachten, aber nicht selbständig abrechenbaren Teil der Dienstleistung eine Neutralisierung des Aufwands unter dem Posten **Unfertige Leistungen** zu erfolgen. Unfertige Leistungen sind hauptsächlich im Dienstleistungssektor aber auch im Baugewerbe vorzufinden. In Österreich wird dieser Posten als „Noch nicht abrechenbare Leistungen" bezeichnet.

Fertige Erzeugnisse sind die am Bilanzstichtag hergestellten und auslieferungsfähigen Gegenstände. **Waren** sind Produkte, die zur Weiterveräußerung ohne wesentliche Be- oder Verarbeitung angeschafft wurden.

Geleistete Anzahlungen auf Vorräte enthalten nur Anzahlungen auf Vorräte oder Dienstleistungen, die mit deren Beschaffung in Zusammenhang stehen.

Unter den Forderungen werden noch nicht beglichenen Kapitalforderungen ausgewiesen. Zu achten ist hier jedenfalls auf die Bonität der Schuldner. Ist zweifelhaft, ob ein Schuldner seine Schuld begleichen kann, muss die Forderung wertberichtigt werden.

Der Posten **Forderungen aus Lieferungen und Leistungen** enthält die Entgeltsansprüche, die aufgrund erbrachter Lieferungen oder Dienstleistungen entstanden sind. Die Lieferung oder Leistung muss daher im Rahmen der gewöhnlichen Geschäftstätigkeit, also dem betrieblichen Kernleistungsbereich, entstanden sein. Der Ausweis der Forderungen aus Lieferungen und Leistungen korrespondiert mit dem Ausweis der Umsatzerlöse.

Forderungen gegen **verbundene Unternehmen** sowie Forderungen gegen **Unternehmen, mit denen ein Beteiligungsverhältnis besteht** sind separat auszuweisen. Unter diesen beiden Posten sind sämtliche Forderungen gegen derartige Unternehmen, unabhängig von ihrer sonstigen Zugehörigkeit auszuweisen. Mit diesem besonderen Ausweis soll auf die gesellschaftsrechtliche Verflechtung dieser Unternehmen hingewiesen werden. Denn gerade in einem Unternehmensverbund stehen einander konzerninterne Forderungen und Verbindlichkeiten gegenüber.

Unter den Sammelposten **sonstige Vermögensgegenstände** fallen alle sonstigen Vermögensgegenstände, die nicht einem anderen Posten des Umlaufvermögens zuzurechnen sind. Beispielsweise werden Forderungen aus der Veräußerung von Anlagevermögen, Schadenersatzansprüche, Steuerguthaben oder kurzfristige Darlehen unter diesem Sammelposten ausgewiesen.

Wertpapiere des Umlaufvermögens werden im Gegensatz zu Wertpapieren des Anlagevermögens nur vorübergehend gehalten. Das Unternehmen kann über diese Wertpapiere jederzeit verfügen und diese in Geld umwandeln. Gründe für die Wertpapierhaltung können einerseits die Erzielung von Spekulationsgewinnen und andererseits die vorübergehende Anlage von liquiden Mitteln sein. Eine Einflussnahme auf das Unternehmen ist in der Regel nicht möglich.

In einem separaten Posten sind **Anteile an verbundenen Unternehmen** auszuweisen. Anteile an verbundenen Unternehmen sind dann im Umlaufvermögen auszuweisen, wenn sie nur mit kurzfristiger Veräußerungsabsicht gehalten werden.

Alle anderen Wertpapiere, die keine Anteile an verbundenen Unternehmen darstellen, werden unter den **sonstigen Wertpapieren**, einem Sammelposten, ausgewiesen. Beispielsweise zählen hierzu Anteilspapiere (wie Aktien oder Investmentzertifikate), Forderungspapiere (festverzinsliche oder variabel verzinsliche Geldforderungen), Bezugsrechte und Optionsscheine sowie Gewinnanteilsscheine. Nicht verbriefte Anteile sind daher unter den sonstigen Vermögensgegenständen auszuweisen, wenn diese keinem anderen Posten zugeordnet werden können.

Der Sammelposten **Kassabestand, Bundesbankguthaben, Guthaben bei Kreditinstituten und Schecks** stellt die flüssigen Mittel dar und beinhaltet geldnahe und geldgleiche Vermögensgegenstände. Zum **Kassenbestand** gehört das gesamte Bargeld sowohl inländischer als auch ausländischer Währung, aber auch der Bestand an Wertmarken, wie z. B. Briefmarken. **Guthaben bei Kreditinstituten** und **Bundesbankguthaben** beinhalten alle jederzeit dispositionsfähigen Guthaben bei inländischen sowie ausländischen Banken, Sparkassen, Kreditinstituten und Zentralbanken. Zu den **Schecks** gehören beispielsweise Inhaber- und Orderschecks, Bar- oder Verrechnungsschecks sowie Tankschecks. Der Posten der liquiden Mittel wird in der Regel möglichst gering gehalten, da diese Mittel gar nicht oder kaum verzinst werden.

Unter den **Rechnungsabgrenzungsposten** werden auf der Aktivseite Ausgaben vor dem Abschlussstichtag ausgewiesen, die allerdings keinen Aufwand des laufenden Geschäftsjahres darstellen, sondern Aufwand für eine bestimmte Zeit danach. Da aber Aufwendungen und Erträge nur insoweit zu erfassen sind als sie im jeweiligen Geschäftsjahr entstanden oder verursacht sind, müssen Auszahlungen denjenigen Perioden zugerechnet werden, in denen sie verursacht wurden. Beispielsweise können Mieten, Pachten oder Versicherungsbeiträge vorausbezahlt werden. Ebenso ist ein Disagio, also der Unterschiedsbetrag zwischen einem höheren Rückzahlungsbetrag und dem Ausgabebetrag einer Verbindlichkeit, unter den Rechnungsabgrenzungsposten auszuweisen, da dieses als Zinsvorauszahlung angesehen wird.

Latente Steuern ergeben sich aus unterschiedlichen Ansatz- und Bewertungsvorschriften in der Handelsbilanz und der Steuerbilanz. Wenn sich diese Differenzen in späteren Perioden wieder auflösen, darf eine zukünftige Steuerentlastung auf der Aktivseite als latente Steuer angesetzt werden.

Ein **Aktiver Unterschiedsbetrag aus der Vermögensverrechnung** ist ein eigener Sonderposten am Ende der Bilanz. Dieser enthält Aktivüberhänge aus der Saldierung von Vermögensgegenständen und Schulden aus Altersversorgungsverpflichtungen oder vergleichbaren langfristigen Verpflichtungen. Da diese Vermögensgegenstände ausschließlich zur Erfüllung von Schulden aus Altersversorgungsverpflichtungen dienen, werden sie auch als zweckgebundenes Planvermögen bezeichnet.

Die Summe aller Aktivposten ergibt die **Bilanzsumme**, die auf beiden Seiten der Bilanz jedenfalls gleich hoch sein muss. Ist in einem Geschäftsjahr ein Gewinn entstanden, d. h. die Aktivseite ist größer als die Passivseite der Bilanz, ist dieser Gewinn im Eigenkapital auszuweisen, um die Bilanzsummen wieder auszugleichen.

2.4.2 Passivseite

Die **Passivseite** stellt die Finanzierungsseite der Bilanz dar. Sie zeigt woher die Mittel für die Anschaffung der Vermögensgegenstände der Aktivseite kommen. Grundsätzlich hat eine Unterscheidung zwischen Eigenkapital und Fremdkapital zu erfolgen. Der wesentliche Unterschied zwischen diesen ist, dass Fremdkapital zurückgezahlt werden muss, während Eigenkapital in der Regel dauerhaft zu Verfügung gestellt wird.

Das **Eigenkapital** entspricht grundsätzlich dem von den Gesellschaftern eingebrachten Kapital, das für die Schulden des Unternehmens jedenfalls haftet. Durch laufende Gewinne wird das Eigenkapital erhöht, durch Verluste hingegen verringert.

Der erste Gliederungspunkt des Eigenkapitals ist das **gezeichnete Kapital**. Es stellt das Haftungskapital der Gesellschafter dar, welches am Abschlussstichtag im Handelsregister eingetragen ist. Das gezeichnete Kapital wird bei einer Aktiengesellschaft als Grundkapital bezeichnet und muss mindestens € 50.000 (in Österreich € 70.000) betragen, bei einer Gesellschaft mit beschränkter Haftung wird es als Stammkapital bezeichnet und muss mindestens € 25.000 (in Österreich € 35.000) betragen. Bei Einzelunternehmen und Personengesellschaften gibt es keine vorgesehene Mindestkapitalhöhe. Allerdings haften Einzelunternehmer und Komplementäre auch mit ihrem gesamten Privatvermögen, während Gesellschafter von Kapitalgesellschaften nur beschränkt mit ihrer Einlage haften. Ein noch nicht eingezahlter Teil der Gesellschaftereinlage wird als **ausstehende Einlage** bezeichnet. Ist eine ausstehende Einlage bereits von der Gesellschaft eingefordert worden, ist der eingeforderte Betrag als Forderung auf der Aktivseite auszuweisen. Eine ausstehende Einlage, die allerdings noch nicht von der Gesellschaft eingefordert wurde, ist offen vom gezeichneten Kapital abzusetzen, d.h. in einer Vorspalte auf der Passivseite zu zeigen.

Als **Kapitalrücklagen** sind alle übrigen von außen dem Unternehmen vom Gesellschafter als Eigenkapital zugeführten Mittel auszuweisen. In die Kapitalrücklage einzustellen sind das Agio bei der Ausgabe von Anteilen sowie von Wandlungs- und Optionsrechten (also der Betrag, der bei der Ausgabe den Nennbetrag übersteigt), Beträge aus Zuzahlungen für Vorzüge sowie aus anderen Zuzahlungen. Die Verwendung der Kapitalrücklagen ist gesetzlich beschränkt: Sie dürfen nicht zur Gewinnausschüttung aufgelöst werden, es sei denn es handelt sich um Kapitalrücklagen, die aus anderen Zuzahlungen gebildet wurde.

In Österreich wird zwischen sogenannten **gebundenen** und **ungebundenen** Kapitalrücklagen unterschieden. Ungebunden ist jene Kapitalrücklage, die aus sonstigen Zahlungen, die durch gesellschaftsrechtliche Verbindungen (unmittelbare bzw. mittelbare Gesellschafter) veranlasst sind, gebildet wurde. Alle anderen Beträge sind bei Aktiengesellschaften und großen GmbH als gebundene Rücklagen auszuweisen. Mittelgroße und kleine GmbH haben dementsprechend regelmäßig nur ungebundene Kapitalrücklagen. Gebundene Kapitalrücklagen können nur zum Ausgleich eines sonst auszuweisenden Bilanzverlustes, nicht jedoch zu Ausschüttungen an die Gesellschafter verwendet werden. Hingegen können ungebundene Kapitalrücklagen auch dazu verwendet werden, um den ausschüttungsfähigen Bilanzgewinn zu erhöhen.

Gewinnrücklagen sind im Gegensatz zu Kapitalrücklagen innenfinanzierte Eigenmittel der Gesellschaft, die aus dem Jahresüberschuss gebildet werden. Die Gewinnrücklagen gliedern sich in die gesetzliche Rücklage, die Rücklage für Anteile an einem herrschenden oder mehrheitlich beteiligten Unternehmen, satzungsmäßige Rücklagen und in andere Gewinnrücklagen.

Die **gesetzliche Rücklage** ist grundsätzlich nur von Aktiengesellschaften solange jährlich zu bilden, bis die gesetzliche Rücklage und die Kapitalrücklagen zusammen 10 % des Grundkapitals erreichen. In Österreich ist die gesetzliche Rücklage eine gebundene Rücklage und zudem auch von großen GmbHs zu bilden.

Die gesetzliche Rücklage und die Kapitalrücklagen, deren Verwendung beschränkt ist, werden oft auch zusammengefasst als Reservefonds bezeichnet.

In die **Rücklage für Anteile an einem herrschenden oder mehrheitlich beteiligten Unternehmen** ist beim beherrschten oder im Mehrheitsbesitz stehenden Unternehmen jener Betrag einzustellen, der dem Betrag der Aktivposten „Anteile an verbundenen Unternehmen" im Finanzanlagevermögen sowie im Umlaufvermögen entspricht.

Satzungsmäßige Rücklagen sind Rücklagen, die aufgrund des Gesellschaftsvertrages oder der Satzung zwingend zu bilden sind. Wie satzungsmäßige Rücklagen verwendet werden können, richtet sich nach dem Gesellschaftsvertrag oder der Satzung, sie können also einer Zweckbestimmung unterliegen.

Andere Rücklagen sind solche, die weder gesetzlich noch satzungsmäßig noch für Anteile an einem herrschenden oder mehrheitlich beteiligten Unternehmen zu bilden sind. Sie werden auch als freie Rücklagen bezeichnet und unterliegen in der späteren Verwendung keiner Beschränkung.

Als **Gewinnvortrag** ist jener Restbetrag des Bilanzgewinns des Vorjahres auszuweisen, der nicht ausgeschüttet oder in eine Rücklage eingestellt wurde. Ein **Verlustvortrag** stellt einen Jahresfehlbetrag des Vorjahres dar, der bislang noch nicht mit Gewinnen oder vorhandenen Rücklagen verrechnet werden konnte.

Der **Jahresüberschuss** oder der **Jahresfehlbetrag** ist der Saldo aus den Erträgen und Aufwendungen des laufenden Geschäftsjahres. Wird allerdings bei der Bilanzaufstellung die Ergebnisverwendung bereits berücksichtigt, dann ist der Posten **Bilanzgewinn/Bilanzverlust** anstelle der beiden Posten Gewinnvortrag/Verlustvortrag sowie

Jahresüberschuss/Jahresfehlbetrag auszuweisen. Der Bilanzgewinn ist der nach Entnahmen bzw. Einstellungen in die Rücklagen verbleibende und ausschüttungsfähige Restbetrag des Jahresüberschusses.

Jahresüberschuss / Jahresfehlbetrag
+ Gewinnvortrag
− Verlustvortrag
+ Entnahmen aus Rücklagen
− Einstellungen in Rücklagen
= Bilanzgewinn / Bilanzverlust

Seit 2010 ist auf der Passivseite die Bildung von **Sonderposten mit Rücklagenanteil**, die für steuerliche Zwecke gebildet wurden, nicht mehr zulässig. In Österreich ist hingegen der Ausweis von Bewertungsreserven aufgrund von steuerlichen Sonderabschreibungen und sonstigen sogenannten unversteuerten Rücklagen noch vorgesehen.

Schulden werden traditionell in die Begriffe Rückstellung und Verbindlichkeit unterteilt. Rückstellungen sind dem Grunde und/oder der Höhe nach ungewisse Verpflichtungen, Verbindlichkeiten sind ihrem Wesen nach sichere Verpflichtungen.

Rückstellungen werden aufgrund des Vorsichtsprinzips gebildet. Sie stellen dem Grunde nach wahrscheinliche Verpflichtungen dar, die zwar im laufenden Geschäftsjahr verursacht wurden, aber hinsichtlich der Höhe oder des Zeitpunkts ihres Eintritts ungewiss sind. Die erst in Zukunft tatsächlich entstehenden Aufwendungen, die aber im laufenden Geschäftsjahr bereits wirtschaftlich verursacht wurden, werden also vorweggenommen und periodengerecht zugeordnet. Die Dotierung einer Rückstellung mindert im Jahr der Bildung den Jahresüberschuss, im Jahr der Auflösung erhöht sich der Jahresüberschuss. Da mittels Rückstellungen der Jahresüberschuss leicht beeinflusst werden kann, ist die Bildung von diesen nur begrenzt zulässig.

Die drei grundsätzlichen Rückstellungsarten sind:

- Rückstellungen für ungewisse Verbindlichkeiten,
- Rückstellungen für drohende Verluste aus schwebenden Geschäften sowie
- Aufwandsrückstellungen.

Rückstellungen für ungewisse Verbindlichkeiten sind der Höhe und/oder dem Grunde nach nicht sicher feststehende Verbindlichkeiten. Eine Verbindlichkeit ist dem Grunde nach ungewiss, wenn nicht klar ist, ob aufgrund der Rechtslage überhaupt eine Verbindlichkeit des Unternehmers entstanden ist. Eine Verbindlichkeit ist der Höhe nach ungewiss, wenn nicht feststeht, in welchem Ausmaß die Verpflichtung besteht. Unter den ungewissen Verbindlichkeiten sind alle in der Vergangenheit begründeten Verpflichtungen gegenüber Dritten zu erfassen. Zu den ungewissen Verbindlichkeiten zählen insbesondere Abfertigungs-, Pensions-, Umweltschutz-, Produkthaftungs-, Kulanz-, Urlaubs- und Steuerrückstellungen.

Typische Fälle einer Rückstellungsbildung:

- Urlaubsrückstellung
  Der Dienstnehmer hat im abgelaufenen Geschäftsjahr verhältnismäßig zu wenige Urlaubstage konsumiert, sodass ihm in der Zukunft ein Anspruch auf verhältnismäßig mehr bezahlte Freizeit in Form von Urlaub zusteht. Es wurde somit seitens des Dienstnehmers im abgelaufenen Geschäftsjahr ein mehr an Arbeitsleistung erbracht, für das anteilig die Bezahlung erst in der Zukunft in Form der offenen Urlaubstage erfolgt.

- Pensionsrückstellung
  Das Unternehmen gewährt Mitarbeitern bei Eintritt in den Ruhestand eine Firmenpension. Während die Mitarbeiter die Leistung während ihrer beruflichen Aktivphase erbringen, bezahlt das Unternehmen diese Leistung erst nach Eintritt des Mitarbeiters in den Ruhestand.

- Gewährleistungsrückstellung
  Das Unternehmen hat eine mangelhafte Leistung erbracht. Für die z. B. im folgenden Geschäftsjahr vorzunehmenden Verbesserungsarbeiten ist eine Rückstellung zu bilden, weil eine Verpflichtung gegenüber dem Vertragspartner zur Erbringung einer mangelfreien Leistung besteht.

Rückstellungen für drohende Verluste aus schwebenden Geschäften sind im Gegensatz zu den Verbindlichkeitsrückstellungen für Verluste zu bilden, die zwar erst aus der zukünftigen Abwicklung des Geschäfts entstehen werden, deren Ursache allerdings in der Vergangenheit liegt. Die Rückstellung für drohende Verluste aus schwebenden Geschäften gibt es in verschiedenen Ausprägungen. Gemeinsam ist allen Geschäften, dass eine bestehende vertragliche Verpflichtung noch nicht zu erfüllen ist und erkennbar ist, dass die eigene Leistungsverpflichtung höher ist als die zu erwartende Gegenleistung.

Unter **Aufwandsrückstellungen** versteht man Aufwendungen, die keine Verpflichtung gegenüber Dritten darstellen, mit deren Entstehen aber aufgrund der Fortführung des Unternehmens mit großer Wahrscheinlichkeit zu rechnen ist. Es handelt sich also nicht um eine Außenverpflichtung sondern um eine reine Innenverpflichtung. Für diesen im abgelaufenen Geschäftsjahr verursachten Aufwand ist entsprechend einer periodenrichtigen Abgrenzung der Aufwendungen und Erträge vorzusorgen. Da mittels Aufwandsrückstellungen der Jahresüberschuss leicht beeinflussbar ist, ist deren Bildung begrenzt auf:

- unterlassene Aufwendungen für Instandhaltung, die in den ersten drei Monaten des folgenden Geschäftsjahres nachgeholt werden,
- unterlassene Aufwendungen für Abraumbeseitigung, die im folgenden Geschäftsjahr nachgeholt werden sowie
- Gewährleistungen, die ohne rechtliche Verpflichtung erbracht werden.

Andere Aufwandsrückstellungen dürfen nicht gebildet werden. Bis 2010 bestand das Wahlrecht zur Rückstellungsbildung von anderen Aufwendungen, die ihrer Eigenart nach genau umschrieben und dem Geschäftsjahr zuzuordnen waren, allerdings hinsichtlich ihrer Höhe oder des Zeitpunktes ihres Eintritts unbestimmt waren. Dieses Wahlrecht wurde in Deutschland ersatzlos gestrichen, in Österreich besteht es allerdings weiterhin.

In der Bilanz sind folgende Rückstellungen in eigenständigen Posten auszuweisen:

- **Rückstellungen für Pensionen und ähnliche Verpflichtungen** enthalten ungewisse Verbindlichkeiten für laufende Pensionen, Anwartschaften auf Pensionen und ähnliche Verpflichtungen, die in der Regel gegenüber Arbeitnehmern bestehen.
- Der Posten **Steuerrückstellungen** enthält sämtliche ungewisse Verbindlichkeiten aus Steuern, für die das Unternehmen eine dem Grunde oder der Höhe nach ungewisse Zahlungsverpflichtung hat.
- Den **Sonstigen Rückstellungen** sind sämtliche passivierungspflichtige Rückstellungen zugeordnet, die keine Rückstellungen für Pensionen oder Steuern darstellen.

Bei **Verbindlichkeiten** handelt es sich um dem Grunde und der Höhe nach sichere Verpflichtungen. Aufgrund der unterschiedlichen Verbindlichkeitsquellen und der verschiedenen Fristigkeiten werden die Verbindlichkeiten in acht Posten gesondert ausgewiesen:

Anleihen sind in Wertpapieren verbriefte Verbindlichkeiten, die in der Regel festverzinslich sind und am öffentlichen Kapitalmarkt aufgenommen werden. Unter den Anleihen werden Obligationen, Wandel-, Options- oder Gewinnschuldverschreibungen ausgewiesen. Wurde ein Darlehen nicht am öffentlichen Kapitalmarkt aufgenommen, ist es unter einem anderen Verbindlichkeitsposten auszuweisen.

Der Posten **Verbindlichkeiten gegenüber Kreditinstituten** enthält sämtliche Verbindlichkeiten gegenüber in- und ausländischen Banken, unabhängig von ihrer Laufzeit.

Unter den **erhaltenen Anzahlungen auf Bestellungen** sind Zahlungen eines Dritten aufgrund bereits abgeschlossener Liefer- und Leistungsverträge zu verstehen, wobei die Lieferung oder Leistung des Zahlungsempfängers aber noch ausständig ist. Erhaltene Anzahlungen sind eine Finanzierungshilfe, da das Unternehmen seine Leistung nicht vorfinanzieren muss.

Verbindlichkeiten aus Lieferungen und Leistungen sind die Verpflichtungen aus den Liefer-, Werk- und Dienstleistungsverträgen, die vom Vertragspartner bereits erfüllt wurden, für die das bilanzierende Unternehmen allerdings das Entgelt noch nicht bezahlt hat. Verbindlichkeiten aus Lieferungen und Leistungen werden inklusive Umsatzsteuer ausgewiesen.

Die Position **Verbindlichkeiten aus der Annahme gezogener Wechsel und der Ausstellung eigener Wechsel** umfasst alle eigenen Wechsel sowie als Schuldwechsel gezogene Wechsel, die vom Unternehmen akzeptiert wurden. Ausgewiesen werden sowohl die sogenannten Finanzierungswechsel, worunter Wechsel verstanden werden, denen kein anderes Geschäft zugrunde liegt, als auch Wechsel, denen ein anderes Geschäft (meistens eine Lieferung oder Leistung) zugrunde liegt.

Als **Verbindlichkeiten gegenüber verbundenen Unternehmen** werden sämtliche Verbindlichkeiten gegenüber Gläubigern ausgewiesen, die das Kriterium der Verbundenheit erfüllen. Wie bei den Forderungen ist unabhängig von ihrer sonstigen Einordnung ein gesonderter Ausweis der Verbindlichkeiten, die aus Geschäftsbeziehungen mit verbundenen Unternehmen resultierenden, vorzunehmen.

Ebenso sind **Verbindlichkeiten gegenüber Unternehmen, mit denen ein Beteiligungsverhältnis besteht,** in einem gesonderten Posten auszuweisen. Der separate Ausweis hat unabhängig von der Laufzeit oder dem zugrunde liegenden Rechtsgrund zu erfolgen.

Der Sammelposten **sonstige Verbindlichkeiten** umfasst sämtliche nicht einem bestimmten Verbindlichkeitsposten zuordenbare Verbindlichkeiten. Hierunter fallen insbesondere nicht bezahlte Löhne, Sozialversicherungsabgaben, Steuern, Dividenden oder Verbindlichkeiten gegenüber Gesellschaftern. Gesondert vermerkt werden müssen die Verbindlichkeiten aus Steuern sowie Verbindlichkeiten im Rahmen der sozialen Sicherheit (wie insbesondere Renten-, Kranken- und Arbeitslosenversicherung).

Unter den **passiven Rechnungsabgrenzungsposten** sind Einnahmen vor dem Abschlussstichtag auszuweisen, soweit sie Ertrag für eine bestimmte Zeit nach diesem Tag darstellen. Durch die Bildung von passiven Rechnungsabgrenzungsposten soll ein periodenrichtiger Ausweis der Erträge erreicht werden. Beispielsweise können Vorauszahlungen von Mieten, Pachten oder Versicherungsbeiträgen erhalten werden.

Latente Steuern ergeben sich aus unterschiedlichen Ansatz- und Bewertungsvorschriften in der Handelsbilanz und der Steuerbilanz. Wenn sich diese Differenzen in späteren Perioden wieder auflösen, muss eine zukünftige latente Steuerbelastung auf der Passivseite ausgewiesen werden (im Gegensatz zu aktiven latenten Steuern, für die ein Wahlrecht zur Aktivierung besteht).

3 Die Gewinn- und Verlustrechnung

Mit Hilfe der Bilanz könnte das Jahresergebnis stichtagsbezogen durch einen Vermögensvergleich ermittelt werden. Die Gewinn- und Verlustrechnung, die sogenannte GuV, zeigt direkt, wie bzw. wo das Ergebnis entstanden ist, sie zeigt die einzelnen Erfolgsquellen. Die Gliederung der GuV kann auf zwei Arten erfolgen: dem Gesamtkostenverfahren und dem Umsatzkostenverfahren.

3.1 Gesamtkostenverfahren

Beim Gesamtkostenverfahren werden - wie der Name schon sagt - die gesamten Aufwendungen einer Periode ausgewiesen, sowohl für Produkte, die verkauft wurden als auch für Produkte, die auf Lager liegen. Die Veränderung des Lagerbestandes wird als sogenannte Bestandsveränderung berücksichtigt. Beim Umsatzkostenverfahren werden hingegen nur die Aufwendungen in der GuV ausgewiesen, die für die abgesetzten Produkte entstanden sind. Beide Verfahren kommen jedenfalls zum gleichen Ergebnis.

Bei Anwendung des **Gesamtkostenverfahrens** gemäß § 275 HGB (bzw. § 231 öUGB) hat die GuV folgendes Aussehen:

Abbildung 3.1   GuV nach dem Gesamtkostenverfahren

Betriebsergebnis:
1. Umsatzerlöse
2. Erhöhung oder Verminderung des Bestands an fertigen und unfertigen Erzeugnissen
3. andere aktivierte Eigenleistungen
4. sonstige betriebliche Erträge
5. Materialaufwand:
    a) Aufwendungen für Roh-, Hilfs- und Betriebsstoffe und für bezogene Waren
    b) Aufwendungen für bezogene Leistungen
6. Personalaufwand:
    a) Löhne und Gehälter
    b) soziale Abgaben und Aufwendungen für Altersversorgung und für Unterstützung,
       davon für Altersversorgung
7. Abschreibungen:
    a) auf immaterielle Vermögensgegenstände des Anlagevermögens und Sachanlagen
    b) auf Vermögensgegenstände des Umlaufvermögens, soweit diese die in der Kapitalgesellschaft üblichen Abschreibungen überschreiten
8. sonstige betriebliche Aufwendungen

Finanzergebnis:
9. Erträge aus Beteiligungen,
   davon aus verbundenen Unternehmen
10. Erträge aus anderen Wertpapieren und Ausleihungen des Finanzanlagevermögens,
    davon aus verbundenen Unternehmen
11. sonstige Zinsen und ähnliche Erträge,
    davon aus verbundenen Unternehmen
12. Abschreibungen auf Finanzanlagen und auf Wertpapiere des Umlaufvermögens
13. Zinsen und ähnliche Aufwendungen,
    davon an verbundene Unternehmen

14. Ergebnis der gewöhnlichen Geschäftstätigkeit

ao. Ergebnis:
15. außerordentliche Erträge
16. außerordentliche Aufwendungen
17. außerordentliches Ergebnis
18. Steuern vom Einkommen und vom Ertrag
19. sonstige Steuern

20. Jahresüberschuss/Jahresfehlbetrag.

Abbildung 3.2 Gesamtkostenverfahren nach dem öGuV-Schema (§ 231 öUGB)

1. Umsatzerlöse;
2. Veränderung des Bestands an fertigen und unfertigen Erzeugnissen sowie an noch nicht abrechenbaren Leistungen;
3. andere aktivierte Eigenleistungen;
4. sonstige betriebliche Erträge:
   a) Erträge aus dem Abgang vom und der Zuschreibung zum Anlagevermögen mit Ausnahme der Finanzanlagen;
   b) Erträge aus der Auflösung von Rückstellungen,
   c) übrige;
5. Aufwendungen für Material und sonstige bezogene Herstellungsleistungen:
   a) Materialaufwand,
   b) Aufwendungen für bezogene Leistungen;
6. Personalaufwand:
   a) Löhne,
   b) Gehälter,
   c) Aufwendungen für Abfertigungen und Leistungen an betriebliche Mitarbeitervorsorgekassen,
   d) Aufwendungen für Altersversorgung,
   e) Aufwendungen für gesetzlich vorgeschriebene Sozialabgaben sowie vom Entgelt abhängige Abgaben und Pflichtbeiträge,
   f) sonstige Sozialaufwendungen;
7. Abschreibungen:
   a) auf immaterielle Gegenstände des Anlagevermögens und Sachanlagen,
   b) auf Gegenstände des Umlaufvermögens, soweit diese die im Unternehmen üblichen Abschreibungen überschreiten;
8. sonstige betriebliche Aufwendungen:
   a) Steuern, soweit sie nicht unter Z 21 fallen,
   b) übrige;
9. **Zwischensumme aus Z 1 bis 8;**
10. Erträge aus Beteiligungen, davon aus verbundenen Unternehmen;
11. Erträge aus anderen Wertpapieren und Ausleihungen des Finanzanlagevermögens, davon aus verbundenen Unternehmen;
12. sonstige Zinsen und ähnliche Erträge, davon aus verbundenen Unternehmen;
13. Erträge aus dem Abgang von und der Zuschreibung zu Finanzanlagen und Wertpapieren des Umlaufvermögens;
14. Aufwendungen aus Finanzanlagen und aus Wertpapieren des Umlaufvermögens, davon sind gesondert auszuweisen:
    a) Abschreibungen
    b) Aufwendungen aus verbundenen Unternehmen;
15. Zinsen und ähnliche Aufwendungen, davon betreffend verbundene Unternehmen;
16. **Zwischensumme aus Z 10 bis 15;**
17. **Ergebnis der gewöhnlichen Geschäftstätigkeit;**
18. außerordentliche Erträge;
19. außerordentliche Aufwendungen;
20. außerordentliches Ergebnis;
21. Steuern vom Einkommen und vom Ertrag;
22. **Jahresüberschuss/Jahresfehlbetrag;**
23. Auflösung unversteuerter Rücklagen;
24. Auflösung von Kapitalrücklagen;
25. Auflösung von Gewinnrücklagen;
26. Zuweisung zu unversteuerten Rücklagen;
27. Zuweisung zu Gewinnrücklagen. Die Auflösungen und Zuweisungen gemäß Z 23 bis 27 sind entsprechend den in der Bilanzausgewiesenen Unterposten aufzugliedern;
28. Gewinnvortrag/Verlustvortrag aus dem Vorjahr;
29. **Bilanzgewinn/Bilanzverlust**

Umsatzerlöse sind die für die gewöhnliche Geschäftstätigkeit des Unternehmens typischen Erlöse aus dem Verkauf und der Nutzungsüberlassung von Erzeugnissen und Waren sowie aus Dienstleistungen. Nicht zu den Umsatzerlösen zählen die Erlösschmälerungen (wie z. B. Skonti oder Nachlässe) und die Umsatzsteuer. Die Höhe der Umsatzerlöse ist insbesondere für die Abgrenzung zwischen kleinen, mittelgroßen und großen Kapitalgesellschaften von wesentlicher Bedeutung.

Der Posten **Erhöhung oder Verminderung des Bestands an fertigen und unfertigen Erzeugnissen** ergibt sich aus dem Konzept des Gesamtkostenverfahrens. Bei diesem werden die Aufwendungen aller in einem Geschäftsjahr hergestellten Erzeugnisse erfasst, d.h. auch die Aufwendungen für noch nicht abgesetzte Erzeugnisse. Die sogenannte **Bestandsveränderung** berücksichtigt nun diese Abweichung zwischen abgesetzter und produzierter Menge. Wird auf Lager produziert, d.h. erhöhen sich die Lagerbestände, tritt eine positive Bestandserhöhung ein. Wird hingegen mehr verkauft als produziert wird, d.h. die Lagerbestände verringern sich, tritt eine negative Bestandsverminderung ein. Eine Bestandsveränderung kann sich aber auch aufgrund von Wertänderungen ergeben. Ebenfalls unter diesem Posten auszuweisen sind Bestandsveränderungen von noch nicht abgerechneten Leistungen.

Unter den **anderen aktivierten Eigenleistungen** werden jene Eigenleistungen ausgewiesen, die selbst erstelltes Anlagevermögen darstellen. Da selbst erstelltes Anlagevermögen wie angekauftes Anlagevermögen zu aktivieren und über die Nutzungsdauer abzuschreiben ist, sind die bei der Herstellung angefallenen Aufwendungen ebenfalls zu neutralisieren. Dieser Posten korrigiert also die insoweit zu hoch ausgewiesenen Material-, Personal- und sonstigen Aufwendungen. Der aktivierte Betrag hat dem unter dieser GuV-Position ausgewiesenen Betrag zu entsprechen.

Der Sammelposten **sonstige betriebliche Erträge** umfasst verschiedenste Erträge der gewöhnlichen Geschäftstätigkeit, die sonst keinem anderen Posten zuzuordnen sind. Zu den sonstigen betrieblichen Erträgen zählen beispielsweise Veräußerungsgewinne aus dem Verkauf von Anlagevermögen, Erträge aus der Auflösung von Rückstellungen, Versicherungsentschädigungen für untergegangene Vermögensgegenstände aber auch Zuschüsse der öffentlichen Hand.

Unter dem **Materialaufwand** ist jedenfalls der gesamte mit der betrieblichen Leistungserstellung verbundene Verbrauch an Roh-, Hilfs- und Betriebsstoffen, an Handelswaren (sog. Wareneinsatz), an Reparatur-, Reinigungs- und Verpackungsmaterial sowie der im Forschungs- und Entwicklungsbereich anfallende Materialverbrauch zu verstehen. Aufwendungen für bezogene Leistungen, also für Fremdleistungen, sind ebenso unter dem Materialaufwand in einem eigenen Posten zu erfassen.

Der **Personalaufwand** umfasst die Aufwendungen für die im Unternehmen beschäftigten Personen. Getrennt auszuweisen sind die Posten **Löhne und Gehälter** (also die Arbeitsentgelte), **soziale Abgaben** (z. B. Arbeitgeberbeiträge zur gesetzlichen Sozialversicherung) und **Aufwendungen für Altersversorgung und Unterstützung** (z. B. Pensionszahlungen und Bildung von Pensionsrückstellungen).

Unter der Position **Abschreibungen** sind die planmäßigen und außerplanmäßigen Abschreibungen von immateriellen Vermögensgegenständen des Anlagevermögens sowie von Sachanlagen zu erfassen. Eine Saldierung von Abschreibungen mit Zuschreibungen ist unzulässig. Gesondert auszuweisen sind Abschreibungen auf Gegenstände des Umlaufvermögens, sofern diese unüblich hoch sind. Da Umlaufvermögen nicht planmäßig abgeschrieben wird, sind diese Abschreibungen immer außerplanmäßig. Anwendungsfall ist z. B. der Ausfall von betragsmäßig wesentlichen Forderungen.

Unter den **sonstigen betrieblichen Aufwendungen** sind alle übrigen betrieblichen Aufwendungen auszuweisen, die keinem anderen Aufwandsposten zuzuordnen sind. Beispielsweise umfasst dieser Posten Verluste aus Anlagenverkäufen, übliche Abschreibungen von Forderungen, Werbeaufwand, Rechts- und Beratungskosten, Mietaufwand, Geldverkehrsspesen, Transportkosten, Telefonkosten, Aufsichtsratvergütungen, Instandhaltungen durch Dritte, Weiterbildung, betriebliche Schadensfälle u.v.m.

In Österreich ist für die oben genannten Ertrags- und Aufwandsposten eine Zwischensumme zu bilden, die als **Betriebserfolg** des Unternehmens bezeichnet wird.

Zu den **Erträgen aus Beteiligungen** zählen die laufenden Erträge aus Beteiligungen sowie aus verbundenen Unternehmen, letztere sind allerdings gesondert auszuweisen. Beteiligungserträge sind beispielsweise Dividenden und sonstige Gewinnanteile aus Kapitalgesellschaften oder Personengesellschaften. Die Erträge sind unabhängig davon auszuweisen, ob es sich um eine offene oder verdeckte Gewinnausschüttung handelt.

Der Posten **Erträge aus anderen Wertpapieren und Ausleihungen des Finanzanlagevermögens** enthält alle anderen Erträge aus Finanzanlagen. Dazu zählen neben den Erträgen aus festverzinslichen Wertpapieren auch Gewinnanteile an Unternehmen, die nicht unter die Beteiligungserträge fallen. Soweit diese Erträge aus einer Beziehung zu einem verbundenen Unternehmen stammen, ist dies durch einen „davon-Vermerk" anzumerken.

Unter den **sonstigen Zinsen und ähnlichen Erträgen** ist das laufende Entgelt für die Gewährung von Fremdkapital zu verstehen. Zinserträge können somit alle Zinsen aus Bankguthaben, Darlehenszinsen, aber auch Verzugszinsen sein. Auch Zinsen aus Wechselforderungen und der Lieferantenskontoertrag stellen einen Zinsertrag dar. Unter den ähnlichen Erträgen sind solche zu verstehen, die im Zusammenhang mit der Kreditvergabe stehen, z. B. das Disagio. Soweit diese Erträge aus einer Beziehung zu einem verbundenen Unternehmen stammen, ist dies wiederum durch einen „davon-Vermerk" anzumerken.

In Österreich sind zusätzlich die Erträge aus dem Abgang von und der Zuschreibung zu Finanzanlagen und Wertpapieren des Umlaufvermögens in einer eigenen Position auszuweisen.

Sämtliche **Abschreibungen auf Finanzanlagen und auf Wertpapiere des Umlaufvermögens** sind unter einem eigenen Posten auszuweisen, unabhängig davon, ob die Abschreibung verpflichtend oder wahlweise durchzuführen war. In Österreich beinhaltet dieser Posten sämtliche Aufwendungen aus Finanzanlagen und Wertpapieren des Umlaufvermögens, allerdings sind Aufwendungen aus verbundenen Unternehmen sowie Abschreibungen gesondert anzugeben. Dementsprechend sind unter dieser Position auch allfällige Verluste aus der Veräußerung der Vermögensgegenstände des Finanzanlage- und -umlaufvermögens auszuweisen.

Unter der Position **Zinsen und ähnliche Aufwendungen** sind alle Zinsaufwendungen zu erfassen, die als Entgelt für die Überlassung von Fremdkapital zu leisten sind. Ähnliche Aufwendungen sind in Zusammenhang mit der Kreditbeschaffung entstanden. Dementsprechend sind hier insbesondere Zinsen für erhaltene Darlehen, Verzugszinsen, Wertpapierzinsen, die Abschreibung eines aktivierten Disagios sowie die Bereitstellungsprovision eines Kontokorrentkredites zu erfassen.

Nach den bis hier genannten Positionen wird das erste Zwischenergebnis gebildet: das **Ergebnis der gewöhnlichen Geschäftstätigkeit**. In Österreich ist zusätzlich der Saldo der Finanzerträge und Finanzaufwendungen in einer eigenen Position auszuweisen und stellt das **Finanzergebnis** des Unternehmens dar. Der Saldo des Betriebsergebnisses und des Finanzergebnisses stellt wiederum das Ergebnis der gewöhnlichen Geschäftstätigkeit dar.

Das **außerordentliche Ergebnis** gliedert sich in die außerordentlichen Erträge und die außerordentlichen Aufwendungen. Dies sind Erträge und Aufwendungen, die außerhalb der gewöhnlichen Geschäftstätigkeit anfallen. Außerhalb der gewöhnlichen Geschäftstätigkeit fallen zum einen all jene Ergebnisse an, die nicht auf eine Tätigkeit des Unternehmens zurückzuführen sind. Naturkatastrophen, politische Boykotte, Enteignungen sowie dafür gewährte Entschädigungen stellen jedenfalls außerordentliche Aufwendungen bzw. Erträge dar.

Unter dem Posten **Steuern** sind alle Steuerbeträge auszuweisen, die das Unternehmen als Steuerschuldner zu tragen hat. Nicht dazu gehören z. B. Lohnsteuer und Kirchensteuer, die unter dem Personalaufwand ausgewiesen werden, da das Unternehmen diese nur für Rechnung Dritter abzuführen hat. Der Posten **Steuern vom Einkommen und vom Ertrag** beinhaltet alle gewinnabhängigen Steuern, wie insbesondere die Körperschaftssteuer oder die Gewerbeertragsteuer. Alle anderen Steuern sind unter den **sonstigen Steuern** auszuweisen. Dazu zählen beispielsweise Verbrauchsteuern (wie Mineralölsteuer), Verkehrssteuern (wie Ausfuhrzölle, Versicherungssteuer), oder Vermögensteuern (wie Grundsteuer).

Der letzte Posten der GuV ist der **Jahresüberschuss bzw. Jahresfehlbetrag** und ist das rechnerische Ergebnis aller vorangegangenen Posten. Der Jahresüberschuss bildet die Grundlage für die weitere Ergebnisverwendung.

3.2 Umsatzkostenverfahren

Bei Anwendung des **Umsatzkostenverfahrens** hat die Guv folgendes Aussehen:

Abbildung 3.3 GuV nach dem Umsatzkostenverfahren

1. Umsatzerlöse
2. Herstellungskosten der zur Erzielung der Umsatzerlöse erbrachten Leistungen
3. **Bruttoergebnis vom Umsatz**
4. Vertriebskosten
5. allgemeine Verwaltungskosten
6. sonstige betriebliche Erträge
7. sonstige betriebliche Aufwendungen
8. Erträge aus Beteiligungen,
   davon aus verbundenen Unternehmen
9. Erträge aus anderen Wertpapieren und Ausleihungen des Finanzanlagevermögens,
   davon aus verbundenen Unternehmen
10. sonstige Zinsen und ähnliche Erträge,
    davon aus verbundenen Unternehmen
11. Abschreibungen auf Finanzanlagen und auf Wertpapiere des Umlaufvermögens
12. Zinsen und ähnliche Aufwendungen,
    davon an verbundene Unternehmen
13. **Ergebnis der gewöhnlichen Geschäftstätigkeit**
14. außerordentliche Erträge
15. außerordentliche Aufwendungen
16. außerordentliches Ergebnis
17. Steuern vom Einkommen und vom Ertrag
18. sonstige Steuern
19. **Jahresüberschuss/Jahresfehlbetrag.**

Abbildung 3.4 Umsatzkostenverfahren nach dem öGuV-Schema (§ 231 öUGB)

1. Umsatzerlöse;
2. Herstellungskosten der zur Erzielung der Umsatzerlöse erbrachten Leistungen;
3. **Bruttoergebnis vom Umsatz;**
4. sonstige betriebliche Erträge:
   a) Erträge aus dem Abgang vom und der Zuschreibung zum Anlagevermögen mit Ausnahme der Finanzanlagen,
   b) Erträge aus der Auflösung von Rückstellungen,
   c) übrige;
5. Vertriebskosten;
6. Verwaltungskosten;
7. sonstige betriebliche Aufwendungen;
8. **Zwischensumme aus Z 1 bis 7;**
9. Erträge aus Beteiligungen, davon aus verbundenen Unternehmen;
10. Erträge aus anderen Wertpapieren und Ausleihungen des Finanzanlagevermögens, davon aus verbundenen Unternehmen;
11. sonstige Zinsen und ähnliche Erträge, davon aus verbundenen Unternehmen;
12. Erträge aus dem Abgang von und der Zuschreibung zu Finanzanlagen und Wertpapieren des Umlaufvermögens;
13. Aufwendungen aus Finanzanlagen und aus Wertpapieren des Umlaufvermögens, davon sind gesondert auszuweisen:
    a) Abschreibungen
    b) Aufwendungen aus verbundenen Unternehmen;
14. Zinsen und ähnliche Aufwendungen, davon betreffend verbundene Unternehmen;
15. **Zwischensumme aus Z 9 bis 14;**
16. Ergebnis der gewöhnlichen Geschäftstätigkeit;
17. außerordentliche Erträge;
18. außerordentliche Aufwendungen;
19. außerordentliches Ergebnis;
20. Steuern vom Einkommen und vom Ertrag;
21. **Jahresüberschuss/Jahresfehlbetrag;**
22. Auflösung unversteuerter Rücklagen;
23. Auflösung von Kapitalrücklagen;
24. Auflösung von Gewinnrücklagen;
25. Zuweisung zu unversteuerten Rücklagen;
26. Zuweisung zu Gewinnrücklagen. Die Auflösungen und Zuweisungen gemäß Z 22 bis 26 sind entsprechend den in der Bilanz ausgewiesenen Unterposten aufzugliedern;
27. Gewinnvortrag/Verlustvortrag aus dem Vorjahr;
28. **Bilanzgewinn/Bilanzverlust.**

Die Besonderheit des Umsatzkostenverfahrens liegt darin, dass der Erfolg des Betriebsbereichs nicht nach **Kostenarten** (z. B. Material- oder Personalaufwand) sondern nach **Kostenstellen** (z. B. Fertigung, Verwaltung, Vertrieb) ermittelt wird. Unterschiede zum Gesamtkostenverfahren bestehen daher bei den Summen der Aufwendungen und Erträge, nicht jedoch beim Saldo, da das Jahresergebnis nach beiden Verfahren ident sein muss. Dementsprechend ergeben sich folgende Unterschiede zum Gesamtkostenverfahren:

Da sich das Umsatzkostenverfahren nicht an den Aufwendungen der hergestellten Gegenstände, sondern an den Aufwendungen der verkauften Gegenstände orientiert, werden die **Herstellungskosten der zur Erzielung der Umsatzerlöse erbrachten Leistungen** in einem eigenen Posten ausgewiesen. Zu den Herstellungskosten zählen z. B. Materialkosten, Fremdleistungen, Personalaufwand oder Abschreibungen. Da nur der Herstellungsaufwand der abgesetzten Leistungen berücksichtigt wird, bedarf es keiner Aufwandskorrektur durch die Posten Bestandsveränderung und aktivierte Eigenleistungen. Um allerdings die Aufwendungen auf die jeweiligen Funktionsbereiche aufteilen zu können, bedarf es einer ausgebauten Kostenstellenrechnung.

Die Differenz von Umsatzerlösen und den Herstellungskosten der zur Umsatzerzielung erbrachten Leistungen wird in einem eigenen Posten als **Bruttoergebnis vom Umsatz** ausgewiesen.

Als **Vertriebskosten** sind sämtliche in der Periode angefallenen Aufwendungen zu verstehen, die im Zusammenhang mit dem Absatz der Produkte entstanden sind. Darunter fallen neben Material- und Personalaufwand des Vertriebsbereichs auch Aufwendungen für Werbung oder Marktforschung, Versandkosten oder Abschreibungen auf Lagergebäude.

Als **allgemeine Verwaltungskosten** sind die nicht bei den Herstellungskosten erfassbaren Kosten der allgemeinen Verwaltung zu erfassen. Zu den allgemeinen Verwaltungskosten zählen z. B. die Aufwendungen für die Geschäftsführung, das betriebliche Rechnungswesen, Material und Personal, soweit es der Verwaltung zuzurechnen ist.

Alle anderen nicht zuordenbaren Aufwendungen werden unter dem Sammelposten **sonstige betriebliche Aufwendungen** zusammengefasst. Allerdings stimmt diese Position nicht mit der des Gesamtkostenverfahrens überein, obwohl die Bezeichnung ident ist. Da beim Umsatzkostenverfahren die Aufwendungen soweit wie möglich den Kostenstellen Herstellung, Verwaltung und Vertrieb zuzurechnen sind, können nur die diesen Kostenstellen nicht zurechenbaren Aufwendungen diesem Posten zugerechnet werden. Als sonstige betriebliche Aufwendungen sind daher insbesondere Verluste aus dem Abgang von Anlagevermögen, Aufwendungen für Grundlagenforschung, Konventionalstrafen und Verluste aus Schadensfällen, die keiner Kostenstelle eindeutig zurechenbar sind, auszuweisen.

Die übrigen Posten der GuV entsprechen inhaltlich und begrifflich denen der GuV nach dem Gesamtkostenverfahren.

Aktiengesellschaften haben im Anschluss an den Jahresüberschuss bzw. Jahresfehlbetrag noch die **Gewinnverwendung** auszuweisen (§ 158 AktG, in Österreich bereits Teil der GuV).

Der **Gewinnvortrag** ist die Differenz vom Bilanzgewinn des Vorjahres und der darauf vorgenommenen Gewinnausschüttung. Der **Verlustvortrag** ist der Bilanzverlust des Vorjahres.

Zu beachten ist, dass in Österreich die gebundenen **Kapitalrücklagen** grundsätzlich nur zum Ausgleich eines ansonsten auszuweisenden Bilanzverlustes aufgelöst werden können. Lediglich für die ungebundenen Kapitalrücklagen besteht keine Auflösungsbeschränkung.

Eine **Zuweisung zu Kapitalrücklagen** ist in der Gewinnverwendung nicht enthalten, da diese grundsätzlich über die Bestandskonten, also erfolgsneutral erfolgt, weshalb ein eigener Posten in dieser Gliederung dafür nicht vorgesehen ist.

In Österreich sind zusätzlich noch Zuweisungen zu bzw. Auflösung von unversteuerten Rücklagen auszuweisen.

Der nach Durchführung der Rücklagenbewegung und Berücksichtigung des Gewinn- bzw. Verlustvortrags ergebende Betrag stellt den **Bilanzgewinn** bzw. **Bilanzverlust** dar. Der Betrag des Bilanzgewinns bzw. -verlustes aus der GuV muss dem der Bilanz entsprechen. Der Bilanzgewinn steht den Gesellschaftern zur Ausschüttung zur Verfügung.

Abbildung 3.5   Gewinnverwendung

1. Gewinnvortrag/Verlustvortrag aus dem Vorjahr
2. Entnahmen aus der Kapitalrücklage
3. Entnahmen aus Gewinnrücklagen
    a) aus der gesetzlichen Rücklage
    b) aus der Rücklage für Anteile an einem herrschenden oder mehrheitlich beteiligten Unternehmen
    c) aus satzungsmäßigen Rücklagen
    d) aus anderen Gewinnrücklagen
4. Einstellungen in Gewinnrücklagen
    a) in die gesetzliche Rücklage
    b) in die Rücklage für Anteile an einem herrschenden oder mehrheitlich beteiligten Unternehmen
    c) in satzungsmäßige Rücklagen
    d) in andere Gewinnrücklagen
5. Bilanzgewinn/Bilanzverlust.

4 Anhang

Kapitalgesellschaften müssen ihren Jahresabschluss (also Bilanz und GuV) um einen Anhang erweitern. Für kleine Kapitalgesellschaften gibt es größenbedingte Erleichterungen, für Personengesellschaften und Einzelunternehmen besteht keine Pflicht zur Aufstellung. Für die Gliederung des Anhangs gibt es keine gesetzlich vorgegebene Form, dennoch sollte er dem Gebot der Klarheit, Übersichtlichkeit und Vergleichbarkeit entsprechen.

Die Aufgabe des Anhangs besteht darin, über die für Bilanz und GuV geforderten Angaben hinaus weitere Informationen zu geben, die zur Vermittlung eines möglichst getreuen Bildes der Vermögens-, Finanz- und Ertragslage erforderlich sind. Dementsprechend fordert § 236 Satz 1 öUGB auch ausdrücklich, dass die Bilanz und GuV sowie die darauf angewandten Bilanzierungs- und Bewertungsmethoden so zu erläutern sind, dass ein möglichst getreues Bild der Vermögens-, Finanz- und Ertragslage vermittelt wird. Durch die Offenlegung sowie die Erläuterung bzw. Begründung bestimmter Sachverhalte gewährleistet der Anhang die Vergleichbarkeit des aktuellen Jahresabschlusses mit vorangegangenen. Weiters soll der Anhang die Bilanz und die Gewinn- und Verlustrechnung entlasten, dementsprechend räumt das Gesetz dem Unternehmer zahlreiche Wahlrechte ein, ob es bestimmte Informationen in der Bilanz oder der Gewinn- und Verlustrechnung bzw. im Anhang angibt. Darüber hinaus enthält der Anhang weitere, nicht unmittelbar mit dem Jahresabschluss in Zusammenhang stehende Informationen.

Bei Erstellung des Anhangs werden verschiedene gesetzliche Begriffe verwendet:

Angeben:
Die Angabe ist die bloße Nennung von Zahlen oder quantitative Beschreibung von Sachverhalten ohne weitere Kommentierung.

Erläutern:
Unter Erläuterung versteht man die verbale Kommentierung von Sachverhalten.

Darstellen:
Darunter ist eine Angabe mit zusätzlicher Erläuterung oder zusätzlicher Aufgliederung zu verstehen.

Begründen:
Dies stellt eine über die verbale Kommentierung hinausgehende Rechtfertigung für ein bestimmtes Vorgehen dar, das damit für Dritte nachvollziehbar wird.

Der Inhalt des Anhangs ergibt sich einerseits aus den Bestimmungen der §§ 284-286 HGB (bzw. §§ 236–242 öUGB), zum anderen aus diversen einzelnen Rechnungslegungsvorschriften selbst, insbesondere § 268 HGB (bzw. § 225 öUGB).

Wesentliche Informationen des Anhangs

- Angabe der auf die Posten der Bilanz und GuV angewendeten Bilanzierungs- und Bewertungsmethoden. Unter der Bilanzierungsmethode versteht man die Ausübung der Bilanzansatzwahlrechte, unter der Bewertungsmethode die Vorgangsweise zur konkreten Wertermittlung. In diesem Zusammenhang ist insbesondere auf die Darstellung der Abschreibungsmethode und der Ermittlung der Herstellungskosten einzugehen.

- Bei den Herstellungskosten sind auch Angaben zu den aktivierten Fremdkapitalzinsen zu machen. Die bloß verbale Angabe, dass Fremdkapitalzinsen aktiviert wurden, reicht in Deutschland aus, nicht hingegen in Österreich (hier ist der Gesamtbetrag der aktivierten Fremdkapitalzinsen anzugeben).

- Gesondert anzugeben sind die Gründe, welche die Annahme einer mehr als fünfjährigen Nutzungsdauer des aktivierten Geschäfts- oder Firmenwerts rechtfertigen. In Österreich sind die Gründe für die gewählte Abschreibungsmethode und Abschreibungsdauer eines aktivierten Firmenwertes gesondert anzugeben.

- Soweit zulässig der bei langfristiger Auftragsfertigung von Umlaufvermögen über die Herstellungskosten hinausgehende Betrag (in Österreich ausdrücklich zugelassen durch § 206 Abs 3 öUGB).

- Aufgrund ihres bedeutenden Einflusses auf die Bilanz und GuV sind allfällige Änderungen der Bilanzierungs- und Bewertungsmethoden anzugeben und zu begründen, wobei die Auswirkung der Methodenänderung auf die Vermögens-, Finanz- und Ertragslage gesondert darzustellen ist und diese Darstellung durch eine zahlenmäßige Angabe der Auswirkungen zu erfolgen hat. Der Grund für diese umfassende, insbesondere auch zahlenmäßige Erläuterungspflicht liegt darin, dass durch die Änderung der Bewertungsmethode die interperiodische Vergleichbarkeit der Jahresabschlüsse nicht mehr gegeben ist.

- Zur Verdeutlichung der Finanzlage sind einerseits der Gesamtbetrag der Verbindlichkeiten mit einer Restlaufzeit von mehr als fünf Jahren (gemessen vom Bilanzstichtag), sowie der Gesamtbetrag der Verbindlichkeiten, für die dingliche Sicherheiten (z. B. Hypotheken) bestellt wurden, anzugeben. Die Angabe der über fünfjährigen und der bis zu einem Jahr bestehenden Verbindlichkeiten (letztere wahlweise in Bilanz oder Anhang) ergibt zusammen mit der Restgröße der ein- bis fünfjährigen Verbindlichkeiten ein übersichtliches Bild von der Fristigkeitsstruktur der Verbindlichkeiten. Ähnliches gilt für Forderungen, bei denen Angaben hinsichtlich der Restlaufzeit von mehr oder bis zu einem Jahr zu machen sind (wobei dies in Deutschland in der Bilanz, in Österreich regelmäßig im Anhang erfolgt).

- Soweit Fremdwährungen bei der Jahresabschlusserstellung in Euro umzurechnen waren, ist über den Kurs, mit dem bewertet wurde und über die Behandlung von Kursänderungen zu berichten.

- Bei Anwendung des Umsatzkostenverfahrens hat zur Erläuterung der wesentlichen Aufwandsposten eine zahlenmäßige Angabe des Materialaufwands und des Aufwands für bezogene Leistungen sowie eine Angabe des Personalaufwands nach der Gliederung des Gesamtkostenverfahrens zu erfolgen.

- Weiters ist anzugeben, in welchem Umfang die Steuern von Einkommen und Ertrag das Ergebnis der gewöhnlichen Geschäftstätigkeit belasten sowie das außerordentliche Ergebnis.

- Sollte sich aus der Gegenüberstellung von unternehmens- und steuerrechtlichem Gewinn eine aktive Steuerlatenz ergeben, so ist der Betrag derselben, falls vom Aktivierungswahlrecht nicht Gebrauch gemacht wird, im Anhang anzugeben.

- Soweit nicht gesondert in der Bilanz ausgewiesene Rückstellungen wesentlich sind, sind sie im Anhang anzugeben und zu erläutern. Es wird sich dabei im Wesentlichen um die unter den sonstigen Rückstellungen ausgewiesenen Urlaubs-, Jubiläumsgeld-, Gewährleistungs-, Garantie-, aber auch Aufwands- und Drohverlustrückstellungen handeln.

- Weiters ist der Gesamtbetrag sonstiger finanzieller Verpflichtungen, die weder in noch unter der Bilanz auszuweisen sind, im Anhang anzugeben, wenn diese Angaben für die Beurteilung der Finanzlage wesentlich sind. Davon sind gesondert einerseits Verpflichtungen gegenüber verbundenen Unternehmen auszuweisen. Der Betrag der Verpflichtung umfasst dabei auch alle Zinsen und Wertsicherungsbeträge. Anwendungsfälle dieser Bestimmung sind sämtliche Sachanlagen betreffende Miet- und Pachtverträge, insbesondere auch Leasingverträge, die zu keiner Aktivierung des Leasinggutes beim Bilanzierenden führen, aber auch Verpflichtungen aus schwebenden Rechtsgeschäften.

- Darüber hinaus sind Angaben über Art und Zweck von außerbilanziellen Geschäften der Gesellschaft zu machen, sofern die Risiken und Chancen aus diesen Geschäften wesentlich sind und die Offenlegung für die Beurteilung der Finanzlage der Gesellschaft notwendig ist. Außerbilanzielle Geschäfte können alle Transaktionen oder Vereinbarungen sein, die zwischen Gesellschaften und anderen Unternehmen abgewickelt werden. Umfasst sind vor allem Geschäfte, die mit der Errichtung oder Nutzung von Zweckgesellschaften und mit Offshore-Geschäften verbunden sind.

- Im Anhang sind weiters Angaben über Geschäfte der Gesellschaft mit nahe stehenden Unternehmen und Personen, einschließlich Angaben zu deren Wertumfang, zur Art der Beziehung sowie weitere Angaben zu den Geschäften, die für die Beurteilung der Finanzlage der Gesellschaft notwendig sind anzuführen. Diese Angaben sind nur dann erforderlich, sofern die Geschäfte wesentlich und nicht unter marktüblichen Bedingungen abgeschlossen wurden. Angaben über Einzelgeschäfte können nach Geschäftsarten zusammengefasst werden, sofern dadurch die Aussagekraft nicht beeinträchtigt wird. Nicht anzugeben sind Geschäfte zwischen verbundenen Unternehmen, wenn die beteiligten Tochterunternehmen unmittelbar oder mittelbar in 100prozentigem Anteilsbesitz des Mutterunternehmens stehen.

- Weiters hat eine Aufgliederung der Umsätze nach geographisch bestimmten Märkten sowie nach Tätigkeitsbereichen zu erfolgen, wenn diese Tätigkeitsbereiche und geographischen Märkte sich erheblich von einander unterscheiden. Erheblich unterschiedliche Tätigkeitsbereiche liegen z. B. vor, wenn ein Unternehmen Ski und Flugzeugteile herstellt. Da auch die Verkaufsorganisation als Unterscheidungskriterium heranzuziehen ist, ist auch dann nach Tätigkeitsbereichen zu gliedern, wenn ähnliche bzw. gleiche Produkte über unterschiedliche Vertriebskanäle veräußert werden.
- Wesentliche Abweichungen zwischen der Bewertungsmethode nach § 240 Abs 4 oder § 256 Satz 1 HGB bzw. § 209 Abs 2 öUGB und dem Börse- bzw. Marktpreis.

5 Lagebericht

Mit Ausnahme der kleinen GmbH müssen Kapitalgesellschaften neben dem Jahresabschluss auch einen Lagebericht aufstellen. Der Lagebericht ist ein wesentliches Informationsinstrument, das eine ergänzende Funktion zum Jahresabschluss einnimmt. Der Lagebericht hat einerseits den Geschäftsverlauf (Entwicklung der Absatzmärkte, der wesentlichen Rohstoffmärkte, über die Produktionsverhältnisse wie z. B. die Auslastung des Unternehmens) des abgelaufenen Geschäftsjahres einschließlich des Geschäftsergebnisses darzustellen und zu analysieren. Zu diesem Zweck sieht der Gesetzgeber die Darstellung von Leistungsindikatoren vor. Dies soll jedenfalls anhand der gängigsten Kennzahlen der finanzwirtschaftlichen und erfolgswirtschaftlichen Analyse dargestellt werden, wobei aber auch über die Kennzahlen hinaus Informationen gegeben werden sollen. Als Kennzahlen der Ertragslage kommen dafür das Ergebnis vor Zinsen und Steuern (EBIT), die Umsatzrentabilität und die Eigenkapital- und Gesamtkapitalrentabilität in Frage. Als Kennzahlen zur Vermögens- und Finanzlage sind nach vielfacher Ansicht die Nettoverschuldung, das Nettoumlaufvermögen, die Eigenkapitalquote sowie der Nettoverschuldungsgrad aufzunehmen. Darüber hinaus wird die Aufnahme einer vollständigen Geldflussrechnung sowie Informationen über die Innenfinanzierungskraft von Investitionen und fristenorientierte Unternehmensfinanzierung im Lagebericht empfohlen. Neben der Darstellung des bisherigen Geschäftsverlaufs ist andererseits auf die zukünftige Entwicklung (Umsätze, Aufwendungen, Investitionen uä) und die wesentlichen Risiken, denen das Unternehmen ausgesetzt ist einschließlich des Risikomanagements, einzugehen, weiters ausdrücklich auf Forschung und Entwicklung sowie auf Vorgänge von besonderer Bedeutung, die nach dem Jahresabschlussstichtag eingetreten sind und daher aufgrund des Stichtagsprinzips nicht mehr im Jahresabschluss ausgewiesen werden.

6 Die „Spielregeln" der Rechnungslegung - die Grundsätze ordnungsmäßiger Bilanzierung

Für die ordnungsmäßige Bilanzierung gibt es zahlreiche gesetzlich normierte Regeln, die sog. Grundsätze ordnungsmäßiger Bilanzierung – kurz: GoB.

6.1 Wesen der Grundsätze ordnungsmäßiger Bilanzierung (GoB)

Von zentraler Bedeutung für die Erfüllung der einer Bilanz zugedachten Aufgaben (Informations-, Dokumentations-, Gewinnermittlungsfunktion etc.) ist die Einhaltung des rechtlichen Rahmen, nach welcher eine Bilanz zu erstellen ist. Die wichtigsten und für jeden handelsrechtlichen Jahresabschluss zu beachtenden („Spiel-,") Regeln für die Bilanzierung stellen die sog. Grundsätze ordnungsmäßiger Bilanzierung dar (§ 243 Abs 1 HGB). Hierunter sind die Bilanzansatz-, Ausweis- und Bewertungsregeln zu verstehen, welche für die ordnungsgemäße Erstellung des Jahresabschlusses zu beachten sind.

Es gibt keine gesetzliche Definition des Inhalts der Grundsätze ordnungsmäßiger Bilanzierung (GoB). Der Großteil der GoB ist im Gesetz verankert; weiters werden und wurden die GoB durch die Rechtsprechung beeinflusst. Auch durch Gewohnheitsrecht können GoB begründet werden, allerdings nur in geringem Maße.

Aus der Gesamtbetrachtung aller gesetzlich festgeschriebenen GoB ist erkennbar, dass sich einzelne GoB widersprechen oder konkurrierend gegenüberstehen. So steht z. B. das Anschaffungskostenprinzip mit dem Auftrag der Vermittlung eines möglichst getreuen Bildes der Vermögens-, Finanz- und Ertragslage in einem Spannungsverhältnis. Die GoB stellen somit kein homogenes und einheitliches Bild dar. Dennoch wird eine Rangordnung innerhalb der GoB nach herrschender Ansicht verneint, es wird vielmehr von einer Gleichwertigkeit ausgegangen. Die vorhandenen Widersprüche sind durch entsprechende Erläuterungen auszugleichen. Es wird aber auch die Auffassung vertreten (gestützt durch die Rechtsprechung des EuGH), dass die Generalklausel „Vermittlung eines möglichst getreuen Bildes der Vermögens-, (Finanz-) und Ertragslage" über den übrigen GoB steht. Dementsprechend wäre die Anwendung der GoB stets im Hinblick auf die Verschaffung eines möglichst getreuen Bildes der Vermögens-, (Finanz-) und Ertragslage zu beurteilen.

Im Folgenden sollen nun die einzelnen Grundsätze erläutert werden.

6.2 Bilanzwahrheit

Der Grundsatz der Bilanzwahrheit besagt, dass der Jahresabschluss einen den tatsächlichen Verhältnissen entsprechenden Ausweis des Vermögens und der Schulden des Unternehmens widerspiegeln soll. Eine absolute Bilanzwahrheit („wahre Bilanz") gibt es nicht. Absolute Bilanzwahrheit würde ausdrücken, dass die Bilanz die Unternehmensverhältnisse so reflektiert, wie sie sich am Bilanzstichtag tatsächlich darstellen. Dem stehen aber die zahlreichen Bilanzierungs- und Bewertungswahlrechte entgegen. Man spricht deshalb von der relativen Bilanzwahrheit. Der Bilanzwahrheitsgrundsatz ist erfüllt, wenn die Bilanzierung den Grundsätzen der Richtigkeit (§ 239 Abs 2 HGB) und Willkürfreiheit entspricht.

Der Grundsatz der Richtigkeit ist dann erfüllt, wenn die Darstellung der realen wirtschaftlichen Tatbestände im Jahresabschluss den diesbezüglichen geltenden gesetzlichen Regeln und Grundsätzen entspricht. Demnach liegt ein „richtiger" Jahresabschluss dann vor, wenn dieser aus ordnungsgemäßen Belegen und Büchern in objektiver Form abgeleitet und nachprüfbar ist. Objektive Überprüfbarkeit ist gegeben, wenn ein Dritter bei Kenntnis der Unterlagen und sonstigen Informationen des Unternehmens zum gleichen Ausweis und Wertansatz kommen würde.

Der Jahresabschluss ist richtig, wenn er:

- aus richtigen Grundaufzeichnungen (= Richtigkeit der Buchführung) abgeleitet ist,
- die zugrunde liegenden wirtschaftlichen Tatbestände wiedergibt,
- die Wertansätze der einzelnen Posten den für die Bewertung geltenden Vorschriften entsprechen,
- alle Vermögensgegenstände, Schulden und Geschäftsfälle vollständig aufführt und
- die Zusammenstellung aller Posten einen richtigen Ausweis des Jahresergebnisses bewirkt.

Die inhaltliche Ausgestaltung erfährt der Grundsatz der Richtigkeit erst durch die Anwendung anderer GoB`s, wie bspw. das Vollständigkeitsgebot (siehe unten).

Der Grundsatz der Willkürfreiheit fordert, dass der Bilanzierende (eingeräumte) Ermessensspielräume so ausübt, dass diese nur nach vernünftiger kaufmännischer Beurteilung ausgenutzt werden. Ein Verstoß gegen diesen Grundsatz liegt bspw. vor, wenn die Bewertung eines Vermögensgegenstandes in nicht zu rechtfertigender Weise überhöht ist und von den tatsächlichen Gegebenheiten erheblich abweicht. Auch der Grundsatz der Willkürfreiheit konkretisiert sich in der Anwendung der einzelnen GoB, insbesondere bei Bewertungswahlrechten.

6.3 Vollständigkeit (§ 246 Abs 1 HGB)

Eng verzahnt mit dem Grundsatz der Richtigkeit ist das Vollständigkeitsgebot. Gemäß dem Grundsatz der Vollständigkeit sind sämtliche Vermögensgegenstände, Schulden, Rechnungsabgrenzungsposten sowie Aufwendungen und Erträge, die dem Unternehmen zuzurechnen sind, im Jahresabschluss zu erfassen. Darüber hinaus umfasst der Vollständigkeitsgrundsatz auch drohende Risiken (bspw. Rückstellungen) und nicht erkennbare Geschäftsvorfälle (bspw. Schwund und Verderb bei der Inventur), die bis zum Bilanzstichtag noch keinen Niederschlag in der Buchführung gefunden haben.

Der Vollständigkeitsgrundsatz und damit einhergehend der Grundsatz der Richtigkeit sind nicht verletzt, soweit gesetzliche Ausnahmen bestehen. Solche Ausnahmen bestehen in Form der Bilanzansatzwahlrechte (bspw. Ansatz von bestimmten selbst hergestellten immateriellen Vermögensgegenständen des Anlagevermögens).

Die Erfüllung des Vollständigkeitsgebots setzt eine Bestandaufnahme aller Werte des Unternehmens im Rahmen einer Inventur voraus. Die Bestandaufnahme erfolgt bei Vorräten durch besondere Inventurverfahren (siehe Punkt 7.7), beim Sachanlagevermögen durch Kontrolle der Anlagenverzeichnisse, bei Wertpapieren durch Kontrolle der Depotauszüge, bei Forderungen und Verbindlichkeiten durch Kontrolle der Geschäftsfälle anhand von Saldenbestätigungen oder ähnlichem.

Vom Grundsatz der Vollständigkeit ist auch das Verrechnungsverbot (§ 246 Abs 2 HGB), welches primär dem Gläubigerschutz dient, erfasst. Das Verrechnungsverbot besagt, dass Posten der Aktivseite nicht mit Posten der Passivseite (bspw. Bankguthaben mit Verbindlichkeiten), Erträge nicht mit Aufwendungen sowie Grundstücksrechte nicht mit Grundstückslasten verrechnet werden dürfen. Das Gesetz verlangt somit einen Bruttoausweis aller Posten. Allerdings bestehen einige Ausnahmen von diesem Grundsatz, bei denen eine Verrechnung gestattet ist. Dies ist speziell dann gegeben, wenn eine bürgerlich-rechtliche Aufrechnung möglich ist oder in ausdrücklich gesetzlich geregelten Fällen. Eine Aufrechnung ist möglich, wenn Gläubiger- und Schuldneridentität vorliegt und die Forderung am Bilanzstichtag fällig und die Verbindlichkeit ebenfalls fällig oder zumindest erfüllbar ist. Ferner ist eine Durchbrechung aufgrund unternehmensrechtlicher Bestimmungen denkbar. Hierbei ist insbesonders die Saldierung zwischen Umsatzerlösen und Erlösschmälerungen sowie der Bestandserhöhungen und –verminderungen zu nennen.

6.4 Bilanzklarheit (§ 243 Abs 2 HGB)

Der Grundsatz der Bilanzklarheit fordert eine klare und übersichtliche Gestaltung der Bilanz und der Gewinn- und Verlustrechnung (GuV). Demnach muss der Jahresabschluss bestimmten formalen Gliederungs- und Gestaltungsprinzipien entsprechen und soll ein optisch einwandfreies, übersichtliches und unmissverständliches Bilanzbild wiedergeben. Dieser Grundsatz zielt insbesondere auf externe Adressatenkreise ab, die sich außerhalb des bilanzierenden Unternehmens für dessen Jahresabschluss interessieren (bspw. Aktionäre, Kreditinstitute, Finanzamt). Der Einblick in den Jahresabschluss soll nicht durch Unübersichtlichkeit erschwert werden.

Das Gebot der Klarheit verlangt eine ausreichend detaillierte Gliederung des Jahresabschlusses, die auf die Besonderheiten des Unternehmens Rücksicht nimmt. Sie wird sich an der Gliederungstiefe der Bilanz und GuV für Kapitalgesellschaften orientieren. Bei diesen wird die Bilanzklarheit auch insoweit vergrößert, als zu bestimmten Bilanzpositionen Erläuterungen zu machen sind. Sollte die gesetzlich vorgesehene Mindestgliederung nicht ausreichen, um ein getreues Bild der Vermögens-, (Finanz-), und Ertragslage wiederzugeben, so sind zusätzliche Posten einzufügen. Weiters verlangt der Klarheitsgrundsatz eine sinnvolle Reihenfolge der Bilanzgliederung. Diese orientiert sich an der Zuordnung des Vermögens. Aktivseitig wird die Gliederung daher vom langfristigen zum kurzfristigen Vermögen erfolgen. Passivseitig hat dementsprechend eine Trennung nach der Art der Kapitalbeschaffung zu erfolgen (Eigen-/Fremdkapital). Außerdem sind die Bilanz- und GuV Posten eindeutig und unter Anwendung der gesetzlichen Bezeichnung zu benennen.

Zur Bilanzklarheit gehört auch die Übersichtlichkeit der Bilanz. Mit diesem Grundsatz wird die Bilanzklarheit beschränkt, indem eine zu weitgehende Aufgliederung der Bilanz unterbunden werden soll. Insbesondere ermöglicht es der Grundsatz der Übersichtlichkeit, zusätzliche Informationen in den Anhang zu verlagern und damit eine Informationsüberladung der Bilanz zu verhindern.

In das Klarheitsgebot fließen auch das Saldierungs- bzw. Verrechnungsverbot (siehe oben) und das Einzelbewertungsprinzip (siehe unten) ein.

6.5 Einzelbewertung (§ 252 Abs 1 Z 3 HGB)

Die im Jahresabschluss ausgewiesenen Vermögensgegenstände und Schulden zum Abschlussstichtag sind einzeln zu bewerten. Das Einzelbewertungsprinzip hat seinen Ursprung im Vorsichtsprinzip und soll verhindern, dass Wertminderungen und Werterhöhungen gegeneinander saldiert werden. Die Bewertung erfordert die Abgrenzung der einzelnen Vermögensgegenstände gegeneinander und die Entscheidung darüber, ob ein Vermögensgegenstand nach der Verkehrsauffassung als selbstständig anzusehen ist oder mit anderen Vermögensgegenständen eine Einheit bildet. Bei Beurteilung der Selbstständigkeit ist auf den betrieblichen Nutzungs- und Funktionszusammenhang zu achten. Soweit Vermögensgegenstände nach ihrer Nutzung bzw. Funktion als Einheit anzusehen sind, sind sie auch einheitlich zu bewerten.

Beispiel:
Ein Fließband kann einzeln eingesetzt oder in eine größere maschinelle Anlage eingegliedert sein, mit der es gemeinsam eine Bewertungseinheit bildet.

Bei Bewertungseinheiten iSd § 254 HGB stehen den Grundgeschäften bestimmte Sicherungsgeschäfte korrespondierend gegenüber um insbesondere Zins-, Währungs- und Ausfallrisiken zu verringern. Bewertungseinheiten stellen eine Ausnahme vom Grundsatz der Einzelbewertung dar. So können bspw. Fremdwährungsforderungen durch entsprechende Fremdwährungsverbindlichkeiten so abgesichert werden, dass eine aus Kursänderungen resultierende Wertminderung der Forderung durch eine gegenläufige Wertänderung der Verbindlichkeit ausgeglichen wird (Micro-hedge). Bewertungseinheiten stellen eine Ausnahme vom Grundsatz der Einzelbewertung und des Vorsichtsprinzips (Imparitätsprinzip und Realisationsprinzip, siehe Punkt 6.9) dar. Die strikte Einhaltung dieser Grundsätze würde zum Ausweis von Aufwendungen führen, denen parallel nicht realisierte und damit nicht in der GuV erfassbare Erträge in derselben Höhe gegenüberstehen. Damit einhergehend würde die getrennte Behandlung von Grund- und Sicherungsgeschäft zu einem falschen Bild der Vermögens-, Finanz- und Ertragslage des Unternehmens führen.

Weitere Ausnahmen vom Einzelbewertungsprinzip bilden diverse zugelassene Bewertungsvereinfachungsverfahren (bspw. bei der Vorratsbewertung – Verbrauchsfolgeverfahren: LIFO und FIFO).

6.6 Stichtagsprinzip (§ 252 Abs 1 Z 4 HGB)

Das Stichtagsprinzip besagt, dass sämtliche am Abschlussstichtag vorhandenen Wirtschaftsgüter zu bilanzieren und zu bewerten sind. Hierbei sind die Wertverhältnisse zum Abschlussstichtag zugrunde zu legen. Wertveränderungen, die sich aus Ereignissen nach dem Bilanzstichtag ergeben sind daher grundsätzlich nicht im Jahresabschluss zu berücksichtigen. Dies ergibt sich aus § 252 Abs 1 Z 4 HGB als Element des Vorsichtsprinzips, welches besagt, dass erkennbare Risiken und drohende Verluste, die in dem Geschäftsjahr oder einem früheren Geschäftsjahr entstanden sind, im Jahresabschluss zu berücksichtigen sind, selbst wenn die Umstände erst zwischen dem Abschlussstichtag und dem Tag der Aufstellung des Jahresabschlusses bekannt wurden. Daraus folgt, dass nicht nur das Wissen, das am Abschlussstichtag selbst bestand, sondern auch alle Erkenntnisse, die bis zum Zeitpunkt der Aufstellung des Jahresabschlusses gewonnen werden ober bei pflichtgemäßer Sorgfalt gewonnen werden können, zu berücksichtigen sind. Bei der Beurteilung der Frage, ob nach dem Abschlussstichtag gewonnene Erkenntnisse im Jahresabschluss zu berücksichtigen sind, wird danach unterschieden, ob diese neuen Informationen bessere Erkenntnisse über die Verhältnisse zum Abschlussstichtag liefern. Der Werterhellungszeitraum beginnt mit dem Abschlussstichtag und endet mit dem Tag der Aufstellung des Jahresabschlusses; d. h. wertaufhellende Erkenntnisse über die Verhältnisse am Abschlussstichtag sind jedenfalls bis zum Tag der Aufstellung zu berücksichtigen. Dies gilt auch für Erkenntnisse, die das Jahresergebnis verbessern. Ereignisse, die erst nach dem Abschlussstichtag eintreten und keinen Aufschluss über die Verhältnisse zum Abschlussstichtag geben, sondern diese verändern, sind bei der Aufstellung des Jahresabschlusses für das abgelaufene Geschäftsjahr nicht zu berücksichtigen („wertbegründende" Ereignisse).

Beispiel: Abwenden einer Vertragsstrafe
Im Juli X0 wird ein Vertrag über den Bau eines Fleischkühllagers geschlossen und in diesem Zusammenhang eine Vertragsstrafe in Höhe von 1 Mio € für den Fall des Rücktritts vereinbart. Der Auftraggeber möchte im selben Jahr vom Vertragsrücktritt Gebrauch machen. Über die Zahlung der Vertragsstrafen wird über den Jahresabschlussstichtag hinaus verhandelt. Im Februar X1 verzichtet das Bauunternehmen auf Zahlung der Stornogebühr aufgrund einer alternativen Auftragserteilung.

Lösung:
Zum Jahresabschluss besteht eine vertragliche Verpflichtung des Unternehmens zur Zahlung der Vertragsstrafe. Aufgrund eines Ersatzauftrages, der nach dem Abschlussstichtag ausgehandelt wird, wird auf die Vertragsstrafe verzichtet. Der Verzicht stellt somit kein wertaufhellendes Ereignis für das am Abschlussstichtag bestehende Risiko der Bezahlung der Vertragsstrafe dar, sondern ist Folge des Ersatzauftrages.

Abbildung 6.1 „Wertbegründetes" Ereignis

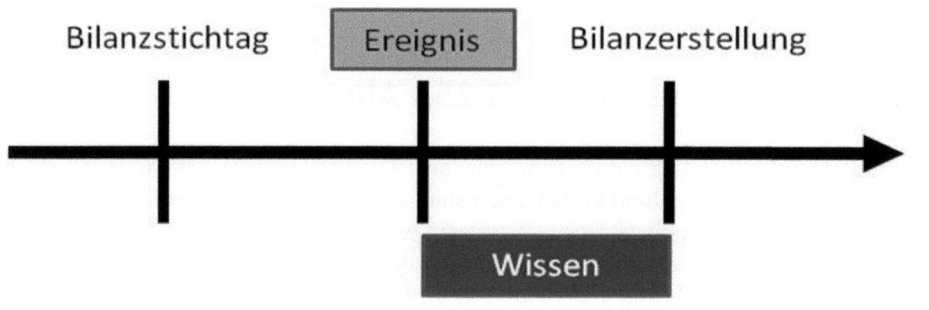

Beispiel: Schwammbefall eines Gebäudes
Ein Gebäude wird vom Hausschwamm befallen. Der Schaden wird erst zwei Monate nach dem Jahresabschlussstichtag bekannt.

Lösung:
In diesem Fall ist der tatsächliche Eintritt des Schadens ausschlaggebend. Sichtbares Zeichen des Gebäudeschadens ist der Schwammbefall. Da ein solcher Schwammbefall erst einige Zeit nach dem Schadenseintritt erkennbar wird, ist es nicht unwahrscheinlich, dass das Gebäude bereits vor dem Jahresabschlussstichtag befallen war. Die Wertminderung ist dementsprechend bereits in der Bilanz des Vorjahres zu berücksichtigen. Es liegt wiederum eine bessere Erkenntnis über die Verhältnisse am Jahresabschlussstichtag vor, nämlich die baubedingte Gefahr der Schwammbildung, die sich nach dem Jahresabschlussstichtag auch tatsächlich zeigt. Etwas anderes würde nur dann gelten, wenn durch Baumaßnahmen nach dem Jahresabschlussstichtag die Schwammbildungsgefahr verursacht wurde.

Abbildung 6.2 „Werterhellendes" Ereignis

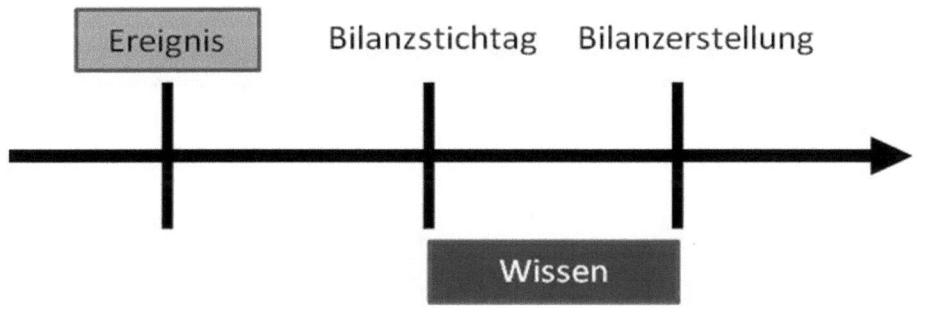

6.7 Bilanzkontinuität (§ 252 Abs 1 Z 1 HGB)

Die Bilanzkontinuität lässt sich in die formelle und materielle Bilanzkontinuität unterteilen.

Die formelle Bilanzkontinuität differenziert wiederum zwischen der zeitpunktbezogenen und der zeitraumbezogenen Bilanzkontinuität:

- Die zeitpunktbezogene Bilanzkontinuität fordert, dass die Eröffnungsbilanz der neuen Rechnungsperiode mit der Schlussbilanz der vorangegangenen Rechnungsperiode übereinstimmt (= Bilanzidentität).

- Die zeitraumbezogene Bilanzkontinuität verlangt die Beibehaltung der einmal gewählten Gliederung und Bezeichnung der Posten (siehe dazu auch Punkt 6.4, Bilanzklarheit). Eine Änderung ist nur aufgrund besonderer Umstände möglich.

Unter der materiellen Bilanzkontinuität ist die Ansatz- bzw. Bewertungsstetigkeit (§ 252 Abs 1 Z 6 HGB) zu verstehen. Sie besagt, dass die auf den vorhergehenden Jahresabschluss angewendeten Bewertungsmethoden beizubehalten sind. Voraussetzung ist jedoch das Vorliegen einer Bewertungsmethode (bspw. unterschiedliche Abschreibungsmethoden: linear, degressiv, progressiv, leistungsabhängig). Darunter versteht man jedes Verfahren zur Ermittlung von Wertansätzen, das einen bestimmten Ablauf folgt und bestimmte vorgegebene Bewertungselemente verwendet. Weitere Voraussetzung ist die Existenz von Wahlrechten. Sieht das Gesetz Wahlrechte vor, müssen die einmal ausgeübten Wahlrechte grundsätzlich beibehalten werden; ausnahmsweise kann von den bisherigen Bewertungsmethoden bei besonders begründbaren Umständen (bspw. Änderung der Rechtsprechung, Änderung des Unternehmensschwerpunktes, etc.) abgegangen werden. In diesem Fall müssen die Abweichungen im Jahresabschluss genau erläutert werden.

6.8 Grundsatz der Unternehmensfortführung (§ 252 Abs 1 Z 2 HGB)

Das Fortführungsprinzip (auch „going-concern-Prinzip" genannt) ist ein fundamentaler Bilanzierungsgrundsatz, welcher besagt, dass bei der Bewertung des Vermögens und der Schulden von der Fortführung des Unternehmens auszugehen ist. Für die Bewertungsobjekte ist bei der Bewertung von einer planmäßigen bzw. bestimmungsgemäßen Verwendung innerhalb des Unternehmens auszugehen. Dies äußert sich darin, dass Vermögensgegenstände mit den Anschaffungs- und Herstellungskosten anzusetzen sind, die sodann in weiterer Folge auf ihre Nutzungsdauer abzuschreiben sind.

Bei Zugrundelegung der going-conern-Prämisse werden die Vermögensgegenstände mit ihren Fortführungswerten bewertet. Ist das Unternehmen bspw. in Liquidation, sind andere Werte anzusetzen (Zerschlagungswerte, d. h. voraussichtlich zu erzielende Veräußerungspreis anstelle der Anschaffungs- und Herstellungskosten; auf der Passivseite sind die voraussichtlichen Kosten des Verfahrens in Form von Rückstellungen zu bilanzieren).

Werden einzelne Teile eines Unternehmens beendet (bspw. ein Teilbetrieb), so hat dies keine Auswirkung auf den Fortführungsgrundsatz des Gesamtunternehmens.

Strittig ist die Frage, wann die Anwendung des going-concern-Prinzips nicht mehr zulässig ist (Bsp.: ein Unternehmen befindet sich in einer Krise). Das Gesetz spricht von tatsächlichen oder rechtlichen Gegebenheiten. Rechtliche Gründe sind bspw. die Konkurs- oder Liquidationseröffnung, Einstellung des Betriebes, etc. Von einem non-going-concern kann auch dann ausgegangen werden, wenn einerseits der Wille der Fortführung des Unternehmens fehlt oder andererseits die notwendigen wirtschaftlichen Grundlagen hierzu nicht bewiesen werden können (Prognoserechnung).

6.9 Vorsichtsprinzip (§ 252 Abs 1 Z 4 HGB)

Bei der Bewertung ist der Grundsatz der Vorsicht einzuhalten. Das Vorsichtsprinzip gilt traditionell als GoB, der in allen Fragen der Bilanzierung und Bewertung zu berücksichtigen ist. Gemäß dem Vorsichtsgedanken sind das Aktivvermögen eher niedriger, die Schulden eher höher zu bewerten. Eine willkürliche Bewertung ist aber nicht zulässig (siehe Grundsatz der Willkürfreiheit, unter Punkt 6.2 Bilanzwahrheit), da ansonsten ein Verstoß gegen den Grundsatz ein möglichst getreues Bild der Vermögens- und Ertragslage darzustellen, vorliegt. Im Zweifel ist eine pessimistischere Alternative zu wählen. Das Vorsichtsprinzip dient insbesondere der Kapitalerhaltung und dem Gläubigerschutz.

Aus dem Gesetzeswortlaut des HGB prägten sich das Realisationsprinzip und das Imparitätsprinzip heraus.

6.9.1 Das Realisationsprinzip

Aus dem Realisationsprinzip ist ableitbar, dass nur die am Abschlussstichtag verwirklichten Gewinne auszuweisen sind. Ein Gewinnausweis hat erst zu erfolgen, wenn die Gewinne tatsächlich verwirklicht sind; die bloße Wahrscheinlichkeit eines späteren Gewinneintritts reicht nicht aus. Hierbei ist die Frage des Realisationszeitpunktes zu stellen, d. h. wann ist der Gewinn tatsächlich realisiert. Bei Bargeschäften (Geschäfte des täglichen Lebens) ist dies recht simpel; der Abschluss des Vertrages, das Erbringen der Leistung und die Vereinnahmung des Erlöses erfolgen alle zum selben Zeitpunkt (= Realisierungszeitpunkt). In der Praxis erstrecken sich jedoch Leistungsbeziehungen über einen längeren Zeitraum. Theoretisch kann daher der Erlös in mehreren Zeitpunkten (bspw. bei Vertragsabschluss, Übergabe der Kaufsache, Bezahlung des Preises) als realisiert gelten. Bei der Bestimmung des Realisierungszeitpunktes wird auf das wirtschaftliche Eigentum (ist nicht deckungsgleich mit dem zivilrechtlichen Eigentum) abgestellt. Das wirtschaftliche Eigentum geht idR auf den Erwerber über, wenn die Preisgefahr übergeht. Diese geht prinzipiell dann auf den Erwerber über, wenn der Leistungserbringer alles zur Erfüllung seiner Schuld Notwendige getan hat. Grundsätzlich trägt der Erwerber ab dem Zeitpunkt die Preisgefahr, ab dem ihm die Sache übergeben wird (zu seiner Verfügung steht). Besonderheiten ergeben sich beim Versendungskauf und im internationalen Geschäftsverkehr bei Verwendung sogenannter INCOTERMS (International Commercial Terms, sind standardisierte Regeln im internationalen Warenhandel die Art und Weise der Lieferung festlegen, bspw. Ort des Gefahrenübergangs, Gerichtsstand, etc.). Für Geschäfte rund um den Bilanzstichtag gilt es daher festzustellen, ob die Preisgefahr und somit das wirtschaftliche Eigentum mit Ablauf des Bilanzstichtages auf den Erwerber übergegangen ist.

Beispiel:
Am 19.12.X0 schließt die Firma Huber einen Vertrag über den Verkauf einer Maschine um € 36.000,- (brutto, 20% USt) an die Firma Yume ab. Der Kaufpreis wird am 31.12.X0 bezahlt. Die Maschine wird am 3.1.X1 von der Firma Yume abgeholt.

Variante:
Die Abholung ist für 31.12.X0 ab Werk vereinbart, erfolgt jedoch wegen eines Streikes bei der Firma Yume nicht. Die Maschine wird erst am 3.1.X1 (verspätet) abgeholt.

Lösung:
Eine Gewinnrealisierung kann erst erfolgen, wenn die Ware übergeben und damit die Preisgefahr (und die Gefahr des zufälligen Unterganges) auf den Käufer übergegangen ist. Die Gewinnrealisierung tritt somit am 3.1.X1 ein.

Abbildung 6.3 Übergang wirtschaftliches Eigentum I

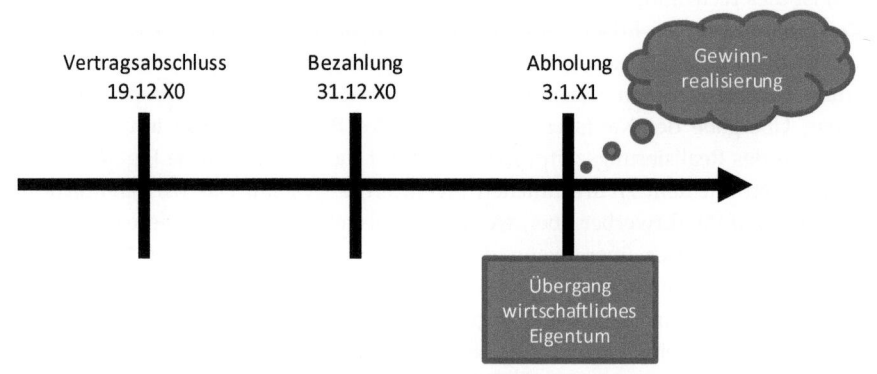

Variante:
Der Gewinn wird am 31.12.X0 realisiert, da der Verkäufer alles zur Erfüllung seiner Schuld Erforderliche getan hat.

Abbildung 6.4 Übergang wirtschaftliches Eigentum II

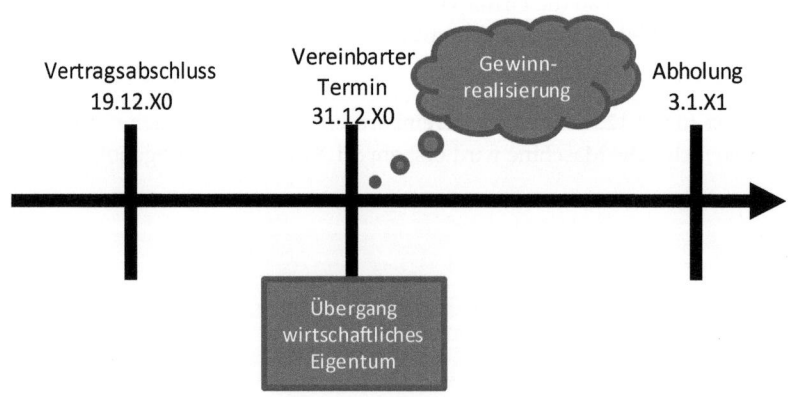

6.9.2 Das Imparitätsprinzip

Gemäß dem Imparitätsprinzip sind vorhersehbare Risiken und Verluste, die in dem Geschäftsjahr oder einem früheren Geschäftsjahr entstanden sind, zu berücksichtigen, selbst wenn diese Umstände erst zwischen dem Bilanzstichtag und dem Tag der Aufstellung des Jahresabschlusses bekannt geworden sind. Verluste, die noch nicht sicher entstanden sind (und unter Umständen in späteren Perioden auch nicht entstehen werden) werden somit antizipiert. Eine entscheidende Voraussetzung für die Verlustvorwegnahme ist, dass die Verluste und Risiken vorhersehbar sind, d. h. dass mit deren Eintritt mit einer gewissen Wahrscheinlichkeit zu rechnen ist.

Für die Bilanzierung ist der Entstehungszeitpunkt der drohenden Verluste maßgebend. Das bedeutet, dass der Grund für die drohende Erfolgsminderung in dem bilanzierenden Geschäftsjahr liegen muss. Unbeachtlich dabei ist, ob die drohenden Verluste bzw. Risiken vor dem Bilanzstichtag oder erst zwischen diesem und dem Tag der Aufstellung der Bilanz bekannt geworden sind (Stichwort: Werterhellung, siehe auch Punkt 6.6 Stichtagsprinzip). Erlangt der Unternehmer nach Aufstellung und Fertigstellung der Bilanz von den Umständen Kenntnis, so sind diese nicht mehr zu berücksichtigen.

Das Imparitätsprinzip ist insbesondere bei folgenden Bilanzpositionen zu beachten:

- Bildung von Rückstellungen,
- Außerplanmäßige Abschreibungen des Anlagevermögens, wenn die Wertminderung von Dauer ist (strenges Niederstwertprinzip),
- Zwingende Abwertung beim Umlaufvermögen, wenn der Vergleichswert (bspw. Börse-Marktkurs) niedriger ist,
- Schulden sind nach dem Höchstwertprinzip zu bewerten, d. h. bei unterschiedlichen Wertansätzen ist stets der höhere Betrag zu wählen (z. B. Fremdwährungskredite, wenn die Fremdwährung aufgewertet hat).

Beispiel 1:
Der Anschaffungswert eines Wertpapiers des Umlaufvermögens beträgt 100. Der Wert des Wertpapiers beträgt am Bilanzstichtag aufgrund wirtschaftlicher Schwierigkeiten des das Wertpapier emittierenden Unternehmens 80 und fällt infolge anhaltender Schwierigkeiten im Februar auf 65. Die Bilanz wird im März erstellt.

Lösung:
Die aufgrund des strengen Niederstwertprinzips zwingend vorzunehmende Abschreibung hat auf 65 zu erfolgen, da auch noch dem Bilanzstichtag eintretenden Wertminderungen, soweit ihre Ursachen im vorangegangenen Geschäftsjahr begründet sind, zu berücksichtigen sind.

Beispiel 2:
Die Abakus-GmbH verkaufte im Jahr X0 Erzeugnisse, die beim Käufer Schäden verursacht haben, für die der Hersteller in Anspruch genommen werden kann. Der Käufer klagt den

Schaden im Oktober X0 bei Gericht ein. Der Ausgang des Prozesses ist noch ungewiss, im Verlustfall wird von der hausinternen Rechtsabteilung jedoch mit einer zu tragenden Schadenersatzleistung in Höhe von € 34.000 und mit zu tragenden Prozesskosten in Höhe von € 12.000 gerechnet.

Lösung:
Aufgrund des Imparitätsprinzip hat die Abakus-GmbH Rückstellungen sowohl für die Rechtsberatung als auch für die Prozesskosten zu bilden.

6.9.3 Das Anschaffungskostenprinzip

Die Vermögensgegenstände sind höchstens mit den Anschaffungs- oder Herstellungskosten anzusetzen. Eine darüber hinausgehende spätere Wertsteigerung ist insbesondere aufgrund des geltenden Imparitäts- und Realisationsprinzips gesetzlich nicht vorgesehen.

6.10 Abgrenzungsprinzip (§ 252 Abs 1 Z 5 HGB)

Mit dem Abgrenzungsprinzip wurde die periodengerechte Zuordnung der Aufwendungen und Erträge gesetzlich verankert. Demnach sind Aufwendungen und Erträge des Geschäftsjahres unabhängig vom Zahlungsfluss im Jahresabschluss zu berücksichtigen; d. h. das Datum der Auszahlung/des Aufwands bzw. der Einzahlung/des Ertrags fallen auseinander. Bilanztechnisch wird der Grundsatz der Periodenabgrenzung durch die Aktivierung von Investitionen oder von Forderungen und durch die Passivierung von Schulden sowie die Bildung von Rechnungsabgrenzungsposten erreicht.

Beispiel 1:
Ein Unternehmer schafft eine Maschine im Jahr X1 an und bezahlt sofort den Kaufpreis. Die Maschine wird in X1 erfolgsneutral im Sachanlagevermögen aktiviert. Die Auszahlung erfolgt im Jahr X1, der dazugehörige Aufwand wird durch die Jahresabschreibungen in den Folgejahren periodisiert.

Beispiel 2:
Am 1.12 X1 zahlt die Meier GmbH die Feuerversicherung in Höhe von 8.000 € für ein halbes Jahr im voraus.

Lösung:
Im Abschlussjahr X1 wurde ein Aufwand (Feuerversicherung) verbucht, der teilweise in das Folgejahr gehört; nämlich 5 Monate, Dezember gehört noch in das Abschlussjahr. Durch die Bildung von Rechnungsabgrenzungsposten (in diesem Fall eine Aktive Rechnungsabgrenzung) wird der Aufwand/Ertrag periodengerecht zugewiesen.

6.11 Grundsatz der Wesentlichkeit

Der Grundsatz besagt, dass bei der Rechnungslegung alle Tatbestände (im Zweifel im Anhang darzustellen und zu erläutern) zu berücksichtigen sind, die die Entscheidungen der Bilanzadressaten beeinflussen können. Sachverhalte von untergeordneter (unwesentlicher) Bedeutung, welche die Entscheidungsfähigkeit des Jahresabschlussadressaten nicht beeinflussen, können vernachlässigt werden. Unter Bilanzadressat ist ein potentieller Anteilseigner, der über genügend Sachkenntnis, aber über keine besonderen (Risiko-) Präferenzen verfügt, zu verstehen.

Der Grundsatz der Wesentlichkeit soll nicht dadurch missbraucht werden, dass der Jahresabschluss mit umfangreichen, aber unbedeutenden Angaben überfrachtet wird, um wichtige Tatsachen zu verschleiern. Schließlich soll die Generalklausel „Vermittlung eines möglichst getreuen Bildes der Vermögens-, (Finanz-) und Ertragslage" durch den Grundsatz der Wesentlichkeit nicht derogiert werden. Zu beachten ist aber, dass auch unwesentliche Angaben in den Jahresabschluss Eingang finden müssen, soweit sie gesetzlich vorgeschrieben sind. Denn der Jahresabschluss muss dem Gesetz entsprechen.

Die Abgrenzung zwischen Wesentlichkeit und Unwesentlichkeit erfolgt anhand qualitativer und quantitativer Kriterien. Bei den qualitativen Kriterien ist auf das Gesamtbild der Verhältnisse und auf den jeweiligen Einzelfall abzustellen. Die Berücksichtigung von qualitativen Kriterien liegt im Ermessen des Bilanzerstellers. Demgemäß kann ein qualitatives Kriterium für den Bilanzadressaten wesentlich sein, obwohl vom quantitativen Gesichtspunkt die Information als unwesentlich einzustufen ist. Die Bildung von quantitativen Kriterien ist nur sinnvoll, wenn sie unter dem Aspekt auf die relative Größe eines Postens in bezug auf eine Bezugsgröße festgesetzt werden. Zwingend bindende und generalisierende Größenwerte haben sich in der Praxis bis dato noch nicht herausgebildet. In der Literatur haben sich lediglich Richtwerte herauskristallisiert. Die Empfehlungen schwanken zwischen 0.5% und 10% auf Basis unterschiedlichster Grundpositionen. So können Abweichungen als wesentlich bezeichnet werden, wenn bspw.

- Die Bilanzsumme um mindestens 5% verändert wird oder
- Der Jahresüberschuss bzw. -fehlbetrag um mindestens 10% verändert wird.

7 Bewertung

Ist ein Objekt oder ein bestimmter Sachverhalt dem Grunde nach in der Bilanz auszuweisen, so stellt sich die Frage nach der Höhe seines Wertansatzes. Die Bestimmung der Werthöhe nennt man „Bewertung".

7.1 Anschaffungskosten-Herstellungskostenprinzip

Anlagevermögen (darunter werden körperliche und unkörperliche Wirtschaftsgüter verstanden, die dem Unternehmen auf Dauer zur Verfügung stehen) und Umlaufvermögen sind mit ihren Anschaffungs- oder Herstellungskosten anzusetzen. Wird ein Vermögensgegenstand von einem Dritten erworben und bleibt er unverändert, so liegt eine Anschaffung vor. Eine Herstellung liegt vor, wenn im Unternehmen ein neuer Vermögensgegenstand entsteht. Dies kann sowohl durch Be- oder Verarbeitung eines zugekauften Gegenstandes erfolgen (bspw. Holzbretter werden zu einem Sessel verarbeitet), als auch durch eine wesentliche Änderung der Funktion eines Vermögensgegenstandes im Unternehmen (bspw. Umbau eines Gebäudes). Die Differenzierung zwischen Anschaffung und Herstellung ist dahingehend wichtig, weil sich durch die Einordnung unterschiedliche Wertmaßstäbe ergeben können. Die bloße Anschaffung oder Herstellung eines Vermögensgegenstandes hat als solche keinerlei Erfolgsauswirkung. Erst über die Abschreibungen, Vorratsbewertungen, Veräußerungen, etc. ergeben sich die Erfolgsauswirkungen.

Beispiel:
Die Bilanz eines Unternehmens zeigt vereinfachend folgendes Bild:

Bilanz 1.1.			
Kassa	20.000	Kapital	120.000
Bank	100.000		
	120.000		120.000

Das Unternehmen beschließt den Kauf eines Gebäudes um 80.000,00. Der Kaufpreis wird mittels Banküberweisung beglichen.

Die Aktivierung des Gebäudes erfolgt erfolgsneutral. Es kommt zu einem Aktivtausch. Das Bankkonto vermindert sich um 80.000 und das Gebäude wird mit 80.000 in der Bilanz aktiviert. Erfolgskonten (GuV) werden keine berührt. Bildlich lässt sich der Vorgang folgendermaßen darstellen:

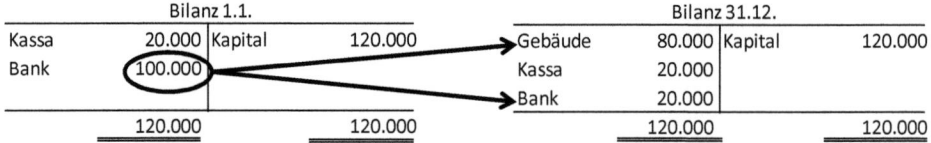

7.1.1 Anschaffungskosten

Anschaffungskosten sind jene Aufwendungen, die geleistet werden, um einen Vermögensgegenstand zu erwerben und ihn in einen betriebsbereiten Zustand zu versetzen, soweit sie dem Vermögensgegenstand einzeln zugeordnet werden können (§ 255 Abs 1 HGB). Das heißt, dass Gemeinkosten nicht zu den Anschaffungskosten zählen (im Gegensatz zu den Herstellungskosten). Ferner sind allfällige Anschaffungsnebenkosten sowie nachträgliche Anschaffungskosten und Anschaffungspreisminderungen bei der Festsetzung der Anschaffungskosten eines Vermögensgegenstandes zu berücksichtigen. Dadurch werden auch Aufwendungen, die vor oder nach dem Anschaffungszeitpunkt anfallen, erfasst. Ein aktivierungsfähiger Vermögensgegenstand ist zwingend mit den Anschaffungskosten anzusetzen.

Die einzelnen Bestandteile bei Ermittlung der Anschaffungskosten lassen sich wie folgt darstellen:

	Anschaffungspreis
+	Anschaffungsnebenkosten
+	nachträgliche Anschaffungskosten
-	Anschaffungspreisminderungen
=	Anschaffungskosten

Als Anschaffungspreis gilt der Kaufpreis. Die Angemessenheit des Kaufpreises ist irrelevant. Die Umsatzsteuer gehört grundsätzlich nicht zum Anschaffungspreis. Ist ein Unternehmer jedoch nicht zum Vorsteuerabzug berechtigt (d. h. er kann sich die bezahlte Umsatzsteuer nicht vom Finanzamt rückerstatten lassen), so wird die Umsatzsteuer zum endgültigen Kostenfaktor und ist Teil des Anschaffungspreises.

Anschaffungsnebenkosten sind jene Kosten die geleistet werden, um einen Vermögensgegenstand zu erwerben und betrieblich nutzbar zu machen. Auch hier ist wiederum zu beachten, dass der Rechnungsbetrag ohne Umsatzsteuer maßgeblich ist. Nebenkosten können unter anderem sein:

- Transportkosten, Frachten
- Porti
- Lagergelder

- Sachverständigenhonorare
- Maklergebühren, Provisionen
- Zölle, Steuern und Abgaben (z. B.: Grunderwerbsteuer und Grundbuchskosten bei angeschafften Liegenschaften)
- Montage-, Einrichtungskosten

Gleichfalls aktivierungspflichtig sind nachträgliche Anschaffungskosten, unabhängig davon, ob sie den Anschaffungspreis oder die Nebenkosten betreffen. Beispielsweise kann sich der ursprüngliche Kaufpreis aufgrund variabler Kaufpreiselemente erhöhen (in der Praxis z. B.. Earn-Out-Klauseln bei Erwerb von Beteiligungen).

Zu den Anschaffungspreisminderungen zählen auch Minderungen der Nebenkosten und der nachträglichen Anschaffungskosten, wenn sie mit dem Vermögensgegenstand in unmittelbaren Zusammenhang stehen. Typische Beispiele hierfür sind Rabatte und ähnliche Preisnachlässe. Sie reduzieren die Anschaffungskosten, selbst wenn sie im Nachhinein gewährt werden.

7.1.2 Herstellungskosten

Sowohl Gegenstände des Umlauf- als auch des Anlagevermögens können nicht nur fremdbezogen sein, sondern auch durch das Unternehmen selbst erstellt werden. Selbst hergestellte Vermögensgegenstände sind mit den Herstellungskosten anzusetzen. In Analogie zu den Anschaffungskosten werden unter Herstellungskosten jene Aufwendungen verstanden, die geleistet werden, um einen neuen Gegenstand herzustellen. Ein neuer Vermögensgegenstand liegt vor, wenn die Verkehrsgängigkeit vom ursprünglichen Vermögensgegenstand (falls vorhanden) abweicht. Der Herstellungsvorgang ist erfolgsneutral. Dies möge folgendes Beispiel verdeutlichen:

Ein Unternehmen beschließt zu Beginn einer Periode keine anderen Aktivitäten zu setzen, als durch eigene Arbeitskräfte eine Produktionsanlage zu erstellen. Die Bilanz zu Beginn der Periode hat folgendes Aussehen:

Bilanz 1.1.			
Kassa	1.000.000	Kapital	1.000.000

Während der Periode fallen Arbeitslöhne (35.000,00 €), Ausgaben für Material (25.000,00 €), Mietzahlungen für gemietetes Werkzeug (10.000,00 €) und Energierechnungen (5.000,00 €) an, die alle bar bezahlt werden.

Am Periodenende zeigen Bestands- und Erfolgsverrechnungskreis des Unternehmens folgendes Bild:

Kassa	25.000

Aufwendungen	
Löhne	35.000
Material	25.000
Miete	10.000
Energie	5.000

Gleichzeitig kann die Fertigstellung der Produktionsanlage gemeldet werden.

Die Herstellung der Produktionsanlage hat insgesamt 75.000,00 (= sämtliche für ihren Bau angefallenen Beträge) gekostet. Die Anlage ist in der Bilanz des Unternehmens zu aktivieren. Anstatt jedes Aufwandskonto für sich anzusprechen, zu neutralisieren und auf ein Bestandskonto „Produktionsanlage" umzubuchen, wird die fertig gestellte Anlage mittels dem Gegenkonto „aktivierte Eigenleistung" (= Erfolgskonto) aktiviert. Diese Buchung neutralisiert auch die unter dem Jahr erfolgswirksam gebuchten Aufwendungen (Löhne, Material, Energie, Miete). Auf der Aktivseite der Bilanz erfolgt fiktiv ein Aktivtausch der Bestandskonten (die 100.000,00 verteilen sich nunmehr auf Kassa und Produktionsanlage) – wie bei einer Anschaffung. Die Bilanzsumme bleibt gleich. Der gesamte Vorgang läuft erfolgsneutral ab und berührt den Gewinn des Unternehmens nicht, obwohl GuV Konten angesprochen werden. Die Zusammenhänge soll folgende Darstellung verdeutlichen:

Abbildung 7.1 Erfolgsneutralität des Hestellungsprozesses

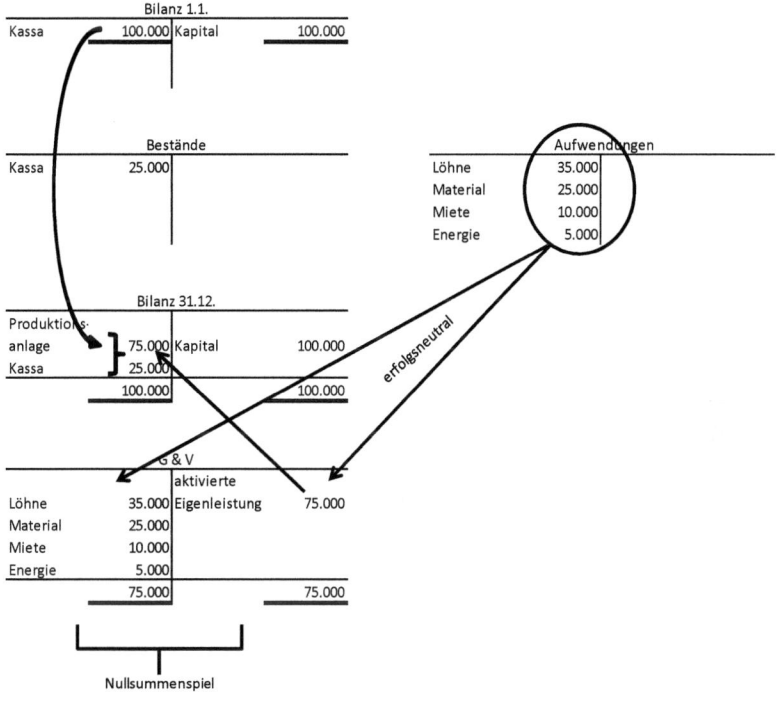

7.1.2.1 Umfang der Herstellungskosten

Die Besonderheit im Herstellungsprozess – im Gegensatz zum Anschaffungsvorgang – liegt darin, dass eine eindeutige Zurechnung der Aufwendungen auf den/die hergestellte Vermögensgegenstände nicht immer möglich ist. Für die Festlegung der zu aktivierenden Beträge wird auf Daten der Kostenrechnung zurückgegriffen (insbesondere auf die Kostenträgerrechnung, hierbei werden den Kostenträgern, wie die erzeugten Produkte, die anfallenden Kosten zugerechnet). Die Kostenrechnung unterscheidet zwischen Einzel- und Gemeinkosten. Einzelkosten (bspw. Material- oder Fertigungseinzelkosten) sind dem Produkt unmittelbar zurechenbar. Gemeinkosten (hängen mittelbar mit dem Produktionsprozess zusammen) können nicht direkt den erzeugten Produkten zugerechnet werden, sie werden mit Hilfe von Schlüsseln auf die Einzelkosten umgelegt und mit Zuschlagssätzen bei der Kalkulation berücksichtigt.

Gemeinkosten können bspw. sein:
- Kosten der Arbeitsvorbereitung,
- Abnutzung der Fertigungsmaschinen,
- Kosten der Lagerhaltung (bspw. Kühlung, Beleuchtung),
- Kosten des Lohnbüros, etc...

Beispiel zur Berechnung eines Zuschlagssatzes:
An direkt zurechenbaren Rohstoffen wurde in einer Periode 250.000,00 € verbucht. In der Kostenstelle Material fielen Gemeinkosten (Löhne der Materialverwaltung, Energie, Abschreibungen, etc.) i. H. v. insgesamt 30.000,00 € an.

Der Materialgemeinkostenzuschlag auf Basis des Rohstoffverbrauchs beträgt somit:

30.000/250.000 x 100 = 12%

Wird nun ein Produkt erzeugt, das Rohstoffe im Wert von 300,00 verbraucht, werden seine gesamten Materialkosten wie folgt ermittelt:

Materialeinzelkosten (= Rohstoff)	300,00
+12% Materialgemeinkosten	36,00
= Materialkosten	336,00

Eine Besonderheit stellen die Sonderkosten der Fertigung dar. Es handelt sich dabei meist um Einzelkosten, die aber nicht direkt den erzeugten Produkten zurechenbar sind. Zu dieser Gruppe gehören bspw. Kosten für Spezialwerkzeuge, Vorleistungen für Konstruktionspläne und Entwürfe, Analysen/Proben eines Fertigungsschritts, Zölle und Verbrauchsteuern.

§ 255 Abs 2 HGB definiert die Bestandteile der Herstellungskosten. Demnach wird zwischen Kosten unterschieden, die in die Herstellungskosten zwingend mit einbezogen werden müssen, Kosten die in die Herstellungskosten einbezogen werden dürfen (Wahlrecht), und Kosten, die nicht in die Herstellungskosten einbezogen werden dürfen (Verbote). Zu den wahlweise in die Herstellungskosten einrechenbaren Aufwendungen für Sozialeinrichtungen des Betriebes gehören etwa jene für eine Werksküche, für Sportanlagen oder Ferienheime. Freiwillige Sozialleistungen sind bspw. Beihilfen oder Weihnachtsgeschenke. Die Aufwendungen für betriebliche Altersversorgung und Abfertigung umfassen vor allem zugesicherte Firmenpensionen sowie gesetzlich zustehende und freiwillig zugestandene Abfertigungen. Zinsen für Fremdkapital (Kredit- und Darlehenszinsen) dürfen nur angesetzt werden, wenn sie auf den Zeitraum der Herstellung entfallen und das Fremdkapital für die Finanzierung der Herstellung aufgenommen wurde.

Weiters ist zu berücksichtigen, dass in den Herstellungskostenansatz nur buchhalterische Werte (pagatorische Größen) mit einbezogen werden dürfen. Eine reine Übernahme von kalkulatorischen Größen (bspw. kalkulatorische Abschreibung, die zu Wiederbeschaffungswerten erfolgt; in der Kostenrechnung wird ein kalkulatorischer Unternehmerlohn angesetzt, dem kein Pendant in der Buchhaltung gegenübersteht, etc.) aus der Kostenrechnung ist nicht zulässig; nur tatsächlich angefallene Aufwendungen (= aufwandsgleiche Kosten) sind einzubeziehen.

Daneben dürfen auch keine Kosten aktiviert werden, die durch offenbare Unterbeschäftigung überhöht sind. Dies betrifft die Gemeinkosten, da diese zumeist fixe Kostenbestandteile sind. Nur die einer durchschnittlichen Beschäftigung entsprechenden Teile der (Gemein-) Kosten dürfen aktiviert werden. Kosten die auf die nicht genutzte Kapazität entfallen (= Leerkosten) sind auszuscheiden.

Kostenart	DEUTSCHLAND
+ Materialeinzelkosten	PFLICHT
+ Fertigungseinzelkosten (Löhne, Gehälter)	PFLICHT
+ Sondereinzelkosten der Fertigung	PFLICHT
+ Materialgemeinkosten	PFLICHT
+ Fertigungsgemeinkosten	PFLICHT
= MINDESTANSATZ	
+ Aufwendungen für freiwillige Sozialleistungen, für soziale Einrichtungen, für betriebliche Altersvorsorge soweit diese auf den Zeitraum der Herstellung anfallen	WAHLRECHT
+ Allgemeine Verwaltungskosten	WAHLRECHT
+ Zinsen auf Fremdkapital, das für die Herstellung des Vermögensgegenstandes aufgenommen wurde	WAHLRECHT
= HÖCHSTANSATZ	
Vertriebskosten	VERBOT
Forschungskosten	VERBOT
Kalkulatorische Kosten	VERBOT
Leerkosten	VERBOT
Umsatzsteuer, soweit das Unternehmen zum Vorsteuerabzug berechtigt ist	VERBOT

Abweichend von der deutschen Rechtslage, sieht das österreichische öUGB (Unternehmensgesetzbuch) andere Ansatzvorschriften vor. Insbesondere ist das Aktivierungswahlrecht von Material- und Fertigungsgemeinkosten zu nennen.

Kostenart	ÖSTERREICH
+ Materialeinzelkosten	PFLICHT
+ Fertigungseinzelkosten (Löhne, Gehälter)	PFLICHT
+ Sondereinzelkosten der Fertigung	PFLICHT
= MINDESTANSATZ	
+ Materialgemeinkosten	WAHLRECHT
+ Fertigungsgemeinkosten	WAHLRECHT
+ Aufwendungen für freiwillige Sozialleistungen, für soziale Einrichtungen, für betriebliche Altersvorsorge soweit diese auf den Zeitraum der Herstellung anfallen	WAHLRECHT
+ Zinsen auf Fremdkapital, das für die Herstellung des Vermögensgegenstandes aufgenommen wurde	WAHLRECHT
+ Verwaltungskosten und Vertriebskosten, NUR sofern Aufträge vorliegen deren Ausführung sich über mehr als zwölf Monate erstreckt (langfristige Auftragsfertigung) und eine verlässliche Kostenrechnung vorliegt und aus der weiteren Auftragsabwicklung keine Verluste drohen (Stichwort: verlustfreie Bewertung)	VERBOT/WAHLRECHT
= HÖCHSTANSATZ	
Forschungskosten	VERBOT
Kalkulatorische Kosten	VERBOT
Leerkosten	VERBOT
Umsatzsteuer, soweit das Unternehmen zum Vorsteuerabzug berechtigt ist	VERBOT

Für den Bilanzierenden eröffnet sich mit den Bewertungswahlrechten ein bilanzpolitischer Spielraum: Je nach beabsichtigtem Ergebnisausweis im Jahresabschluss wird er den Mindest- oder den Höchstansatz der Herstellungskosten wählen und aktivieren. Zu beachten ist dabei, dass ja sämtliche Beträge angefallen und damit als Aufwendungen verbucht sind. Über die Wahl des Mindest- oder Höchstansatzes werden nur weniger oder mehr diese Aufwendungen wieder neutralisiert.

Beispiel Mindest- Höchstansatz (Deutschland):
Zu Beginn des Jahres wurde von einem betriebseigenen Bautrupp mit der Errichtung einer Fabrikshalle begonnen. Bis zum Abschlussstichtag am 31.12. ist der Rohbau fertig. Für die Kalkulation der bis dahin angefallen Kosten (= Aufwendungen) stehen folgende Daten zur Verfügung:

Fertigungsmaterial	157.000,00
Fertigungslöhne	87.000,00
Materialgemeinkosten	10%
Fertigungsgemeinkosten	150%
Verwaltungsgemeinkosten	36.000,00

Die Verwaltungskosten beziehen sich zur Gänze auf den Zeitraum der Herstellung. In dieser Auflistung nicht berücksichtigt ist, dass den Herstellungskosten zurechenbare freiwillige Sozialaufwendungen in Höhe von 23.000,00 und Zinsen für Fremdkapital in Höhe von 9.000,00 anfielen:

a. möglichst niedriges Ergebnis

b. möglichst hohes Ergebnis

Lösung:

a. Im Falle der gewünschten ergebnisminimierenden Aktivierung ist die mindestens ansatzpflichtige Wertuntergrenze zu wählen:

Fertigungsmaterial	157.000,00
Fertigungslöhne	87.000,00
Materialgemeinkosten	15.700,00
Fertigungsgemeinkosten	235.500,00
Mindestansatz Herstellungskosten	**495.200,00**

Die Fabrikshalle wird mit 495.200,00 € erfolgsneutral aktiviert, da sich die angefallenen Aufwendungen durch die Aktivierung des Gebäudes mittels erfolgswirksamen Gegenkontos „Aktivierte Eigenleistungen" ausgleichen. Damit verbleiben die freiwilligen Sozialleistungen und Fremdkapitalzinsen, aber auch die Verwaltungskosten – nicht neutralisiert – im Aufwand, was auch folgende Gegenüberstellung der Aufwendungen und Erträge verdeutlicht:

Fertigungsmaterial	157.000,00	Aktivierte Eigenleistungen	495.200,00
Fertigungslöhne	87.0000,00		
Materialgemeinkosten	15.700,00		
Fertigungsgemeinkosten	235.500,00		
Freiwillige Sozialaufwendungen	23.000,00		
Zinsen für Fremdkapital	9.000,00		
Verwaltungsgemeinkosten	46.000,00		
Summe	573.200,00	Summe	495.200,00

Um das Ganze besser zu veranschaulichen gehen wir vereinfachend von einem Unternehmen aus, welches nur über einen Barbestand in Höhe von 1.000.000,00 € verfügt. Die Bilanz zu Beginn des Jahres sieht folgendermaßen aus:

Bilanz 1.1.

Kassa	1.000.000	Kapital	1.000.000

Die folgende Darstellung gibt einen Überblick über die Auswirkungen dieses Sachverhaltes auf die Bilanz und GuV am Ende des Jahres. Es wird davon ausgegangen, dass die während des Jahres anfallenden Aufwendungen bar beglichen werden. Der Kassabestand verringert sich somit im Ausmaß der zu zahlenden Aufwendungen (573.200,00 - siehe Punkt 1 in der Darstellung). Nach Fertigstellung der Fabrikshalle ist diese zu aktivieren. Da der Mindestansatz gewählt wurde, wird die Fabrikshalle „nur" mit einem Wert von 495.200,00 über das Konto „Aktivierte Eigenleistung" aktiviert (siehe Punkt 2 in der Darstellung). Die Differenz aus den Aufwendungen (573.200,00) und dem Ertragskonto „Aktivierte Eigenleistung" (495.200,00) stellt einen Verlust in Höhe von 78.000,00 dar. Der Verlust ist gegen das Kapitalkonto abzuschließen, damit der „Soll-Haben Gleichheit" entsprochen wird (siehe Punkt 3 in der Darstellung). Demnach verringert sich das Eigenkapitalkonto um 78.000,00 und weist am Ende des Jahres einen Wert von 922.000,00 auf. Dieser Betrag ist deckungsgleich mit der Summe auf der Aktivseite („Soll-Haben-Gleichheit").

Abbildung 7.2 Mindestansatz Herstellungskosten

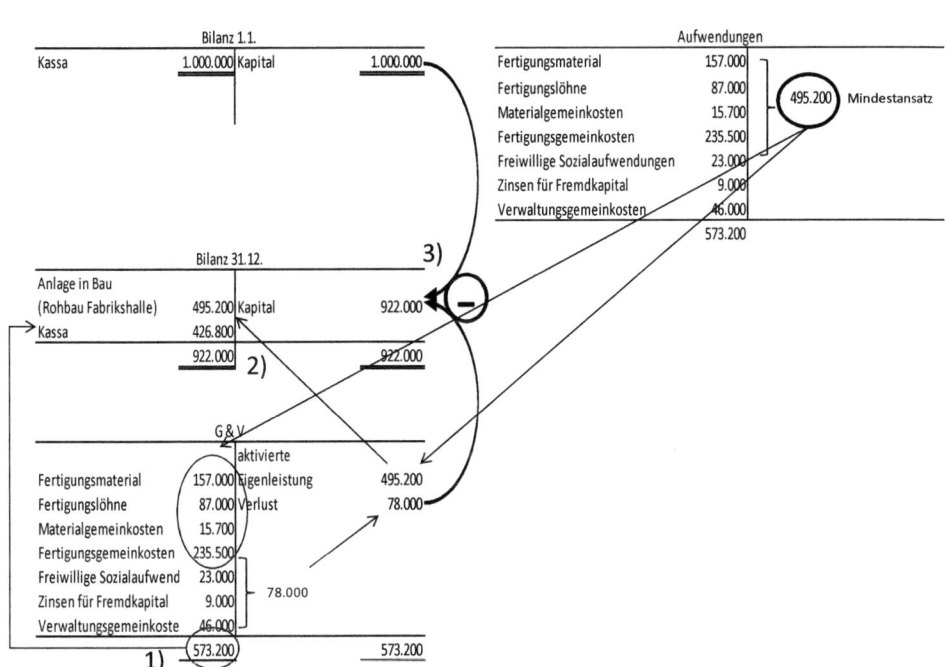

b. Bei ergebnismaximierender Aktivierung ist die Wertobergrenze anzusetzen:

Mindestansatz Herstellungskosten	495.200,00
Sozialaufwendungen	23.000,00
Fremdkapitalzinsen	8.000,00
Verwaltungskosten	46.000,00
Höchstansatz Herstellungskosten	**573.200,00**

Demnach neutralisieren sich sämtliche Aufwendungen, da der (bisher wurden nur Aufwendungskonten angesprochen) Betrag von 573.200,00 mit der Aktivierung der Fabrikshalle gegen ein Erfolgskonto („Aktivierte Eigenleistungen") ausgeglichen wird.

Fertigungsmaterial	157.000,00	Aktivierte Eigenleistungen	573.200,00
Fertigungslöhne	87.0000,00		
Materialgemeinkosten	15.700,00		
Fertigungsgemeinkosten	235.500,00		
Freiwillige Sozialaufwendungen	23.000,00		
Zinsen für Fremdkapital	9.000,00		
Verwaltungsgemeinkosten	46.000,00		
Summe	573.200,00	Summe	573.200,00

Ausgehend von der Bilanz am Anfang des Jahres aus Punkt a) sollen wiederum die Auswirkungen auf Bilanz und GuV am Ende des Jahres gezeigt werden, wenn der Höchstansatz gewählt wird. Wie beim Mindestansatz werden in einem ersten Schritt die laufenden Aufwendungen gegen das Kassakonto gebucht (siehe Punkt 1 in der Darstellung); wiederum mit einem Betrag von 573.200.00. In einem zweiten Schritt wird die Fabrikshalle aktiviert, aber diesesmal mit einem Wert von 573.200,00 (Höchstansatz, siehe Punkt 2). Da den Aufwendungen nun ein Ertrag gegenübersteht - der deckungsgleich ist - ergibt sich auch kein Verlust am Ende des Jahres. Die Bilanzsumme am Schluss des Geschäftsjahres beträgt unverändert 1.000.000,00 da sich Aufwendungen und Erträge in diesem Jahr ausgleichen. Es ist lediglich zu einem erfolgsneutralen „Bestandskontentausch" gekommen. Das Kassakonto hat um 573.200,00 abgenommen, dafür wurde die Fabrikshalle mit dem gleichen Wert aktiviert.

Abbildung 7.3 Höchstansatz Herstellungskosten

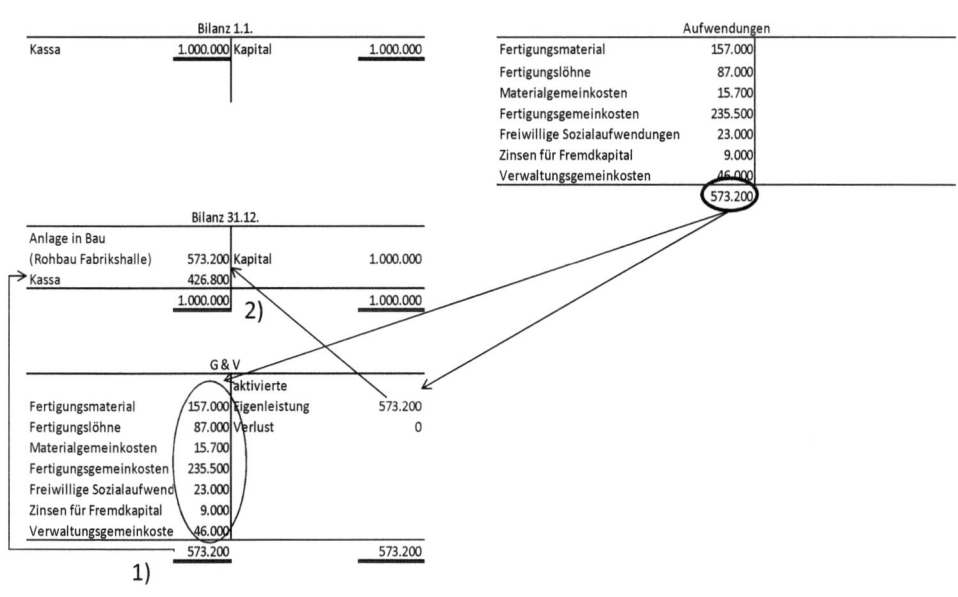

Zu beachten ist, dass die Wahl des Mindest- oder Höchstansatz beträchtliche Auswirkungen auf die Folgeperiode haben kann. Bspw. wird im Falle der Herstellung von abnutzbaren Anlagevermögen (wie in unserem Beispiel die Fabrikshalle) der aktivierte Vermögensgegenstand über die Nutzungsdauer abgeschrieben. Je nach Mindest- oder Höchstansatz ergeben sich niedrigere bzw. höhere (erfolgswirksame) Abschreibungsbeträge über die Folgeperioden.

7.2 Abschreibung

Die Anschaffungs- oder Herstellungskosten von abnutzbarem Sachanlagevermögen (bspw. Gebäude, Maschinen, PKW; nicht: Grundstück) werden nicht im Jahr der Anschaffung/Herstellung komplett als Aufwand verbucht, sondern sind anteilig durch planmäßige Abschreibungen (Afa – Absetzung für Abnutzung) auf die voraussichtliche Nutzungsdauer zwingend zu verteilen. Warum ist eine Afa von Nöten? Hierzu gibt es zwei wesentliche Gründe:

1. Die Afa mindert den Wert eines Vermögensgegenstandes und in weiterer Folge den handelsrechtlichen Gewinn. Da der handelsrechtliche Gewinn maßgeblich für den steuerlichen Gewinn ist, mindert dieser sich ebenfalls. Somit zahlt ein Unternehmen durch die Afa weniger Steuern und Liquidität im Unternehmen bleibt erhalten. Würden die Anschaffungs- oder Herstellungskosten im Jahr der Aktivierung zur Gänze als

Aufwand verbucht werden, so würde dies zu Lasten des Fiskus gehen, da sich der handelsrechtliche und steuerliche Gewinn erheblich vermindert. Deshalb verlangt der Gesetzgeber auch unter einem steuerlichen Blickwinkel die Verteilung auf die Nutzungsdauer.

2. Die planmäßige Abschreibung spiegelt den Wertverzehr eines abnutzbaren Vermögensgegenstandes wider; sie dient der periodengerechten Aufwandsverteilung. Demnach werden die aktivierten Anschaffungs- bzw. Herstellungskosten auf die Nutzungsdauer des abnutzbaren Vermögensgegenstandes verteilt, um eine sachgerechte Gewinnermittlung zu ermöglichen. Die planmäßige Abschreibung erfolgt je nach Grund für den Wertverlust nach verschiedenen Methoden.

Im Folgenden sollen die wichtigsten Methoden vorgestellt werden:

- Zeitabhängige Abschreibung:
  - linear
  - degressiv
  - progressiv

- Leistungsabhängige Abschreibung.

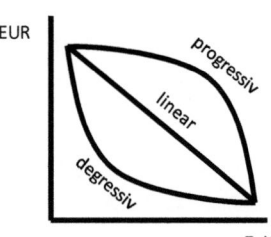

7.2.1 Lineare Abschreibung

Die in der Praxis am häufigsten verwendete Methode ist die lineare Abschreibung. Hierbei wird unterstellt, dass der Wertverzehr gleichmäßig über die Nutzungsdauer erfolgt; d. h. jährlich wird der gleiche Betrag abgeschrieben (wie bei einer Rate).

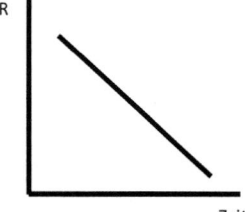

Planmäßige Abschreibung pro Jahr
= Anschaffungskosten : Nutzungsdauer

Beispiel planmäßige Abschreibung:
Eine Maschine wird Anfang des Jahres X1 um € 28.000,00 erworben und sofort in Betrieb genommen. Die Maschine soll 7 Jahre lang genutzt werden.

Lösung:
In einem ersten Schritt ist die Maschine, im Zeitpunkt der Anschaffung erfolgsneutral mit ihren Anschaffungskosten zu aktivieren.

In einem zweiten Schritt ist am Ende des Jahres die jährliche Abschreibung zu berechnen:

Planmäßige Abschreibung pro Jahr

= Anschaffungskosten : Nutzungsdauer   = 28.000,00 :7   = 4.000,00

Die jährliche planmäßige (lineare) Abschreibung beträgt 4.000.00 über die nächsten 7 Jahre.

Die planmäßige Abschreibung wirkt sich auf den Erfolg in den einzelnen Jahren aus:

Jahr	erfolgsneutraler Anlagenzugang (Bilanz)	Aufwandswirksame Planmäßige Abschreibung =Erfolgsauswirkung (GuV)	Buchwert der Maschine
X 1	28.000,00	- 4.000,00	24.000,00
X 2		- 4.000,00	20.000,00
X 3		- 4.000,00	16.000,00
X 4		- 4.000,00	12.000,00
X 5		- 4.000,00	8.000,00
X 6		- 4.000,00	4.000,00
X 7		- 4.000,00	0,00

7.2.2 Degressive Abschreibung

Bei der degressiven Abschreibung fallen die Abschreibungsbeträge von Jahr zu Jahr; der Wertverlust nimmt über die Jahre ab. Die degressive Abschreibung ist in Deutschland nur handelsrechtlich zulässig.

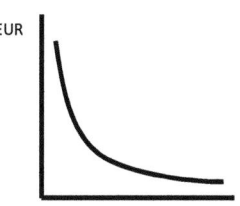

7.2.3 Progressive Abschreibung

Bei der progressiven Abschreibung steigen – im Gegensatz zur degressiven Abschreibung – mit zunehmender Nutzungsdauer die jährlichen Abschreibungsbeträge. Die betriebswirtschaftliche Begründung liegt im höheren Wertverlust zum Ende der betriebsgewöhnlichen Nutzungsdauer (z. B.: Obstplantagen, die mit zunehmenden Alter an Wert verlieren). Die progressive Abschreibung ist nur in eingeschränktem Umfang möglich, weil sie dem kaufmännischen Vorsichtsprinzip widerspricht.

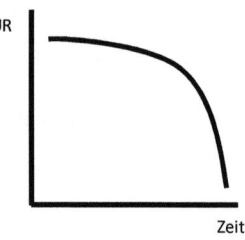

7.2.4 Leistungsabschreibung

Der jährliche Abschreibungsbetrag bei der Leistungsabschreibung bestimmt sich nach der konkreten Nutzung im betreffenden Jahr (beispielsweise nach Betriebsstunden, gefahrene Kilometer eines LKW`s, Steinbruch nach Abbaufortschritt). Hierzu muss zunächst die Gesamtkapazität geschätzt werden. Zu erwähnen ist aber, dass die Leistungsabschreibung in der Praxis fast keine Anwendung findet.

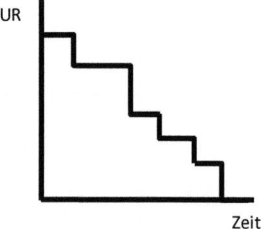

Beispiel Leistungsabschreibung:
Eine Maschine wird mit einer Kapazität von 14.000 Laufstunden im Jahr X1 um 28.000 € angeschafft. Die Laufzeiten der nächsten 7 Jahre betragen: X1 500, X2 2000, X3 1500, X4 4000, X5 1000, X6 2000, X7 3000.

Die Abschreibungsbeträge (Anschaffungskosten: Gesamtkapazität*Jahresnutzung) der einzelnen Jahre betragen:

X1	28.000:14.000*500	1.000,00
X2	28.000:14.000*2000	4.000,00
X3	28.000:14.000*1500	3.000,00
X4	28.000:14.000*4000	8.000,00
X5	28.000:14.000*1000	2.000,00
X6	28.000:14.000*2000	4.000,00
X7	28.000:14.000*3000	6.000,00
	24.000 Maschinenstunden	28.000,00

Jahr	erfolgsneutraler Anlagenzugang(Bilanz)	Aufwandswirksame Planmäßige Abschreibung =Erfolgsauswirkung (GuV)	Buchwert der Maschine
X 1	28.000,00	- 1.000,00	27.000,00
X 2		- 4.000,00	23.000,00
X 3		- 3.000,00	20.000,00
X 4		- 8.000,00	12.000,00
X 5		- 2.000,00	10.000,00
X 6		- 4.000,00	6.000,00
X 7		- 6.000,00	0,00

Im Gegensatz zur planmäßigen Abschreibung (konstant 4.000,00 pro Jahr), variieren die Abschreibungsbeträge bei der Leistungsabschreibung in den einzelnen Perioden (vgl. das Beispiel zur planmäßigen Abschreibung). Jedoch beträgt der Wert der Maschine am Ende der Nutzungsdauer bei beiden Abschreibungsarten 0,00 (vorausgesetzt, dass von einer gleichen Nutzungsdauer ausgegangen wird).

Erfolgsauswirkung (GuV)		
Jahr	Planmäßige Abschreibung	Leistungsabschreibung
X 1	- 4.000,00	- 1.000,00
X 2	- 4.000,00	- 4.000,00
X 3	- 4.000,00	- 3.000,00
X 4	- 4.000,00	- 8.000,00
X 5	- 4.000,00	- 2.000,00
X 6	- 4.000,00	- 4.000,00
X 7	- 4.000,00	- 6.000,00

Es sind auch Kombinationen der Abschreibungsmethoden möglich. Der geforderten Planmäßigkeit der Abschreibung (§ 253 Abs 3 HGB) wird durch die Erstellung eines Abschreibungsplanes entsprochen in dem festgelegt wird,

- welcher Ausgangswert (aktivierungsfähiger Betrag)
- welche Nutzungsdauer und
- welche Abschreibungsmethode die planmäßigen Abschreibungsbeträge bestimmen.

Der Grundsatz der Bewertungsstetigkeit verlangt, dass der einmal aufgestellte Abschreibungsplan grundsätzlich beizubehalten ist. Ergeben sich Änderungen der Komponenten (bspw. kürzere Nutzungsdauer, nachträgliche Anschaffungs- oder Herstellungskosten) ist der Abschreibungsplan zu korrigieren.

7.2.5 Außerplanmäßige Abschreibung

§ 253 Abs 3 HGB verlangt bei Vermögensgegenständen des Anlagevermögens, ohne Rücksicht darauf, ob ihre Nutzung zeitlich begrenzt ist (d. h. auch Grundstücke fallen darunter), eine außerplanmäßige Abschreibung auf den niedrigeren Wert vorzunehmen, der ihnen am Abschlussstichtag beizulegen ist, wenn mit einer dauernden Wertminderung zu rechnen ist. Eine außerplanmäßige Abschreibung ist anzusetzen, wenn bspw. durch Brand, Überalterung von Maschinen, Nachfrageveränderungen, etc. mit einer dauerhaften Wertminderung zu rechnen ist (Stichwort: Vorsichtsprinzip, siehe Punkt 6.9). Bei Finanzanlagevermögen können außerplanmäßige Abschreibungen auch bei voraussichtlich nicht dauernder Wertminderung vorgenommen werden. Der Bilanzierer hat somit bei Finanzanlagen ein Wahlrecht auf den niedrigeren Wert abzuwerten, selbst wenn die Wertminderung voraussichtlich nicht von Dauer ist.

Werden außerplanmäßige Abschreibungen vorgenommen so ist zu beachten, dass dies bei abnutzbarem Anlagevermögen eine Veränderung des Abschreibungsplans mit sich bringt. Im Jahr einer dauerhaften Wertminderung bei abnutzbarem Anlagevermögen ist in einem ersten Schritt immer zuerst planmäßig abzuschreiben und erst danach außerplanmäßig auf den niedrigeren Wert. Der neue Restbuchwert (der Buchwert bezeichnet die Anschaffungskosten eines einzelnen Wirtschaftsgutes abzüglich der handelsrechtlichen bzw. steuerlichen AfA) ist auf die Restnutzungsdauer (diese kann gleich lang, kürzer oder unter Umständen sogar länger sein als die bisherige) zu verteilen. Dies ergibt die neue planmäßige Abschreibung.

Beispiel 1:
Ein Unternehmen besitzt ein unbebautes Grundstück im Betriebsvermögen mit einem Wert von 500.000,00 €.

X1: Ein kurzfristiger Einbruch im Immobilienmarkt verursacht ein Sinken der Grundstückspreise. Das Grundstück hat zum Bilanzstichtag ausgehend vom ortsüblichen m^2-Preis einen Wert von € 480.000,00. Bereits im März des Folgejahres sind die Grundstückspreise wieder auf ihr übliches Niveau gestiegen.

X2: Unmittelbar über das Grundstück soll der Talübergang einer neuen Autobahn geführt werden. Dieser Plan verursacht einen Preisverfall des Grundstücks auf € 100.000,00. Trotz vehementer Proteste soll der Autobahnbau zur Ausführung gelangen; ein Anstieg des Grundstückswertes ist zum Abschlussstichtag nicht absehbar.

Lösung:
X1: Grundstücke zählen zum nicht abnutzbaren Anlagevermögen. Eine planmäßige Abschreibung scheidet daher von Grund auf aus. Allerdings stellt sich die Frage nach einer außerplanmäßigen Abschreibung. Da die Wertminderung nicht von Dauer ist (kurzfristiger Einbruch, im Folgejahr sind die Werte wieder auf Vorjahresniveau) erfolgt keine außerplanmäßige Abschreibung.

X2: Im Jahr X2 ist eine außerplanmäßige Abschreibung zwingend durchzuführen, weil die Wertminderung dauerhaft ist.

Beispiel 2:
Eine Maschine wird im Jahr X1 um 40.000,00 € angeschafft. Die voraussichtliche betriebsgewöhnliche Nutzungsdauer beträgt 8 Jahre. Es soll linear abgeschrieben werden. Aufgrund einer Gesetzesänderung ist das auf der Maschine hergestellte Produkt nur mehr eingeschränkt absatztauglich. Der Wert der Maschine beträgt zum Ende des Geschäftsjahres X3 nur mehr 5.000,00 €.

Lösung:
Die Wertminderung im Jahr X3 ist als dauerhaft zu qualifizieren. Der Vergleichswert liegt unter dem Buchwert der Maschine; eine zwingende außerplanmäßige Abschreibung ist vorzunehmen. Die Abschreibung im Jahr X3 setzt sich zusammen aus der planmäßigen Abschreibung von 5.000,00 € und der außerplanmäßigen von 20.000,00 €. Der Restbuchwert der Maschine (5.000,00 €) im Jahr X3 (nach Vornahme der planmäßigen und außerplanmäßigen Abschreibung) ist auf die verbleibende Restnutzungsdauer (5 Jahre) zu verteilen (= neue planmäßige Abschreibung). Der Wert der Maschine stellt sich in den einzelnen Jahren nach Durchführung der Abschreibung wie folgt dar:

Jahr	Ohne Vornahme einer außerplanmäßigen Abschreibung	Mit Vornahme einer außerplanmäßigen Abschreibung (Nutzungsdauer bleibt gleich)
X1	35.000,00	35.000,00
X2	30.000,00	30.000,00
X3	25.000,00	5.000,00
X4	20.000,00	4.000,00

Jahr	Ohne Vornahme einer außerplanmäßigen Abschreibung	Mit Vornahme einer außerplanmäßigen Abschreibung (Nutzungsdauer bleibt gleich)
X5	15.0000,00	3.000,00
X6	10.000,00	2.000,00
X7	5.000,00	1.000,00
X8	0	0

7.3 Zuschreibungen zum Anlagevermögen

Fallen in einem der Folgejahre die Gründe einer außerplanmäßigen Abschreibung weg – etwa in Folge einer Trendumkehr auf den Märkten - muss eine Zuschreibung (Aufwertung) vorgenommen werden (gleichgültig ob es sich um abnutzbares oder nicht abnutzbares Anlagevermögen handelt), wobei die ursprünglichen Anschaffungskosten die Obergrenze darstellen (§ 253 Abs 5 HGB).

Beim abnutzbaren Anlagevermögen ist der Zuschreibungsbetrag zweifach gedeckelt. Zunächst ist er begrenzt auf den Umfang der eingetretenen Werterhöhung. Es kann betragsmäßig nicht mehr zugeschrieben werden, als sich der Wert erhöht hat. Ferner kann eine Aufwertung nur bis zu den fortgeschriebenen Anschaffungs- bzw. Herstellungskosten erfolgen (zweite Deckelung). Diese sind unter Zugrundelegung des ursprünglichen Abschreibungsplans herauszulesen/zu errechnen; d. h. wie hätten sich die Werte bei einer planmäßigen Abschreibung entwickelt (= fiktive Fortsetzung des ursprünglichen Abschreibungsplans).

Fortsetzung des Beispiels 2 (Maschine):
Im Jahr X5 hebt der Gesetzgeber das Gesetz wieder auf. Die auf der Maschine erzeugten Produkte sind wieder uneingeschränkt absatztauglich. Der Marktwert einer vergleichbaren Maschine beträgt 25.000,00 €. Eine Verlängerung der Nutzungsdauer ist nicht vorgesehen.

Lösung:
Im Jahr X3 ist die außerplanmäßige Abschreibung durchzuführen (siehe Beispiel oben) und der Restbuchwert der Restnutzungsdauer zu Grunde zu legen (5.000,00 : 5 Jahre Restnutzungsdauer = 1.000,00). Im Jahr X 4 und X5 ist die Maschine mit 1.000,00 planmäßig abzuschreiben. Im Jahr X5 ist nun zwingend die Wertsteigerung zu berücksichtigen; eine Aufwertung hat zu erfolgen. Es darf max. bis zu den fortgeführten Anschaffungskosten zugeschrieben werden (15.000,000 siehe Jahr X5 - Spalte ganz links), obwohl der Wert einer vergleichbaren Maschine 25.000,00 beträgt. Die Maschine ist daher von 3.000,00 auf 15.000,00 aufzuwerten. Die neue planmäßige Jahresabschreibung beträgt 5.000,00 (15.000,00 : 3 Jahre Restnutzungsdauer = 5.000,00).

Zuschreibungen zum Anlagevermögen

Jahr	Ohne Vornahme einer außerplanmäßigen Abschreibung (=fiktive Fortsetzung des Abschreibungsplans)	Mit Vornahme einer außerplanmäßigen Abschreibung	Mit Vornahme einer außerplanmäßigen Abschreibung und Zuschreibung
X1	35.000,00	35.000,00	35.000,00
X2	30.000,00	30.000,00	30.000,00
X3	25.000,00	5.000,00	5.000,00
X4	20.000,00	4.000,00	4.000,00
X5	15.0000,00	3.000,00	15.000,00
X6	10.000,00	2.000,00	10.000,00
X7	5.000,00	1.000,00	5.000,00
X8	0	0	0

Auf die GuV wirken sich die unterschiedlichen Fallkonstellationen folgendermaßen aus:

Jahr	Ohne Vornahme einer außerplanmäßigen Abschreibung Erfolgsauswirkung (GuV)	Mit Vornahme einer außerplanmäßigen Abschreibung Erfolgsauswirkung (GuV)	Mit Vornahme einer außerplanmäßigen Abschreibung und Zuschreibung Erfolgsauswirkung (GuV)
X1	- 5.000,00	-5.000,00	- 5.000,00
X2	- 5.000,00	- 5.000,00	- 5.000,00
X3	- 5.000,00	- 25.000,00	- 25.000,00
X4	- 5.000,00	- 1.000,00	- 1.000,00
X5	- 5.000,00	- 1.000,00	- 1.000,00 + 12.000,00
X6	- 5.000,00	- 1.000,00	- 5.000,00
X7	- 5.000,00	- 1.000,00	- 5.000,00
X8	-5.000,00	-1.000,00	- 5.000,00

7.4 Exkurs: Steuerrecht

Die Abschreibungsbeträge im Handelsrecht und Steuerrecht können voneinander abweichen. Die Gründe können sein:

- Unterschiede entstehen durch unterschiedliche Abschreibungsausgangswerte.
- Zugrundelegung unterschiedlicher Nutzungsdauern. Das Steuerrecht sieht für bestimmte Gegenstände des Anlagevermögens (bspw. Gebäude, PKW) eine bestimmte Nutzungsdauer vor.
- Unterschiede in der Abschreibungsmethode. Seit 1. Jänner 2011 ist die degressive Afa im Steuerrecht nicht mehr gestattet.

Die Abweichungen werden in Form einer Mehr-Weniger-Rechnung berücksichtigt. Durch das Konstrukt der Mehr-Weniger-Rechnung wird das handelsrechtliche Ergebnis durch Zu- und Abschläge auf das steuerlich maßgebliche Ergebnis (steuerliche Bemessungsgrundlage) übergeleitet.

7.5 Immaterielle Vermögensgegenstände

Immaterielle Vermögensgegenstände gehören grundsätzlich dem Anlagevermögen an und müssen bilanziert werden. Für selbst geschaffene immaterielle Vermögensgegenstände des Anlagevermögens bestand für Geschäftsjahre bis 31.12.2009 ein Aktivierungsverbot. Im Zuge des Bilanzrechtsmodernisierungsgesetzes (BilMoG) wurde dieses Aktivierungsverbot aufgehoben; nun besteht ein Aktivierungswahlrecht. Nach § 248 Abs 2 HGB dürfen immaterielle Vermögensgegenstände des Anlagevermögens als Aktivposten in die Bilanz aufgenommen werden, jedoch ausdrücklich ausgenommen von diesem Wahlrecht sind selbst geschaffene Marken, Drucktitel, Verlagsrechte, Kundenlisten oder vergleichbare immaterielle Vermögensgegenstände des Anlagevermögens (bspw. Geschmacksmuster, Internet-Domainnamen, Unternehmenskennzeichen wie Name, Firma etc.). Die Begründung für dieses Verbot ist darin zu sehen, dass Aufwendungen für derartige Vermögensgegenstände nicht von denjenigen Aufwendungen zur Schaffung eines originären Firmenwerts getrennt werden können und somit die Herstellungskosten nicht zweifelsfrei ermittelbar sind.

Mangels spezifischer Regelungen hinsichtlich der Folgebewertung von immateriellen Vermögensgegenständen kommen die allgemeinen Grundsätze des § 253 HGB zur Anwendung. Demnach sind alle immateriellen Vermögensgegenstände planmäßig abzuschreiben, deren Nutzungsdauer begrenzt ist. Außerplanmäßige Abschreibungen sind sowohl bei zeitlich begrenzt nutzbaren, als auch zeitlich unbegrenzt nutzbaren immateriellen Vermögensgegenständen vorzunehmen, wenn ihr Wert am Abschlussstichtag voraussichtlich dauerhaft niedriger ist als ihr Buchwert. Fallen in einem späteren Jahr die Gründe für die vormals durchgeführte außerplanmäßige Abschreibung weg, so ist zuzuschreiben (max. bis zur Höhe der fortgeführten Anschaffungs- bzw. Herstellungskosten; „Anschaffungskostenprinzip").

Hinzuweisen ist darauf, dass bei Kapitalgesellschaften die Aktivierung von selbst hergestellten immateriellen Vermögensgegenständen an eine Ausschüttungs- und Abführungssperre gekoppelt ist (§ 268 Abs 8 HGB).

7.5.1 Geschäftswert/Firmenwert

Der entgeltlich erworbene (= derivative) Geschäftswert bzw. Firmenwert gilt als zeitlich begrenzt nutzbarer Vermögensgegenstand (das Gesetz fingiert eine unwiderlegbare Vermutung), der verpflichtend zu aktivieren ist (§ 246 Abs 1 HGB) und planmäßig (bzw. bei Vorliegen der Voraussetzungen außerplanmäßig auf den niedrigeren beizulegenden Zeitwert) auf die voraussichtliche betriebliche Nutzungsdauer abzuschreiben ist. Der Firmenwert ist grundsätzlich planmäßig abzuschreiben. Das heißt Abschreibungsmethode (siehe Punkt 7.2) und Nutzungsdauer müssen dem erwarteten Entwertungsverlauf entsprechen. Die voraussichtliche betriebsgewöhnliche Nutzungsdauer ist individuell unter Berücksichtigung der wirtschaftlichen und rechtlichen Gegebenheiten des akquirierten Unternehmens zu prognostizieren. Das Problem bei der Nutzungsdauerschätzung liegt in der heterogenen Zusammensetzung der Komponenten des Firmenwertes (bspw. Vertriebsnetz, Standortvorteile, Kundenbeziehungen, human capital, Zukunftsaussichten, etc.). Als Bestimmungsgrößen für die Einschätzung der Nutzungsdauer kommen bspw. in Betracht:

- der Lebenszyklus der Produkte
- das erwartete Verhalten von Mitwettbewerbern
- Laufzeit wichtiger Kunden- und Lieferantenverträge
- vertraglich zugesicherte Patentlaufzeiten

In der Praxis wird die handelsrechtliche Nutzungsdauer zwischen 5 und 8 Jahren angenommen. Beträgt die betriebsgewöhnliche Nutzungsdauer mehr als 5 Jahre, so müssen Kapitalgesellschaften die Gründe für die Annahme dieser Nutzungsdauer im Anhang erläutern. Aufgrund des Vorsichtsprinzips ist im Zweifel eher von einer kurzen Nutzungsdauer auszugehen. An den Nachweis von langen Nutzungsdauern (ab 15 Jahre aufwärts) werden besonders hohe Anforderungen gestellt. Im Gegensatz zum Handelsrecht ist im Steuerrecht der derivativ erworbene Firmenwert zwingend auf 15 Jahre abzuschreiben. Ein Wertaufholungsgebot besteht beim Firmenwert nicht.

Beispiel:
Für das Einzelunternehmen Detlef SCHRÖPF liegt folgende Bilanz vor:

Bilanz 1.1.			
Anlagevermögen	430.000	Eigenkapital	60.000
Umlaufvermögen	220.000	Fremdkapital	590.000
	650.000		650.000

Die XYZ-GmbH kauft zum 1.5. das Einzelunternehmen Detlef SCHRÖPF um 210.000,00 €. Sie übernimmt dabei alle Vermögensgegenstände und Schulden, wobei diesen folgende Werte im Zeitpunkt der Übernahme beizulegen sind:

- Diverses Anlagevermögen   450.000,00
- Diverses Umlaufvermögen   250.000,00
- Diverse Verbindlichkeiten   580.000,00

Die Bilanz der XYZ-GmbH sieht folgendermaßen aus:

Bilanz 1.1.			
Anlagevermögen	230.000	Eigenkapital	120.000
Umlaufvermögen	230.000	Fremdkapital	340.000
	460.000		460.000

Wie hoch ist der aus dieser Betriebsübernahme resultierende Firmenwert?

Lösung:
Der Firmenwert errechnet sich wie folgt:

Gegenleistung für die Übernahme des Betriebes   210.000,00

verglichen mit:

Wert der einzelnen Vermögensgegenstände (zu Zeitwerten):

(450.000 + 250.000) 700.000,00

abzüglich Schulden (zu Zeitwerten): - 580.000,00   120.000,00

90.000,00

Die Aktivierung des Firmenwertes ergibt sich im Zusammenhang mit der Einbuchung des Unternehmenskaufs: Die XYZ-GmbH hat die übernommenen Vermögensgegenstände mit den Zeitwerten zu aktivieren, die übernommenen Schulden zu passivieren sowie den zu leistenden Kaufpreis zu verbuchen (im Beispiel wird der Kaufpreis von 210.000,00 € aus dem Umlaufvermögen beglichen). Die verbleibende Differenz stellt den Firmenwert dar. Die Bilanz nach Verbuchung des Unternehmenskaufes sieht wie folgt aus:

Bilanz			
Anlagevermögen	680.000	Eigenkapital	120.000
Firmenwert	90.000	Fremdkapital	920.000
Umlaufvermögen	270.000		
	1.040.000		1.040.000

7.6 Finanzanlagen

Finanzanlagen sind nicht abnutzbar und deshalb nicht planmäßig abzuschreiben. Außerplanmäßige Abschreibungen auf den niedrigeren beizulegenden Wert sind gemäß § 253 Abs 3 HGB zwingend vorzunehmen, soweit ihre Wertminderung voraussichtlich von Dauer ist. Bei nur vorübergehender Wertminderung besteht für Geschäftsjahre die nach dem 31.12.2009 beginnen (BilMoG), ein Abwertungswahlrecht (= gemildertes Niederstwertprinzip). Stellt sich im Folgejahr heraus, dass die Wertminderung von Dauer ist, dann besteht Abwertungspflicht (sofern vom Wahlrecht nicht Gebrauch gemacht wurde) oder der Buchwert ist beizubehalten (sofern im Vorjahr bereits abgewertet wurde); ist die Wertminderung nur vorübergehender Natur, dann besteht das Wertaufholungsgebot des § 253 Abs 5 HGB (wenn der Wert wieder gestiegen ist – Zuschreibungsgrenze sind die Anschaffungskosten). D. h. fallen die Gründe für die im Vorjahr vorgenommene Abschreibung weg (unabhängig davon, ob die vorgenommene Abschreibung als vorübergehend oder voraussichtlich dauerhaft eingestuft wurde) ist verpflichtend aufzuwerten – bis max. zur Höhe der Anschaffungskosten.

Dauerhafte Wertminderung

Abbildung 7.4 Dauerhafte Wertminderung bei Finanzanlagen

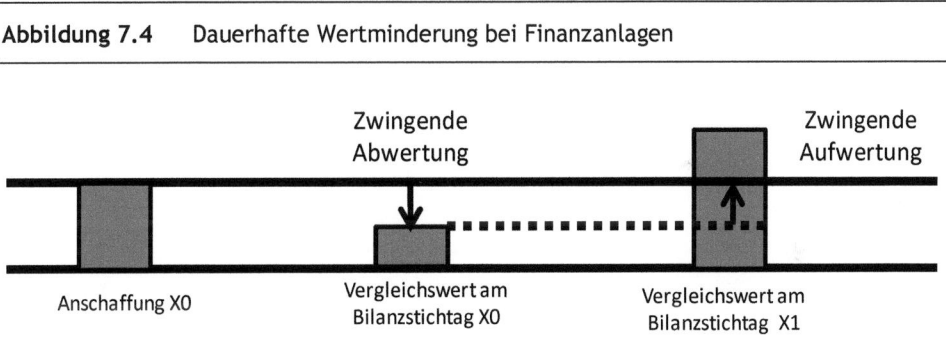

Nicht dauerhafte Wertminderung

Abbildung 7.5 Nicht dauerhafte Wertminderung bei Finanzanlagen

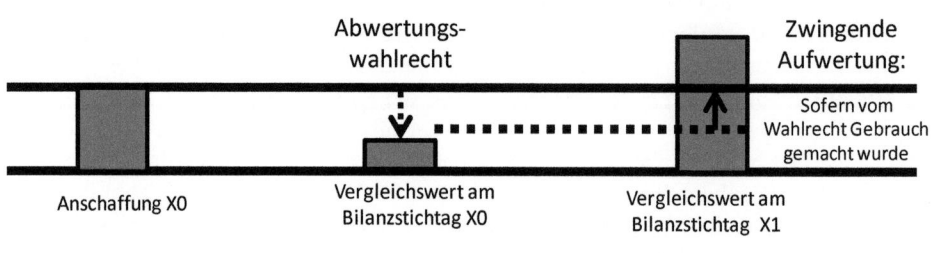

Beispiel:

Ein Unternehmen hält im Anlagevermögen eine 25% Beteiligung an einer Aktiengesellschaft. Die Anschaffungskosten und der Buchwert der Beteiligung zum Jahresanfang betragen 100.000,00 €. Der Verkehrswert der Beteiligung zum Bilanzstichtag ist auf 80.000,00 € gesunken, wobei diese Wertminderung voraussichtlich nicht von Dauer ist. Verfolgt das Unternehmen das Ziel der Gewinnminimierung, so wird das Wahlrecht des § 253 Abs 5 HGB ausgeübt, denn die Abschreibung von 20.000,00 € wirkt sich gewinnmindernd auf das EGT aus.

Bilanzstichtag	31.12.X0
EGT	-20.000,00

Übt das Unternehmen das Wahlrecht nicht aus, so bleibt das EGT trotz der Wertminderung der Beteiligung unverändert (→ dadurch wird ein höherer Gewinn ausgewiesen).

Bilanzstichtag	31.12.X0
EGT	0

7.7 Die Wareneinsatzermittlung

In der Regel werden unter dem Jahr nur die Zugänge der Vorräte verbucht. Der mengen- und wertmäßige Verbrauch wird zumeist erst am Ende des Geschäftsjahres festgestellt.

7.7.1 Die mengenmäßige Einsatzermittlung

Der mengenmäßige Verbrauch kann direkt oder indirekt ermittelt werden:

Direkte Einsatzermittlung

Voraussetzung für die direkte Ermittlung ist eine ordnungsgemäße Lagerbuchführung, welche die erforderlichen Daten zur Verfügung stellt. Am Ende des Jahres wird der Ist-Endbestand laut Inventur mit den Warenentnahmen während des Jahres (diese werden durch die Lagerbuchführung mittels Entnahmeschein erfasst) verglichen. Eine Differenz muss in der Buchhaltung berücksichtigt werden und deutet auf Schwund, Diebstahl oder Verderben von Waren hin. Das Schema der direkten Vorratsverbrauchermittlung lässt sich vereinfacht folgendermaßen darstellen:

    Anfangsbestand (1.1.X1)
- \+ Zukäufe (werden während des Jahres direkt auf dem Vorratskonto verbucht)
- \- Retourwaren
- \- Abfassungen laut Entnahmeschein
- = Sollendbestand
- \- Ist-Endbestand (31.12.X1)
- = Inventurdifferenz (Schwund, Verderben von Waren)

Indirekte Einsatzermittlung

Wird auf eine ordentliche Lagerbuchführung verzichtet, so kann die Einsatzermittlung nur auf indirektem Weg erfolgen. Hierbei wird der Ist-Endbestand dem Stand des Vorratskontos unter Berücksichtigung der Retourwaren gegenübergestellt. Mangels ordentlicher Lagerbuchführung (d. h. keine Abfassungen mittels Entnahmeschein) kann ein Schwund nicht aufgezeigt werden.

    Anfangsbestand (1.1.X1)
- \+ Zukäufe
- \- Retourwaren
- \- Ist-Endbestand laut Inventur (31.12.X1)
- = Einsatz (Materialverbrauch)

7.7.2 Die wertmäßige Einsatzermittlung

Der ermittelte Materialverbrauch, Schwund sowie das vorhandene Vermögen muss bewertet werden. Für die Bewertung von Vorräten gewährt § 240 Abs 4 HGB eine Ausnahme vom Einzelbewertungsprinzip (siehe Punkt 6.5). Demnach dürfen gleichartige Vermögensgegenstände des Vorratsvermögens sowie andere gleichartige oder annähernd gleichwertige bewegliche Vermögensgegenstände und Schulden zu einer Gruppe zusammengefasst und mit dem gewogenen Durchschnittswert angesetzt werden. Die strikte Einhaltung des Einzelbewertungsprinzips würde einen unüberschaubaren organisatorischen Aufwand mit sich bringen (insbesondere bei großen Handelsunternehmen), denn jedem Gegenstand müssten die Anschaffungskosten zu Grunde gelegt werden, was nur durch räumliche Trennung oder entsprechende Kennzeichnung der Vorräte möglich wäre.

Die Bewertung der Vorräte kann nach zwei verschiedenen Verfahren erfolgen:

- Realbewertungsverfahren
- Kunstbewertungsverfahren

Hinzuweisen ist darauf, dass die Wahl der Bewertungsmethode Teil der Bilanzpolitik eines Unternehmens ist. Die einmal gewählte Methode muss in der Regel beibehalten werden, weil der willkürliche Wechsel dem Grundsatz der Kontinuität widerspräche.

7.7.2.1 Die Realbewertungsverfahren

Bei den Realbewertungsverfahren lassen sich das Identitätspreisverfahren, das gleitende und das gewogene Durchschnittspreisverfahren unterscheiden. Die Bewertung erfolgt anhand der tatsächlich vorhandenen Vermögensgegenstände.

Das Identitätspreisverfahren

Das Identitätspreisverfahren entspricht als einziges dem Grundsatz der Einzelbewertung und gewährleistet, dass dem einzelnen Wirtschaftsgut der konkrete Anschaffungspreis zugerechnet wird. Diese Methode benötigt eine exakte Lagerbuchhaltung und damit einhergehend eine getrennte Lagerung oder Bezeichnung der einzelnen Zukäufe. Die Bewertung des Endbestandes erfolgt derart, dass die Buchwerte der einzelnen angeschafften Vorräte mit dem Wert zum Bilanzstichtag verglichen werden. Ist der Buchwert höher als der Wert zum Bilanzstichtag, ist eine Abwertung verpflichtend vorzunehmen. Die Differenz zwischen Soll- und Ist-Bestand (Schwund) wird mit den Buchwerten der entsprechenden Vorräte ausgebucht.

Das gleitende Durchschnittspreisverfahren

Bei diesem Verfahren werden die Vorräte in Form einer Gruppenbewertung bemessen. Voraussetzung hierbei ist auch eine ordnungsgemäße Lagerbuchführung. Dieses Verfahren wird angewendet, wenn das Identitätspreisverfahren aus organisatorischen Gründen (keine getrennte Lagerung bzw. Erfassung möglich) unzweckmäßig ist. Nach jedem Zukauf von Vorräten wird ein neuer Durchschnittspreis errechnet. Die Abfassungen erfolgen immer zum Durchschnittspreis, solange bis ein Zukauf getätigt wird und ein neuer Durchschnittspreis zu berechnen ist. Der „letzte" ermittelte Durchschnittspreis wird der Bewertung des Endbestandes zugrunde gelegt.

Das gewogene Durchschnittspreisverfahren

Anders als beim gleitenden Durchschnittspreisverfahren wird ein Durchschnittspreis nicht nach jedem Zukauf neu berechnet, sondern erst am Jahresende. Dieser wird dadurch ermittelt, dass für die einzelnen Gruppen von Vorräten aus dem Anfangswert zu Beginn des Wirtschaftsjahres und den Anschaffungswerten der Zugänge im Geschäftsjahr der Gesamtwert der Position errechnet wird. Der Gesamtwert wird geteilt durch die Anzahl der Wirtschaftsgüter aus dem Anfangsbestand und der Zukäufe dieser Gruppe, um auf den Durchschnittspreis zu kommen.

7.7.2.2 Die Kunstbewertungsverfahren

Bei den Kunstbewertungsverfahren wird von einer fiktiven Annahme ausgegangen, in welcher (zeitabhängigen) Reihenfolge die Gegenstände verbraucht oder veräußert werden. Im Folgenden sollen nur das Fifo- und das Lifo-Verfahren vorgestellt werden, da nur diese neben den Realbewertungsverfahren handelsrechtlich anerkannt sind. Den Kunstbewertungsverfahren ist gemeinsam, dass sie Verfahren zur indirekten Einsatzermittlung darstellen.

Fifo-Verfahren (First in - first out)

Dieser Methode liegt die Annahme zugrunde, dass zuerst angeschaffte oder hergestellte Vermögensgegenstände auch als erstes wieder verbraucht/veräußert werden. Der Vorratsbestand am Ende der Periode setzt sich daher aus den zuletzt angeschafften/hergestellten Vermögensgegenständen zusammen. Steuerrechtlich ist das Fifo-Verfahren grundsätzlich nicht anerkannt, außer man weist dem Finanzamt nach, dass das Fifo-Verfahren der tatsächlichen Verbrauchsreihenfolge entspricht (anders in Österreich).

Lifo (Last in - first out)

Hierbei wird davon ausgegangen, dass die zuletzt angeschafften oder hergestellten Vermögensgegenstände als erstes wieder verbraucht/veräußert werden.

Beispiel:
Der Anfangsbestand einer Ware am 1.1. beträgt 50 Stück à 200,00. Am 4.2. erfolgt eine Abfassung von 20 Stück, am 12.2. erfolgt ein Zukauf von 30 Stück à 205,00. Am 17.6. erfolgt eine Abfassung von 25 Stück vom Anfangsbestand, am 20.7. erfolgt ein Zukauf von 25 Stück à 202,00. Am 22.9. erfolgt eine Abfassung von 3 Stück vom Anfangsbestand und 25 Stück vom ersten Zukauf. Am 28.10. erfolgt eine Abfassung von 4 Stück vom ersten Zukauf und 10 Stück vom zweiten Zukauf.

Der Endbestand am 31.12. setzt sich folgendermaßen zusammen:
- 2 Stück vom Anfangsbestand, wovon eines aufgrund einer Beschädigung vollkommen unbrauchbar ist.
- 0 Stück vom ersten Zukauf.
- 15 Stück vom zweiten Zukauf.

Am 28.12. ist eine Lieferung von 20 Stück à 195,00 unterwegs, die von der unternehmenseigenen Transportabteilung abgeholt wird. Die Lieferung langt vollständig und unbeschädigt am 30.12. ein und wird zu diesem Zeitpunkt in der Buchhaltung erfasst.

Der Wert der Ware am Stichtag beträgt 200,00 pro Stück.

Ermitteln Sie den Wareneinsatz, weitere Aufwendungen sowie den Endbestand zum 31.12. nach dem

a. Identitätspreisverfahren
b. Gleitenden Durchschnittspreisverfahren
c. Gewogenen Durchschnittspreisverfahren
d. FIFO-Verfahren
e. LIFO-Verfahren

Lösung:
a. Identitätspreisverfahren

Datum	Warenbewegung	Menge	Anschaffungspreis	Summe
1.1	Anfangsbestand	50	200	10.000,00
4.2.	Abfassung 1	20 (AB)	200	4.000,00
12.2.	Zukauf 1	30	205	6.150,00
17.6.	Abfassung 2	25 (AB)	200	5.000,00
20.7.	Zukauf 2	25	202	5.050,00
22.9.	Abfassung 3	3 (AB)	200	600,00
		25 (ZK 1)	205	5.125,00
28.10.	Abfassung 4	4 (ZK 1)	205	820,00
		10 (ZK 2)	202	2.020,00
30.12.	Zukauf 3	20	195	3.900,00
31.12.	Soll-Endbestand	2 (AB)	200	400,00
		1 (ZK 1)	205	205,00
		15 (ZK 2)	202	3.030,00
		20 (ZK 3)	195	3.900,00
	Ist-Endbestand	1 (AB)	200	200,00
		0 (ZK)	205	0,00
		15 (ZK 2)	202	3.030,00
		20 (ZK 3)	195	3.900,00
	Verderb	1 (AB)	200	200,00
	Schwund	1 (ZK 1)	205	205,00

Die Wareneinsatzermittlung

Handelswareneinsatz:

Datum	Warenbewegung	Menge	Anschaffungspreis	Summe
4.2.	Abfassung 1	20 (AB)	200	4.000,00
17.6.	Abfassung 2	25 (AB)	202	5.000,00
22.9.	Abfassung 3	3 (AB)	200	600,00
		25 (ZK1)	205	5.125,00
28.10.	Abfassung 4	4 (ZK1)	205	820,00
		10 (ZK2)	202	2.020,00
				17.565,00

In einem ersten Schritt ist der Warenverbrauch (17.565) und Verderb/Schwund (200 + 205) aufwandswirksam zu berücksichtigen. Dies erfolgt über das GuV-Konto Materialaufwand. In der Bilanz wird das Vorratskonto angesprochen und vermindert sich um 17.970,00.

In einem zweiten Schritt ist der Buchwert mit dem beizulegenden Zeitwert am Abschlussstichtag zu vergleichen und eine Abwertung (erfolgswirksam) vorzunehmen, sofern der Buchwert höher ist. In unserem Beispiel ergibt sich eine Abwertung für den Zukauf 2 i. H. v. 30 (2 x 15 Stück).

Abwertung:

Tageswert	200
Zukauf 2	202
Abwertung	2 pro Stück (15 Stück auf Lager)

b. Gleitendes Durchschnittspreisverfahren

Datum	Warenbewegung	Menge	Anschaffungspreis	Summe
1.1.	Anfangsbestand	50	200	10.000,00
4.2.	Abfassung 1	20	200	4.000,00
12.2.	Zukauf 1	30	205	6.150,00
	Bestand	60	202,5	12.150,00
17.6.	Abfassung 2	25	202,5	5.062,50
20.07.	Zukauf 2	25	202	5.050,00

Datum	Warenbewegung	Menge	Anschaffungspreis	Summe
	Bestand	60	202,29	12.137,50
22.9.	Abfassung 3	28	202,29	5.664,17
28.10.	Abfassung 4	14	202,29	2.832,08
30.12.	Zukauf 3	20	195	3.900,00
	Soll-Bestand	38	198,45	7.541,25
	Ist-Bestand	36	198,45	7.144,34
	Inventurdifferenz	2	198,45	396,91

Handelswareneinsatz:

Datum	Warenbewegung	Menge	Anschaffungspreis	Summe
4.2.	Abfassung 1	20	200	4.000,00
17.6.	Abfassung 2	25	202,5	5.062,50
22.9.	Abfassung 3	28	202,29	5.664,17
28.10.	Abfassung 4	14	202,29	2.832,08
				17.558,75

Tageswert 200,00
Durchschnittswert 198,45
Abwertung 0

Da der Tageswert über dem Durchschnittswert liegt, ist keine Abwertung erforderlich.

c. Gewogenes Durchschnittspreisverfahren

Datum	Warenbewegung	Menge	Anschaffungspreis	Summe
1.1.	Anfangsbestand	50	200	10.000,00
12.2.	Zukauf 1	30	205	6.150,00
20.7.	Zukauf 2	25	202	5.050,00
30.12.	Zukauf 3	20	195	3.900,00
31.12.	Soll-Bestand	125	200,80	25.100,00
	Ist-Bestand	36	200,80	7.228,80
	Wareneinsatz	89	200,80	17.871,20

Abwertung:

Tageswert	200,00
Zukauf 2	200,80
Abwertung	0,80 pro Stück (36 Stück)

d. FIFO-Verfahren

Datum	Warenbewegung	Menge	Anschaffungspreis	Summe
1.1.	Anfangsbestand	50	200	10.000,00
12.2.	Zukauf 1	30	205	6.150,00
20.7.	Zukauf 2	25	202	5.050,00
30.12.	Zukauf 3	20	195	3.900,00
31.12.		125		
	Ist-Bestand:	36		
	Zukauf 2	16	202,00	3.232,00
	Zukauf 3	20	195	3.900,00
	Wareneinsatz:	89		
	Anfangsbestand	50	200	10.000,00
	Zukauf 1	30	205	6.150,00
	Zukauf 2	9	202	1.818,00
				17.968,00

Abwertung:

Tageswert	200
Zukauf 2	202
Abwertung	2 pro Stück (16 Stück)

e. LIFO-Verfahren

Datum	Warenbewegung	Menge	Anschaffungspreis	Summe
1.1.	Anfangsbestand	50	200	10.000,00
12.2.	Zukauf 1	30	205	6.150,00
20.7.	Zukauf 2	25	202	5.050,00
30.12.	Zukauf 3	20	195	3.900,00
31.12.		125		
	Ist-Bestand:	36		
	Anfangsbestand	36	200,00	7.200,00
	Wareneinsatz:	89		
	Zukauf 3	20	195	3.900,00
	Zukauf 2	25	202	5.050,00
	Zukauf 1	30	205	6.150,00
	Anfangsbestand	14	200	2.800,00
	Handelswareneinsatz			17.900,00

Abwertung:

Tageswert	200
Anfangsbestand	200
Abwertung	0 pro Stück (36 Stück)

7.7.3 Festbewertung(-sverfahren)

Eine Besonderheit für die Bewertung bestimmter Vermögensgegenstände stellt die Möglichkeit der Festbewertung (§ 240 Abs 3 HGB) dar. Demnach dürfen Gegenstände des Sachanlagevermögens sowie Roh-, Hilfs- und Betriebsstoffe, wenn sie regelmäßig ersetzt werden und ihr Gesamtwert für das Unternehmen von nachrangiger Bedeutung ist, mit einer gleichbleibenden Menge und einem gleichbleibenden Wert, dem Festwert, angesetzt werden, sofern ihr Bestand in seiner Größe, seinem Wert und seiner Zusammensetzung nur geringen Veränderungen unterliegt. Der Festwert ist in der Regel durch eine Inventur alle drei Jahre zu überprüfen. Bei diesen Verfahren werden die Zugänge sofort als Aufwand verbucht.

7.8 Umlaufvermögen

Gegenstände des Umlaufvermögens (bspw. Roh-, Hilfs- und Betriebsstoffe, fertige und unfertige Erzeugnisse, Waren, Forderungen, etc.) sind zunächst mit ihren Anschaffungs- bzw. Herstellungskosten anzusetzen. Im Rahmen der Jahresabschlussaufstellung ist für Gegenstände des Umlaufvermögens insbesondere aus dem Börsenkurs oder dem Marktpreis ein Vergleichswert abzuleiten. Kann ein Börsenkurs oder Marktpreis nicht abgeleitet werden, ist subsidiär der am Bilanzstichtag beizulegende Wert zu ermitteln, der als Vergleichswert fungiert (§ 253 Abs 4 HGB). Ist der Buchwert am Abschlussstichtag höher als der Vergleichswert ist stets eine Abschreibung vorzunehmen (Stichwort: Vorsichtsprinzip - führt zur Berücksichtigung noch nicht realisierter Verluste im Jahresabschluss). Im Gegensatz zum Anlagevermögen ist eine Abschreibung selbst dann vorzunehmen, wenn die Wertminderung nicht von Dauer ist. Die Abschreibungen vermindern das Ergebnis der Abrechnungsperiode.

Ausgangswert:	Anschaffungs- oder Herstellungskosten
Abschreibungen:	müssen vorgenommen werden, wenn der sich aus dem Börsenkurs oder Marktpreis ergebende bzw. der beizulegende Wert am Abschlussstichtag niedriger ist („strenges Niederstwertprinzip"). Dh. keine planmäßige Abschreibung bei Umlaufvermögen.
Zuschreibungen:	müssen vorgenommen werden, wenn der Wert wieder höher wird (Wertaufholungsgebot). Jedoch dürfen die Anschaffungs- bzw. Herstellungskosten nicht überschritten werden.

Bei den Vorräten (Roh-, Hilfs- und Betriebsstoffe, unfertige und fertige Erzeugnisse, Waren) ist die Aufstellung des Jahresabschlusses vielfach Anlass dafür, den mengenmäßigen Verbrauch/Bestandsveränderung während des Jahres buchmäßig zu erfassen (vgl. Punkt 7.7). Erst nach Erfassung des mengenmäßigen Verbrauchs bzw. der Veränderung des Vorratsbestandes erfolgt die Bewertung des Endbestandes unter Berücksichtigung der maßgeblichen Vergleichswerte (sofern ein Börsekurs oder Marktpreis nicht ermittelt werden kann) zum Abschlussstichtag.

Der Vergleichswert (= beizulegender Wert), der für die Bewertung der Gegenstände des Vorratsvermögens heranzuziehen ist, kann sich vom Beschaffungsmarkt oder/und vom Absatzmarkt ableiten:

- Der Beschaffungsmarkt (= Wiederbeschaffungskosten) ist bei der Bewertung der Roh-, Hilfs- und Betriebsstoffe sowie jener unfertigen und fertigen Erzeugnisse heranzuziehen, für welche auch ein Bezug von Dritten möglich wäre. Allfällige Anschaffungsnebenkosten bzw. –minderungen sind zu berücksichtigen.

- Für jene Produkte, die nicht fremdbezogen werden können, ist der Vergleichswert vom Absatzmarkt abzuleiten. Wird der Vergleichswert vom Absatzmarkt ermittelt, so ist auf die retrograde Bewertung Bedacht zu nehmen. Demnach sind vom Verkaufserlös (= der voraussichtlich nach dem Bilanzstichtag zu erzielende Erlös) regelmäßig gewährte Preisnachlässe (Skonti, Rabatte) sowie bis zum Verkauf noch anfallende Aufwendungen abzuziehen, um eine verlustfreie Bewertung sicherzustellen (d. h. Verluste werden antizipiert, damit beim Verkauf in der nächsten Periode keine Verluste entstehen).

- Für alle Handelswaren und Lagerüberbestände sind sowohl die Verhältnisse des Beschaffungsmarktes als auch jene des Absatzmarktes zu berücksichtigen. Aufgrund des Vorsichtsprinzips ist der niedrigere der beiden Werte heranzuziehen.

Beispiel:
Im Vorratsvermögen eines Unternehmens befinden sich 1.000 Stück einer Ware XY. Diese Ware wurde um 510,00 € pro Stück ab Werk des Lieferanten angeschafft. Die angefallenen Anschaffungsnebenkosten betrugen 5,00 € pro Stück.

Zum Abschlussstichtag beträgt der Lieferpreis ab Werk 490,00 € pro Stück; die Anschaffungsnebenkosten sind auf 15,00 € pro Stück gestiegen. Der Verkaufspreis der Ware am Abschlussstichtag beträgt 530,00 € pro Stück (2% Skonto; Lieferung: frei Haus). An Vertriebskosten (Transportkosten, Zoll etc.) fallen voraussichtlich noch 8,00 € pro Stück an; die Lagerung bis zum Verkauf verursacht noch 7,00 € pro Stück.

Lösung:
Die Anschaffungskosten pro Stück betragen: 510 + 5 = 515

Als Vergleichswerte (pro Stück) zum Abschlussstichtag sind maßgeblich:

Beschaffungsmakt:	Anschaffungspreis zum Abschlussstichtag	490,00	
	Anschaffungsnebenkosten	15,00	505,00
Absatzmarkt:	Verkaufserlös	530,00	
	- Erlösschmälerungen	10,60	
	- Vertriebskosten	8,00	
	- noch anfallende Lagerkosten	7,00	504,40

Der niedrigere der beiden Vergleichswerte ist heranzuziehen, somit darf die Ware nur mit 504,40 pro Stück angesetzt werden. Ausgehend von den Anschaffungskosten ist eine Abschreibung von 10,60 (515 − 504,40) pro Stück durchzuführen. Das heißt das Ergebnis des Geschäftsjahres vermindert sich um diese Abschreibung um 10.600 (10,60 x 1000 Stück). Der Vorratsposten sinkt um diesen Betrag ebenfalls.

Beispiel:
Am Abschlussstichtag liegt ein Stück eines fertigen Erzeugnisses auf Lager. Für die Bewertung liefert die Betriebsbuchhaltung folgende Informationen pro Stück:

Umlaufvermögen

Materialkosten	500,00
Fertigungseinzelkosten	300,00
Materialgemeinkosten	10 %
Fertigungsgemeinkosten	40 %
Verwaltungsgemeinkosten	5 %
Vertriebskosten	57,00 (fallen zur Gänze im Jahr der Veräußerung an)

Zum Jahresende ist von einem erzielbaren Nettoverkaufspreis von 960,00 pro Stück auszugehen.

Mit der Produktion dieses Erzeugnisses wurde erst in diesem Jahr begonnen; der Wert des Kontos „Fertige Erzeugnisse" entspricht noch jenem der Eröffnungsbilanz und beträgt 0.

Lösung:
Kalkulation der Herstellungskosten:

Materialeinzelkosten	500,00
+ Fertigungseinzelkosten	300,00
+ Materialgemeinkosten	50,00
+ Fertigungsgemeinkosten	120,00
= Herstellungskosten	970,00

Kalkulation des retrograden Vergleichswerts:

erzielbarer Verkaufspreis	960,00
- Vertriebsgemeinkosten	57,00
= retrograder Vergleichswert	903,00

Das fertige Erzeugnis ist höchstens mit dem retrograden Vergleichswert anzusetzen. D. h. das fertige Erzeugnis ist zunächst mit den Herstellungskosten i. H. v. 970,00 zu aktivieren (=erfolgsneutral). Sodann ist eine Abschreibung i. H. v. 67,00 vorzunehmen (= erfolgswirksam).

Fortsetzung des Beispiels:
Im Folgejahr wird das fertige Erzeugnis (Wert lt Eröffnungsbilanz 903,00) tatsächlich um 960,00 € verkauft. Die dabei anfallenden Vertriebskosten betragen – wie vorher berechnet 57,00 €.

Lösung:
Die Berücksichtigung der noch anfallenden Aufwendungen (in dem Beispiel die Vertriebskosten) bei der Bewertung (absatzmarktseitig) der Bestandsveränderung soll verhindern, dass im Zuge ihrer Veräußerung Verluste entstehen. Dieses Jahr entsteht somit aus dem

Verkauf des Erzeugnisses kein Verlust, der Erfolgsbeitrag ist aufgrund der im Vorjahr korrigierten Bestandsveränderung Null, was folgender Auszug aus der G & V verdeutlichen möge:

G & V			
Bestandsveränderung	903	Erlös	960
Vertriebskosten	57	Ergebnis =	0

7.9 Forderungen aus Lieferung und Leistungen

Soweit möglich ist der bereits erläuterte Bewertungsmaßstab der Anschaffungskosten auch auf die Bilanzposition der Forderungen zu übertragen. Forderungen gelten dabei als „angeschafft", sobald durch die einseitige Erfüllung der Vertragsverpflichtung das Rechtsgeschäft als realisiert zu betrachten ist. Die „Anschaffungskosten" von Forderungen aus Lieferung und Leistungen entsprechen grundsätzlich dem Nennbetrag, wie er in der erstellten Rechnung aufscheint. Nachträglich gewährte Preisnachlässe und Rabatte reduzieren den bereits eingebuchten Forderungsbetrag (= „Anschaffungswertminderungen"). Spätestens zum Jahresabschluss müssen die Forderungen auf ihre Werthaltigkeit hin überprüft werden. Dies besagt das strenge Niederstwertprinzip und Vorsichtsprinzip. Gemäß diesen Grundsätzen sind bei Forderungen stets Abschreibungen vorzunehmen, sofern ihr (beizulegender) Wert am Abschlussstichtag niedriger ist. Gründe für den niedrigeren beizulegenden Zeitwert können sein:

- Feststehende oder vermutete (zweifelhafte) Uneinbringlichkeit
- Kursverluste bei Fremdwährungsforderungen
- Unverzinslichkeit bzw. niedrigere Verzinslichkeit

Bei Fremdwährungsforderungen bestimmt sich der Vergleichswert für die Bewertung im Rahmen der Jahresabschlussaufstellung durch Umrechnung mit dem Devisenankaufskurs.

Beispiel:
Über den ausländischen Schuldner einer Forderung aus Lieferungen und Leistungen in Höhe eines Fremdwährungsbetrages von 76.143,00 wird im Rahmen der Jahresabschlussarbeiten in Erfahrung gebracht, dass er einen Ausgleichsantrag eingebracht hat. Man rechnet mit einer Quote von 40%

Der Devisenkurs zum Abschlussstichtag für die entsprechende Fremdwährung lautet 7,4650/7,4147

Lösung:
Der Vergleichswert der Forderung zum Abschlussstichtag bestimmt sich durch den wahrscheinlich zufließenden Betrag umgerechnet zum Stichtagskurs:
76.143 x 40% : 7,6450 = 4080

7.10 Verbindlichkeiten

Verbindlichkeiten sind der Höhe nach feststehende Verpflichtungen (Schulden) eines Unternehmens. Der Wegfall einer Verbindlichkeit ergibt sich vor allem durch ihre Erfüllung – idR durch ihre Bezahlung.

Verbindlichkeiten sind mit ihrem Erfüllungsbetrag (= Rückzahlungsbetrag) anzusetzen (§ 253 Abs 1 HGB). Bei der Bewertung von Verbindlichkeiten ist auf den Grundsatz der Vorsicht (Stichwort: Gläubigerschutz) Bedacht zu nehmen. Demnach darf es zu keinem Ausweis nicht realisierter Gewinne kommen (bspw. bei Fremdwährungskrediten oder Wertsicherungsklauseln). Das bedeutet, dass der Wert der Verbindlichkeit niemals unter den ursprünglichen Anschaffungswert (= Einbuchungswert) sinken kann. Man spricht hierbei vom strengen Höchstwertprinzip.

Ist der Rückzahlungsbetrag am Abschlussstichtag höher als der Buchwert muss stets eine Aufwertung der Verbindlichkeit vorgenommen werden. Eine Aufwertung hat infolge des Stichtagsprinzips auch dann zu erfolgen, wenn im Zeitpunkt der Jahresabschlussaufstellung bekannt ist, dass die Verbindlichkeit bereits mit einem geringeren Betrag getilgt ist.

Ist der für die Verbindlichkeit zum Abschlussstichtag ermittelte Rückzahlungsbetrag niedriger als ihr Buchwert, darf dies zu keiner Reduktion der Verbindlichkeit führen, wenn der Buchwert noch ihrem „Anschaffungswert" entspricht (Realisationsprinzip).

Ausgangswert:	„Anschaffungswert" (= Rückzahlungsbetrag, zu dem die Verbindlichkeit erstmals in die Buchhaltung aufzunehmen war).
Werterhöhungen:	müssen vorgenommen werden, wenn der Rückzahlungsbetrag am Abschlussstichtag höher ist (=„strenges Höchstwertprinzip").
Wertverringerungen:	dabei darf der „Anschaffungswert" nicht unterschritten werden.

Abbildung 7.6 Bewertung von Verbindlichkeiten

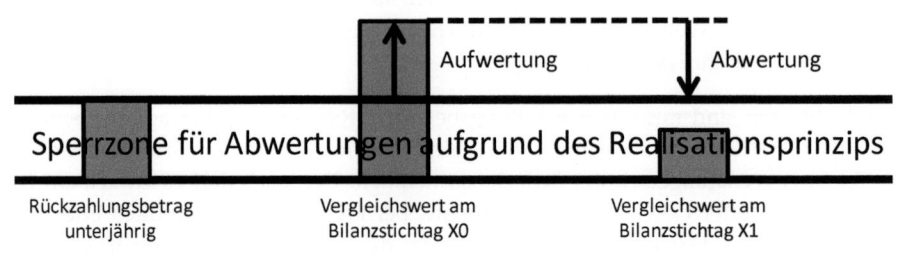

Der Unterschied zwischen einer Verbindlichkeit und Rückstellung ist, dass die finanzielle Belastung und der Eintrittszeitpunkt bei der Verbindlichkeit bekannt sind; bei der Rückstellung nicht.

Beispiel:
Die Maier AG kauft Mitte des Jahres X0 eine Spezialmaschine aus den USA um USD 40.000. Der Kurs beträgt 1,1163. Am Bilanzstichtag X0 steht die Verbindlichkeit noch unverändert zu Buche. Der Dollarkurs am Abschlussstichtag liegt bei 1,1113. Mitte des Jahres X1 wird die Hälfte der Verbindlichkeit beglichen (Kurs zum Tilgungszeitpunkt 1,1454). Am Ende des Jahres X1 beträgt der Kurs 1,1636. Im Jahr X2 werden die restlichen 20.000 USD beglichen (Kurs 1,1126). Zur besseren Darstellung sollen alle Kurse tabellarisch dargestellt werden:

	30.6.X0	31.12.X0	30.6.X1	31.12.X1	X2
Wechselkurs	1,1163	1,1113	1,1454	1,1636	1,1126

Lösung:

Jahr X0

Zunächst ist die Fremdwährungsverbindlichkeit in Euro umzurechnen. Hierfür maßgebend ist der Devisenkassakurs (= 1,1163) zum Zeitpunkt der Lieferung oder Leistung. Der Anschaffungswert der Verbindlichkeit entspricht gleichzeitig auch dem Anschaffungspreis der Maschine (die in weiterer Folge abgeschrieben wird).

40.000:1,1163 = 35.832,66 €, mit diesem Wert ist die Maschine und die dazugehörige Verbindlichkeit zu aktivieren (Vorgang ist erfolgsneutral).

Zum Bilanzstichtag X0 ist die Verbindlichkeit zu bewerten. Die Fremdwährung hat abgewertet, damit steigt der Rückzahlungsbetrag. Eine Aufwertung (strenges Höchstwertprinzip) ist zwingend vorzunehmen (40.000:1,1113 = 35.993,88). Der Differenzbetrag ist aufwandswirksam zu verbuchen. Der Wert der Verbindlichkeit steht nun mit 35.933,88 € in der Bilanz.

	USD	EUR
Anschaffung	40.000,00	35.832,66
Offener Betrag X1	40.000,00	35,993,88
Zuschreibung Verbindlichkeit(Kursverlust)		161,22

Jahr X1

Im Jahr X1 wird ein Teil der Verbindlichkeit (die Hälfte) getilgt. Die Fremdwährung hat abgewertet. Die Verbindlichkeit steht noch mit dem Wert aus X0 in der Bilanz (35.993,88) zu Buche. Die Hälfte davon sind 17.996,94 €. Bei Tilgung einer Verbindlichkeit wird der volle tatsächlich realisierte Kursgewinn (535,79) ertragswirksam verbucht (auch wenn der Anschaffungswert unterschritten wird; 20.000:1,1163 = 17.916,33), weil aufgrund des Vorsichtsprinzips nur die tatsächlich realisierten Gewinne ausgewiesen werden dürfen.

20.000:1,1113 = 17.996,94

20.000:1,1454 = 17.461,15

	USD	EUR
Stand Verbindlichkeit aus X0	20.000,00	17.996,94
Tilgungsbetrag	20.000,00	17.461,15
Kursgewinn		535,79

Am Bilanzstichtag X1 sind die restlichen 20.000 USD zu bewerten. Obwohl der Fremdwährungskurs aufgewertet hat, darf die Verbindlichkeit lediglich bis zu den Anschaffungswerten abgewertet werden.

	USD	EUR
Stand Verbindlichkeit aus X0	20.000,00	17.996,94
Bewertung Verbindlichkeit X1	20.000,00	17.188,03
Anschaffungswert (= Grenze)	20.000,00	17.916,33
Abwertung Verbindlichkeit (Kursgewinn)		80,61

Jahr X2

	USD	EUR
Stand Verbindlichkeit aus X1	20.000,00	17.916,33
Tilgungsbetrag	20.000,00	17.975,91
Kursverlust		- 59,58

7.11 Rückstellungen

Nach dem Vorsichtsprinzip (§ 252 Abs 1 Z 4 HGB; siehe Punkt 6.9) sind alle vorhersehbaren Risiken und Verluste, die bis zum Abschlussstichtag entstanden sind, zu berücksichtigen.

Das Vorsichtsprinzip führt insbesondere dazu, dass in den Jahresabschlüssen Rückstellungen zu passivieren sind. Rückstellungen sind Passivposten (Fremdkapital) in der Bilanz, die für drohende Aufwendungen gebildet werden, die zwar von der Verursachung her in das Abschlussjahr gehören, jedoch der Höhe nach noch nicht feststehen (= Abgrenzung periodenübergreifender Erfolgsvorgänge), mit deren Eintritt aber mit großer Wahrscheinlichkeit zu rechnen ist. Man könnte vereinfacht sagen, Rückstellungen sind „ungewisse Verbindlichkeiten", die solange bestehen bleiben, bis die endgültige Höhe der Verbindlichkeit feststeht.

Die Bildung (= Dotation) von Rückstellungen wird aufwandswirksam verbucht und hat nach vernünftiger kaufmännischer Beurteilung zu erfolgen (§ 253 Abs 1 HGB). Der Begriff „vernünftige kaufmännische Beurteilung" ist im Gesetz nicht näher definiert. Damit gewährt der Gesetzgeber dem Bilanzierer einen gewissen Handlungsspielraum; dies insbesondere da die Bildung von Rückstellungen stets mit gewissen Prognoseeinschätzungen (zumeist kombiniert mit Erfahrungswerten aus der Vergangenheit) verbunden ist. Dennoch soll durch die Bestimmung rein intuitiv begründete subjektive Entscheidungsgrundlagen vermieden und dem Ansatz von Rückstellungen rational nachvollziehbare (objektive) Kriterien (betriebswirtschaftlich fundierte Entscheidungen) zugrunde gelegt werden (= Grundsatz der Willkürfreiheit, Punkt 6.2). Bei der Bewertung sind sämtliche vorhandenen Informationen über den betreffenden Sachverhalt zu berücksichtigen; Wert erhöhende Komponenten sind genauso zu beachten wie ihn vermindernde Entwicklungsmöglichkeiten.

Rückstellungen dürfen in den Folgejahren nur aufgelöst werden, wenn der Grund für ihre Bildung weggefallen ist; sozusagen die Verbindlichkeit nicht mehr besteht. Stimmen Rückstellungsbetrag und dazugehöriger Aufwand (in der/den Folgeperiode -n) überein wird die Rückstellung erfolgsneutral aufgelöst. Übersteigt der Rückstellungsbetrag den Aufwand ist die Differenz als sonstiger betrieblicher Ertrag zu berücksichtigen; liegt der Rückstellungsbetrag unter dem Aufwand ist der Unterschiedsbetrag als Aufwand zu erfassen.

Beispiel:
Die Müller-GmbH verkaufte im Jahr X0 Erzeugnisse, die beim Käufer Schäden verursacht haben, für die der Hersteller in Anspruch genommen werden kann. Der Käufer klagt den Schaden im Oktober X0 bei Gericht ein. Der Ausgang des Prozesses ist noch ungewiss, im Verlustfall wird von der hausinternen Rechtsabteilung jedoch mit einer zu tragenden Schadenersatzleistung in Höhe von € 34.000,00 und mit zu tragenden Prozesskosten in Höhe von € 12.000,00 gerechnet; in jedem Fall erwuchsen der GmbH aber aus dem laufenden Prozess noch Kosten in Höhe von € 5.000,00 welche in bar beglichen wurden. Eine Rechnung über die bereits entstandenen Prozesskosten liegt bereits vor. Die Bilanz zum 1.1.X0 sieht vereinfachend wie folgt aus:

Bilanz 1.1.			
Gebäude	10.000	Kapital	100.000
Kassa	70.000		
Bank	20.000		
	100.000		100.000

Im Folgejahr (nach Bilanzerstellung) wird der Prozess abgeschlossen:

a. Die Müller-GmbH verliert den Prozess und wird zu einer Schadenersatzleistung von € 34.000,00 verurteilt, die zu tragenden Prozesskosten belaufen sich auf € 12.000,00.

b. Die Müller-GmbH verliert den Prozess und wird zu einer Schadenersatzleistung von € 28.000,00 verurteilt, die zu tragenden Prozesskosten belaufen sich auf € 10.00,00.

c. Die Müller-GmbH verliert den Prozess und wird zu einer Schadenersatzleistung von € 42.000,00 verurteilt, die zu tragenden Prozesskosten belaufen sich auf € 12.000,00.

d. Die Müller-GmbH gewinnt den Prozess.

Lösung:
a. Im Jahr X0 sind zunächst die € 5.000,00 Prozesskosten als Aufwand zu verbuchen. Diese sind tatsächlich entstanden und wurden bereits bezahlt (Kassabestand verringert sich um 5.000,00 → Bilanzverkürzung, weil auch die Passivseite – das Eigenkapital in weiterer Folge um 5.000,00 schrumpft). Im Zuge der Jahresabschlussarbeiten sind aufgrund des Vorsichtsprinzips die Rückstellungen für die Schadenersatzleistung und die Prozesskosten aufwandswirksam zu bilden. Das Eigenkapital vermindert sich um die Summe aus den Aufwendungen, weil am Ende des Jahresabschlusses die GuV gegen das Kapital gestürzt wird.

	Bilanz 31.12.			GuV 31.12			
Gebäude	10.000	Kapital	49.000	Schadenersatz	34.000		
		Rückstellungen					
Kassa	65.000	Schadenersatz	34.000	Prozesskosten	17.000		
		Rückstellungen					
Bank	20.000	Prozesskosten	12.000			Kapital	51.000
	95.000		95.000		51.000		51.000

Im Folgejahr sind die Rückstellungen erfolgsneutral aufzulösen, weil die Rückstellungen betragsmäßig mit den (nun) tatsächlich eintretenden Aufwendungen übereinstimmen. Unter der Annahme, dass die Begleichung bar erfolgt ergeben sich folgende Auswirkungen auf die Bilanz (und nur auf die Bilanz, wg. der Erfolgsneutralität).

Bilanz 31.12.			
Gebäude	10.000	Kapital	49.000
		Rückstellungen Schadenersatz	0
Kassa	19.000		
		Rückstellungen	
Bank	20.000	Prozesskosten	0
	49.000		49.000

b. Für die Bilanz des Jahres X0 ergeben sich keinerlei Änderungen zu Punkt a. Im Folgejahr fallen die tatsächlichen Aufwendungen an, die wiederum bar beglichen werden. Die gebildeten Rückstellungen (Summe: 46.000) sind jedoch höher als die zu zahlenden Aufwendungen (38.000). Daher ist der Differenzbetrag (8.000) ertragswirksam zu verbuchen. Am Ende des Jahres wird die GuV wieder gegen das Kapitalkonto abgeschlossen. Die Bilanz und GuV des Folgejahres sehen folgendermaßen aus:

	Bilanz 31.12.			GuV 31.12.			
Gebäude	10.000	Kapital	57.000	Schadenersatz	0	sonstiger Ertrag	8.000
		Rückstellungen					
Kassa	27.000	Schadenersatz	0	Prozesskosten	0		
		Rückstellungen					
Bank	20.000	Prozesskosten	0	Kapital	8.000		
	27.000		57.000		8.000		8.000

c. Für die Bilanz des Jahres X0 ergeben sich keinerlei Änderungen zu Punkt a. Im Folgejahr fallen die tatsächlichen Aufwendungen an, die wiederum bar beglichen werden. Die gebildeten Rückstellungen (Summe: 46.000) sind jedoch niedriger als die zu zahlenden Aufwendungen (54.000). Daher ist der Differenzbetrag (8.000) aufwandswirksam zu verbuchen. Am Ende des Jahres wird die GuV wieder gegen das Kapitalkonto abgeschlossen (das Eigenkapital verringert sich aufgrund des zusätzlichen Aufwandsbetrages von 8.000). Die Bilanz und GuV des Folgejahres sehen folgendermaßen aus:

	Bilanz 31.12.		
Gebäude	10.000	Kapital	41.000
		Rückstellungen	
Kassa	11.000	Schadenersatz	0
		Rückstellungen	
Bank	20.000	Prozesskosten	0
	41.000		41.000

	GuV 31.12.		
Schadenersatz	8.000		
Prozesskosten	0		
		Kapital	8.000
	8.000		8.000

d. Für die Bilanz des Jahres X0 ergeben sich keinerlei Änderungen zu Punkt a. Im Folgejahr fallen überhaupt keine Aufwendungen an; der Prozess wird gewonnen. Der Grund für die Bildung der Rückstellung ist weggefallen. Die Rückstellungen (Summe 46.000) sind ertragswirksam aufzulösen. Am Ende des Jahres wird die GuV wieder gegen das Kapitalkonto abgeschlossen (das Eigenkapital steigt aufgrund des sonstigen betrieblichen Ertrages i. H. v. 46.000). Die Bilanz und GuV des Folgejahres sehen folgendermaßen aus:

	Bilanz 31.12.		
Gebäude	10.000	Kapital	95.000
		Rückstellungen	
Kassa	65.000	Schadenersatz	0
		Rückstellungen	
Bank	20.000	Prozesskosten	0
	95.000		95.000

	GuV 31.12.		
Schadenersatz	0	sonstiger Ertrag	46.000
Prozesskosten	0		
Kapital	46.000		
	46.000		46.000

7.12 Wahlrechte

Aus zahlreichen Formulierungen erkennt man, dass es Wahlrechte gibt. Dem Wesen des Wahlrechts entspricht es, dass man auswählen kann zwischen verschiedenen Möglichkeiten. Mit jeder getroffenen Entscheidung ist selbstverständlich auch eine Auswirkung auf den konkreten Jahresabschluss verbunden. Für den Leser des Jahresabschlusses ist daher von wesentlicher Bedeutung, dass er

a. weiß, dass es derartige Wahlrechte gibt,

b. weiß, wo er allenfalls Informationen über die konkrete Ausübung des Wahlrechts erhält.

Gerade für Letzteres ist es daher wichtig, den Anhang genauer zu studieren, da sich dort Informationen über die Ausübung von Wahlrechten finden lassen.

Beispiele für derartige Anhangsangaben sind:
- Angabe der nicht aktivierten latenten Steuern
- Aktivierung von Fremdkapitalzinsen im Rahmen der Herstellungskosten
- Unterlassene Zuschreibungen (für Österreich)

Neben den klassischen Wahlrechten gibt es innerhalb der GoB auch eine große Zahl an Ermessensentscheidungen, die für die Erstellung des Jahresabschlusses von wesentlicher Bedeutung sind. Dieses Ermessen zeichnet sich dadurch aus, dass es eine Bandbreite akzeptabler Wertansätze gibt, die plausibel sind und daher als den GoB entsprechend angesetzt werden können.

Zu erwähnen sind in diesem Zusammenhang unbestimmte Rechtsbegriffe, wie die folgenden Beispiele zeigen:

- Wenn es im Gesetz heißt, dass Rückstellungen in der Höhe anzusetzen sind, die nach vernünftiger kaufmännischer (unternehmerischer) Beurteilung notwendig ist, so zeigt dies bereits die denkbare Bandbreite an „vernünftiger Beurteilung". Was daher als „wahrscheinliches" Risiko anzusehen ist und gegebenenfalls wie hoch dieses wahrscheinliche Risiko ist, dafür gibt es keinen exakten, einzig zutreffenden Betrag, sondern eine Vielzahl an möglichen Beträgen – im Jahresabschluss findet sich dann einer der denkbaren möglichen Beträge.

- Die Anschaffungs- oder Herstellungskosten von Vermögensgegenständen des Anlagevermögens, deren Nutzung zeitlich begrenzt ist, sind um planmäßige Abschreibungen zu vermindern. Der Plan muss die Anschaffungs- oder Herstellungskosten auf die Geschäftsjahre verteilen, in denen der Vermögensgegenstand voraussichtlich wirtschaftlich genutzt werden kann. Hinter diesen beiden Sätzen verbergen sich letztlich zahlreiche Wahlrechte/Ermessensentscheidungen für den Unternehmer:

    - Es muss „planmäßig" abgeschrieben werden, es muss ein „Plan" aufgestellt werden. Hinsichtlich der Methode, nach welcher diese planmäßige Abschreibung erfolgt, gibt es keine gesetzlichen Vorgaben, sodass jede sinnvolle Methode gewählt werden kann.
    - Der Plan muss die Verteilung auf die Geschäftsjahre vornehmen, in denen der Vermögensgegenstand „voraussichtlich" „wirtschaftlich" genutzt werden kann. Damit wird zum Ausdruck gebracht, dass sich der Unternehmer über die Nutzungsdauer Gedanken zu machen hat, aber auch über den Zeitraum, in dem der Gegenstand „wirtschaftlich", d.h. gewinnbringend eingesetzt werden kann. Nicht die „technische" Lebensdauer ist daher entscheidend, sondern die betriebswirtschaftlich sinnvolle, sodass vor allem Erwartungen hinsichtlich Fehleranfälligkeiten, vermehrten Reparaturbedarf uä in die Beurteilung der wirtschaftlichen Nutzungsdauer eingehen werden. Wenngleich es selbstverständlich Erfahrungswerte für die wirtschaftliche Nutzungsdauer zahlreicher Vermögensgegenstände gibt, ist stets zu klären, ob diese auch für den konkreten Sachverhalt anwendbar sind (man denke nur an unterschiedliche Nutzungsdauern bei Ein- oder Mehrschichtbetrieb, an Fahrzeuge, die überwiegend Überland oder in der Stadt fahren usw. bzw. an in dieser Form noch nicht vorhanden gewesene Vermögensgegenstände), sodass insoweit jedenfalls noch ein Spielraum für bilanzpolitische Entscheidungen verbleibt.

- Gegenstände des Anlagevermögens sind bei „voraussichtlich dauernder" Wertminderung ohne Rücksicht darauf, ob ihre Nutzung zeitlich begrenzt ist, außerplanmäßig auf den „niedrigeren Wert abzuschreiben, der ihnen am Abschlussstichtag unter Bedachtnahme auf die Nutzungsmöglichkeiten im Unternehmen beizulegen ist". Auch hier zeigen sich letztlich mehrere Faktoren, die in den konkreten Wert des Jahresabschlusses eingehen.

    - Zunächst ist der Wert des Vermögensgegenstandes am Jahresabschlussstichtag zu bestimmen. Soweit dies kein Börse- oder sonstiger verhältnismäßig eindeutig zu bestimmender Marktwert ist (wobei auch diese Werte im konkreten Fall nicht immer ausschlaggebend für den Jahresabschluss sind), bedarf es bereits einer, von zahlreichen Unsicherheiten beeinflussten, Ermittlung eines Werts. Als Beispiel sei genannt die Ermittlung des Werts einer Beteiligung an einer Tochtergesellschaft und den dabei im Rahmen der Unternehmensbewertung zu berücksichtigenden Annahmen über die zukünftige Entwicklung des Unternehmens. Ebenso fällt unter diese Thematik die Bewertung des derivativ erworbenen Geschäfts- oder Firmenwerts.
    - Weiters muss dann noch geklärt werden, ob die festgestellte Wertminderung „voraussichtlich dauernd" ist. Was „dauernd" bedeutet ist letztlich, trotz in der Praxis bestehender Richtwerte, ein gewisses Ermessen, da diese Richtwerte vor allem die Funktion haben, zu sagen, wenn diese erfüllt sind, liegt „jedenfalls" Dauerhaftigkeit vor. Dies bedeutet aber nichts anderes, als dass unterhalb dieses Richtwerts durchaus auch Dauerhaftigkeit gegeben sein kann. Hinsichtlich der Dauerhaftigkeit wird die Ansicht vertreten, dass bei abnutzbaren Anlagegegenständen Dauerhaftigkeit jedenfalls vorliegt, wenn die laufende Abschreibung erst in mehr als fünf Jahren den beilzulegenden Wert des Jahresabschlussstichtages erreicht, was aber nicht bedeutet, dass bei einer kürzeren Dauer für die Erreichung dieses Wertes nicht auch von Dauerhaftigkeit gesprochen werden kann. Jedenfalls nicht dauerhaft wird eine Situation sein, bei der bereits zum nächsten Jahresabschlussstichtag der beizulegende Wert des Jahresabschlussstichtages erreicht wäre. Bei nicht abnutzbarem Anlagevermögen wird mangels planmäßiger Abschreibung die Auffassung vertreten, es liegt bereits dann eine dauerhafte Wertminderung vor, wenn bis zum Aufstellen des Jahresabschlusses nicht erkennbar ist, dass eine Wertsteigerung absehbar ist. Sollte diese Wertsteigerung erst in mehr als fünf Jahren erfolgen, wird aber jedenfalls auch hier von einer dauerhaften Wertminderung auszugehen sein. Fraglich und damit eine Ermessensfrage könnte daher auch hier sein, ob für erwartete Wertsteigerungen in mehr als zwei Jahren nach dem aufzustellenden Jahresabschluss bereits von Dauerhaftigkeit der Wertminderung gesprochen werden kann. Auch ist es nicht immer eindeutig, ob Herstellung oder Erhaltungsaufwand vorliegt bzw. ob im Lichte des Realisationsprinzips tatsächlich der Unternehmer alles zur Vertragserfüllung erforderliche gemacht hat.

8 Zusammenfassende Darstellung der Wechselwirkung von Bilanz und GuV-Rechnung

Die beiden Rechnungskreise Bilanz und GuV-Rechnung geben unterschiedliche Informationen wieder. Während die Bilanz das Vermögen bzw. das Kapital der Gesellschaft darstellt, enthält die GuV-Rechnung eine Aufstellung der Erträge und Aufwendungen des Wirtschaftsjahres. Bilanz und GuV-Rechnung sind eng miteinander verknüpft. Das Endergebnis der GuV-Rechnung – der Jahresüberschuss bzw. der Jahresfehlbetrag – wird in der Bilanz unter der Position Eigenkapital ausgewiesen.

8.1 Die Technik der Verbuchung

Das System der doppelten Buchhaltung basiert auf einer Reihe von nummerierten Konten. Ein Konto ist ein zweiseitiges Verrechnungsfeld, auf dem der Inhalt des Geschäftsfalls zahlenmäßig abgebildet wird. Laufende Geschäftsfälle werden durch Verbuchung, sprich durch die Verfassung von Buchungssätzen, auf diesen Konten erfasst. Konten werden in insgesamt zehn Kontenklassen unterteilt. Daher lässt sich anhand der Kontonummer sofort feststellen, um welche Art von Konto (siehe dazu weiter unten) es sich handelt. Essentiell für das Zusammenspiel von Bilanz und GuV-Rechnung ist die Unterscheidung der beiden Kontenarten „Bestandskonten" und „Erfolgskonten".

8.2 Die Verbuchung auf Bestandskonten

Unter Bestandskonten versteht man die Konten, die zur Aufnahme der der Bilanzgliederung entsprechenden einzelnen Bilanzposten dienen und auf denen die Verrechnung der Bestände erfolgt. Wird ein Bestandskonto durch einen Buchungssatz verändert, wird diese Veränderung in der Bilanz wiedergespiegelt.

Aktive Bestandskonten betreffen die einzelnen Positionen der Aktivseite der Bilanz (Vermögen). Die aktiven Bestandskonten geben Aufschluss über das vorhandene Vermögen (= Mittelverwendung). Jeder Vermögenszuwachs bzw. -abgang während des Wirtschaftsjahres wird über das Bestandskonto verrechnet. Zu den aktiven Bestandskonten zählen z.B. die Konten „Grundstücke", „Maschinen", „Rohstoffe", „Handelswaren", „Forderungen aus Lieferung und Leistung", „Kassa". Aktive Bestandskonten sind in den Kontenklassen 0 bis 2 enthalten. Der Endsaldo des aktiven Bestandskontos wird in die Bilanz zum Abschlussstichtag übertragen.

Beispiel 1a

Das Konto Maschinen weist einen Anfangsbestand von € 150.000 auf. Im laufenden Wirtschaftsjahr wird eine neue Maschine im Wert von € 20.000 gekauft. Die gesamte Abschreibung der Maschinen beträgt € 40.000.

Abbildung 8.1 Maschinen (aktives Bestandskonto)

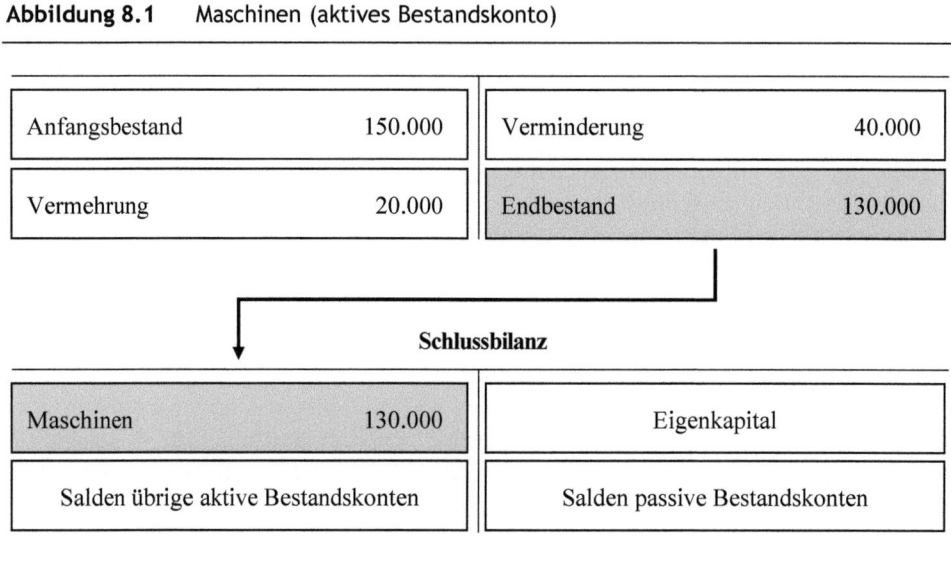

Passive Bestandskonten hingegen ergeben sich aus der Aufgliederung der Passivseite der Bilanz (Fremdkapital). Die passiven Bestandskonten geben daher Aufschluss über den Bestand an Schulden (Fremdkapital). Zu den passiven Bestandskonten zählen z.B. die Konten „Verbindlichkeiten gegenüber Kreditinstituten", „Verbindlichkeiten aus Lieferungen und Leistungen". Passive Bestandskonten sind ausschließlich der Kontenklasse 3 zugeteilt. Passive Bestandskonten haben ein spiegelbildliches Aussehen zu aktiven Bestandskonten. Der Endsaldo der passiven Bestandskonten fließt in die Schlussbilanz.

Beispiel 1b

Das Konto Verbindlichkeiten gegen Banken weist einen Anfangsbestand von € 40.000 auf. Im laufenden Wirtschaftsjahr wird ein neuer Kredit in Höhe von € 50.000 aufgenommen. Außerdem wird ein anderer, bereits fälliger Kredit in Höhe von € 30.000 getilgt.

Abbildung 8.2 Verbindlichkeiten gegen Banken (passives Bestandskonto)

Verminderung	30.000	Anfangsbestand	40.000
Endsaldo	60.000	Vermehrung	50.000

Schlussbilanz

	Eigenkapital	
Salden aktive Bestandskonten	Verbindlichkeiten gegen Banken	60.000
	Salden übrige passive Bestandskonten	

Der Endsaldo wird sowohl für aktive als auch für passive Bestandskonten daher wie folgt ermittelt:

Anfangsbestand

+ Vermehrung

- Verminderung

= Endsaldo

Jede Buchung auf den Bestandskonten beeinflusst das Vermögen oder das Kapital oder beides. Jede Buchung beeinflusst in weiterer Folge die Bilanz. Soweit die Buchungen ausschließlich auf Bestandskonten erfolgen, hat der zugrundeliegende Geschäftsfall keine Auswirkung auf das Ergebnis des Unternehmens, der Geschäftsfall ist erfolgsneutral. Erfolgsneutrale Buchungen gibt es in vier Ausprägungen, je nach der Auswirkung auf die Bilanz.

Beispiel 2
Die Bilanz der X-GmbH vor Berücksichtigung der folgenden Geschäftsfälle hat folgendes (vereinfachtes) Aussehen:

Aktiva		Passiva	
Anlagevermögen		**Eigenkapital**	
Sachanlagen	150.000	Gezeichnetes Kapital	35.000
		Jahresüberschuss/Jahresfehlbetrag	65.000
Umlaufvermögen			
Handelswaren	70.000	**Fremdkapital**	
Forderungen aus L&L	20.000	Verbindlichkeiten aus L&L	60.000
Bankguthaben	30.000	Verbindlichkeiten gegen Banken	140.000
Kassa	50.000	Sonstige Verbindlichkeiten	20.000
	320.000		320.000

Geschäftsfall 2a):

Die X-GmbH kauft Handelswaren im Wert von € 10.000 auf Ziel.

Buchungssatz:

	(1) Handelswaren	10.000	
an	(3) Verbindlichkeiten aus Lieferungen und Leistungen		10.000

Auswirkung auf Bilanz und GuV:

Sowohl auf der Soll- als auch auf der Habenseite wird ein Bestandskonto verändert. Die Buchung fließt in die Bilanz ein. Auf der Aktivseite der Bilanz erhöht sich das Konto (1) Handelswaren um € 10.000. Gleichzeitig erhöht sich auch das Konto (3) Verbindlichkeiten aus Lieferungen und Leistungen um denselben Betrag. Dieser Fall der Aktiv- und gleichzeitigen Passivverlängerung wird **Bilanzverlängerung** genannt. Die Bilanzsumme erhöht sich entsprechend auf beiden Seiten, es wird Summengleichheit auf der Aktiv- und Passivseite hergestellt.

Aktiva		Passiva	
Anlagevermögen		**Eigenkapital**	
Sachanlagen	150.000	Gezeichnetes Kapital	35.000
		Jahresüberschuss/Jahresfehlbetrag	65.000
Umlaufvermögen			
Handelswaren	80.000	**Fremdkapital**	
Forderungen aus L&L	20.000	Verbindlichkeiten aus L&L	70.000
Bankguthaben	30.000	Verbindlichkeiten gegen Banken	140.000
Kassa	50.000	Sonstige Verbindlichkeiten	20.000
	330.000		330.000

Geschäftsfall 2b):

Die aus dem Warenkauf entstandene Verbindlichkeit aus Lieferungen und Leistungen in Höhe von € 10.000 wird mittels Banküberweisung bezahlt.

Die Verbuchung auf Bestandskonten

Buchungssatz:

	(3) Verbindlichkeiten aus Lieferungen und Leistungen	10.000	
an	(2) Bankguthaben		10.000

Auswirkung auf Bilanz und GuV:

Durch diese Buchung werden wieder sowohl auf der Soll- als auch auf der Habenseite Bestandskonten berührt. Die Buchung spiegelt sich in der Bilanz wieder. Einerseits wird das Konto (3) Verbindlichkeiten aus Lieferungen und Leistungen auf der Passivseite reduziert, andererseits sinkt auch der Wert des Kontos (2) Bankguthaben auf der Passivseite. Die Bilanzsumme wird folglich vermindert. Dieser Fall der gleichzeitigen Aktiv- und Passivminderung stellt das Pendant zur Bilanzverlängerung dar und wird daher als **Bilanzverkürzung** bezeichnet.

Aktiva		Passiva	
Anlagevermögen		**Eigenkapital**	
Sachanlagen	150.000	Gezeichnetes Kapital	35.000
		Jahresüberschuss/Jahresfehlbetrag	65.000
Umlaufvermögen			
Handelswaren	80.000	**Fremdkapital**	
Forderungen aus L&L	20.000	Verbindlichkeiten aus L&L	60.000
Bankguthaben	20.000	Verbindlichkeiten gegen Banken	140.000
Kassa	30.000	Sonstige Verbindlichkeiten	20.000
	320.000		320.000

Geschäftsfall 2c):

Die X-GmbH schafft eine Maschine um € 30.000 an und bezahlt diese sofort in bar.

Buchungssatz:

	(0) Sachanlagen	30.000	
an	(2) Kassa		30.000

Auswirkung auf Bilanz und GuV:

Beim sogenannten **Aktivtausch** wird durch Buchung auf zwei aktiven Bestandskonten lediglich die Aktivseite berührt. Aufgrund der zwingenden Summengleichheit der Aktiv- und Passivseite der Bilanz kann es hier zu keiner Veränderung der Bilanzsumme kommen. Beim Aktivtausch ändert sich lediglich die Zusammensetzung des Vermögens. In diesem Fall erhöht sich das Konto (0) Sachanlagen bei gleichzeitiger Reduktion des Kontos (2) Kassa. Die Bilanzsumme bleibt hingegen unverändert. Der Grundsatz der Summengleichheit der Aktiv- und Passivseite der Bilanz ist daher gewahrt.

Aktiva		Passiva	
Anlagevermögen		**Eigenkapital**	
Sachanlagen	180.000	Gezeichnetes Kapital	35.000
		Jahresüberschuss/Jahresfehlbetrag	65.000
Umlaufvermögen			
Handelswaren	80.000	**Fremdkapital**	
Forderungen aus L&L	20.000	Verbindlichkeiten aus L&L	60.000
Bankguthaben	20.000	Verbindlichkeiten gegen Banken	140.000
Kassa	20.000	Sonstige Verbindlichkeiten	20.000
	320.000		320.000

Geschäftsfall 2d):

Da die X-GmbH bereits die zweite Mahnung eines Lieferanten für die ausstehende Verbindlichkeit in Höhe von € 20.000 erhalten hat, entscheidet sie sich diese durch Aufnahme eines zusätzlichen Bankkredits zu begleichen.

Buchungssatz:

	(3) Verbindlichkeiten aus Lieferungen und Leistungen	20.000	
an	(3) Verbindlichkeiten gegen Banken		20.000

Auswirkung auf Bilanz und GuV:

Ein Passivtausch liegt vor, wenn im Soll sowie im Haben auf Bestandskonten der Passivseite gebucht wird. Gleichermaßen wie beim Aktivtausch ändert sich lediglich die Zusammensetzung des Fremdkapitals, während die Bilanzsumme unberührt bleibt. Der Wert von € 20.000 wird vom Konto (3) Verbindlichkeiten aus Lieferungen und Leistungen an das Konto (3) Verbindlichkeiten gegen Banken verschoben. Auf die Aktivseite hat dieser Sachverhalt keinen Einfluss.

Aktiva		Passiva	
Anlagevermögen		**Eigenkapital**	
Sachanlagen	180.000	Gezeichnetes Kapital	35.000
		Jahresüberschuss/Jahresfehlbetrag	65.000
Umlaufvermögen			
Handelswaren	80.000	**Fremdkapital**	
Forderungen aus L&L	20.000	Verbindlichkeiten aus L&L	40.000
Bankguthaben	20.000	Verbindlichkeiten gegen Banken	160.000
Kassa	20.000	Sonstige Verbindlichkeiten	20.000
	320.000		320.000

Zusammenfassung:

Buchungen die lediglich auf Bestandskonten erfolgen haben keine Auswirkung auf das Ergebnis des Unternehmens. Die Buchung ist nicht in der GuV sondern ausschließlich in der Bilanz sichtbar. Die Buchung ist daher erfolgsneutral. Es gibt vier Arten von erfolgsneutralen Buchungen, die Bilanzverlängerung, die Bilanzverkürzung, den Aktivtausch und den Passivtausch.

8.3 Die Verbuchung auf Erfolgskonten

Jede unternehmerische Leistungserstellung ist mit einem Ressourceneinsatz verbunden. Dieser Ressourceneinsatz kann in dem Verbrauch bzw. in der Verwendung von bilanzierten Vermögenswerten bestehen, er kann aber auch nicht in der Bilanz ausgewiesene Güter umfassen (z.B. die für die menschliche Arbeitskraft bezahlten Löhne und Gehälter). Diesem betrieblichen Ressourceneinsatz stehen die für die Leistungserstellung erhaltenen Erträge gegenüber.

Mit Hilfe von Erfolgskonten werden die Aufwände und Erträge buchhalterisch festgehalten. Es gibt daher zwei Arten von Erfolgskonten, Aufwandskonten (Kontenklassen 5 bis 8) und Ertragskonten (Kontenklassen 4 und 8). Aufwände und Erträge sind grundsätzlich erfolgswirksam. Diese werden in der GuV abgebildet, nicht allerdings in der Bilanz. Aufwendungen und Erträge werden während des Geschäftsjahres nicht saldiert, ihr Ausweis erfolgt vielmehr nach dem Bruttoprinzip. Auf einem Aufwandskonto wird daher grundsätzlich nur im Soll, auf einem Ertragskonto nur im Haben gebucht. Eine Ausnahme von diesem Grundsatz gibt es für Stornierungen und für das Konto „Bestandsveränderung", auf dem sowohl die Erhöhung als auch die Verminderung des Bestands von hergestellten Vermögensgegenständen zu erfassen ist.

- Aufwendungen vermindern das Eigenkapital. Sie stellen eine Mittelverwendung dar und verursachen somit Sollbuchungen.
- Erträge erhöhen das Eigenkapital. Sie stellen in Form der dem Unternehmen zukommenden finanziellen Mittel eine Mittelherkunft dar und führen demgemäß zu Habenbuchungen.

Jeder dem Unternehmen zuzurechnende Aufwand führt auf dem entsprechenden Aufwandskonto (z.B. „Wareneinsatz", „Löhne", „Abschreibung") zu einer Sollbuchung, jeder dem Unternehmen zuzurechnende Ertrag führt auf dem entsprechenden Ertragskonto (z.B. „Umsatzerlöse", „Erlöse aus Anlagenverkauf", „Dividendenerträge") zu einer Habenbuchung.

Da Aufwand und Ertrag erfolgswirksame Buchungen verursachen, beeinflussen sie den Erfolg und damit das Eigenkapital des Unternehmens. Sollte aber eine Buchung sowohl auf der Soll- als auch auf der Habenseite auf einem Erfolgskonto erfolgen, liegt eine das Eigenkapital nicht verändernde erfolgsneutrale Buchung vor. In diesem Fall wird zwar das Bild der GuV-Rechnung verändert, nicht hingegen das Endergebnis der GuV-Rechnung, der Jahresüberschuss bzw Jahresfehlbetrag.

Abbildung 8.3 Erfolgsbuchung und Abschluss GuV

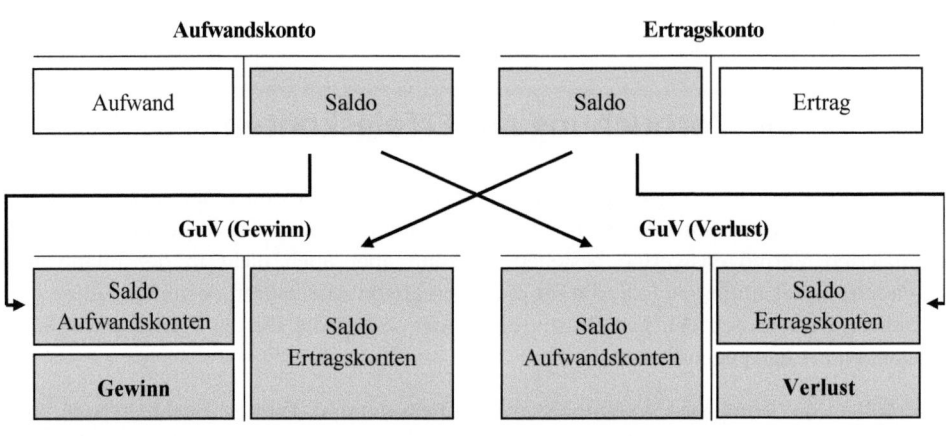

Der Jahresüberschuss bzw Jahresfehlbetrag der GuV wird an das Eigenkapitalkonto übertragen.

Abbildung 8.4 Abschluss GuV

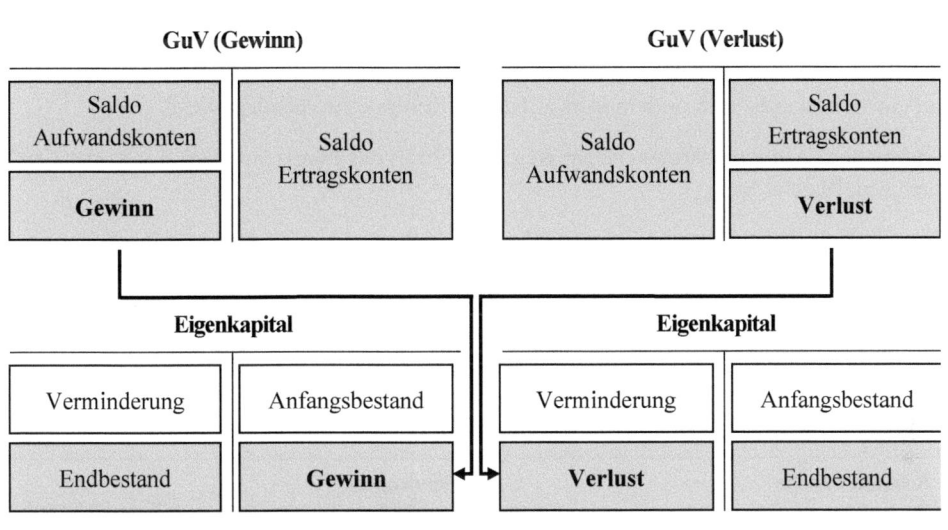

Das Konto Eigenkapital wird wiederum in der Bilanz dargestellt. Das Endergebnis der GuV scheint daher in der Bilanz auf.

Umsatzerlöse
+/- Bestandsveränderungen
+ andere aktivierte Eigenleistungen
+ sonstige betriebliche Erträge
- Materialaufwand
- Personalaufwand
- Abschreibungen
- Sonstige betriebliche Aufwendungen
+/- Finanzergebnis
Ergebnis der gewöhnlichen Geschäftstätigkeit (EGT)
+/- außerordentliches Ergebnis
- Steuern vom Ergebnis
- sonstige Steuern
Jahresüberschuss/Jahresfehlbetrag

Aktiva	Passiva
Anlagevermögen	**Eigenkapital**
Sachanlagen	Gezeichnetes Kapital
	Jahres-überschuss/Jahresfehlbetrag
Umlaufvermögen	
Handelswaren	**Fremdkapital**
Forderungen aus L&L	Verbindlichkeiten aus L&L
Bankguthaben	Verbindlichkeiten gegen Banken
Kassa	Sonstige Verbindlichkeiten

8.4 Die erfolgswirksame Verbuchung

Damit sich die Buchung auf einem Erfolgskonto auf das bilanzielle Ergebnis (d. h. den Jahresüberschuss/Jahresfehlbetrag) auswirkt, muss die Gegenbuchung die Bestandskonten berühren. Eine erfolgswirksame Buchung kann daher lediglich vorliegen, wenn einerseits auf einem Bestands- und andererseits auf einem Erfolgskonto gebucht wird.

Ertrags- und Aufwandskonten selbst werden nicht in der Bilanz, sondern nur in der GuV-Rechnung abgebildet.

Auch im Fall der erfolgswirksamen Verbuchung lassen sich vier verschiedene Buchungen unterscheiden. Dies soll anhand eines weiteren Beispiels gezeigt werden.

Beispiel 3
Die Bilanz und GuV-Rechnung (Gesamtkostenverfahren) der X-GmbH vor Berücksichtigung der folgenden Geschäftsfälle haben folgendes (vereinfachtes) Aussehen:

Aktiva		Passiva	
Anlagevermögen		**Eigenkapital**	
Sachanlagen	150.000	Gezeichnetes Kapital	35.000
		Jahresüberschuss/Jahresfehlbetrag	65.000
Umlaufvermögen			
Handelswaren	70.000	**Fremdkapital**	
Forderungen aus L&L	20.000	Verbindlichkeiten aus L&L	60.000
Bankguthaben	30.000	Verbindlichkeiten gegen Banken	140.000
Kassa	50.000	Sonstige Verbindlichkeiten	20.000
	320.000		320.000

Umsatzerlöse	1.125.000
+/- Bestandsveränderungen	75.000
+ andere aktivierte Eigenleistungen	115.000
+ sonstige betriebliche Erträge	35.000
- Materialaufwand	-325.000
- Personalaufwand	-140.000
- Abschreibungen	-15.000
- Sonstige betriebliche Aufwendungen	-260.000
+/- Finanzergebnis	-110.000
Ergebnis der gewöhnlichen Geschäftstätigkeit	-500.000
+/- außerordentliches Ergebnis	225.000
- Steuern vom Ergebnis	-195.000
- sonstige Steuern	-15.000
Jahresüberschuss/Jahresfehlbetrag	65.000

Geschäftsfall 3a:

Die X-GmbH verkauft Handelswaren an einen Kunden und stellt einen Betrag in Höhe von € 70.000 in Rechnung.

Buchungssatz:

	(2) Forderungen aus L&L	70.000	
an	(4) Umsatzerlöse		70.000

Auswirkung auf Bilanz und GuV:

Auf der Sollseite wird auf einem aktiven Bestandskonto gebucht, während auf der Habenseite ein Ertragskonto steht. Die Buchung auf dem Konto (2) Forderungen aus L&L spiegelt sich in einer Erhöhung der Position in der Bilanz wieder. Gleichzeitig wird das Ertragskonto (4) Umsatzerlöse ebenfalls erhöht. Der Saldo des Kontos (4) Umsatzerlöse fließt in die GuV in die allererste Position ein. Die Veränderung zieht sich durch die gesamte GuV-Rechnung bis hin zum Jahresüberschuss/Fehlbetrag. Der Jahresüberschuss/Fehlbetrag wird wiederum in der Bilanz auf der Passivseite als Eigenkapital ausgewiesen. Auf diese Art und Weise wird wiederum die Gleichheit der Bilanzsumme auf der Aktiv- und der Passivseite erreicht. Die Bilanzsumme erhöht sich entsprechend.

Aktiva		Passiva	
Anlagevermögen		**Eigenkapital**	
Sachanlagen	150.000	Gezeichnetes Kapital	35.000
		Jahresüberschuss/Jahresfehlbetrag	135.000
Umlaufvermögen			
Handelswaren	70.000	**Fremdkapital**	
Forderungen aus L&L	90.000	Verbindlichkeiten aus L&L	60.000
Bankguthaben	30.000	Verbindlichkeiten gegen Banken	140.000
Kassa	50.000	Sonstige Verbindlichkeiten	20.000
	390.000		390.000

Umsatzerlöse	1.195.000
+/- Bestandsveränderungen	75.000
+ andere aktivierte Eigenleistungen	115.000
+ sonstige betriebliche Erträge	35.000
- Materialaufwand	-325.000
- Personalaufwand	-140.000
- Abschreibungen	-15.000
- Sonstige betriebliche Aufwendungen	-260.000
+/- Finanzergebnis	-110.000
Ergebnis der gewöhnlichen Geschäftstätigkeit	570.000
+/- außerordentliches Ergebnis	-225.000
- Steuern vom Ergebnis	-195.000
- sonstige Steuern	-15.000
Jahresüberschuss/Jahresfehlbetrag	135.000

Geschäftsfall 3b:

Ein Lieferant gewährt der X-GmbH aufgrund der akuten Zahlungsschwierigkeiten einen Schuldenerlass in Höhe von € 10.000.

Buchungssatz:

	(3) Verbindlichkeiten aus Lieferungen und Leistungen	10.000	
an	(4) sonstiger Ertrag aus Schuldenerlass		10.000

Auswirkung auf Bilanz und GuV:

Auch in diesem Fall sind sowohl ein Bestandskonto als auch ein Erfolgskonto betroffen, diesmal allerdings das passive Bestandskonto (3) Verbindlichkeiten aus Lieferungen und Leistungen. Die Buchung auf dem Konto (4) sonstiger Ertrag aus Schuldenerlass verändert den Wert der GuV-Position „sonstige betriebliche Erträge". Folglich schlägt sich der veränderte Jahresüberschuss im Eigenkapital der Bilanz nieder. Aufgrund der Verschiebung zwischen Eigen- und Fremdkapital auf der Passivseite wird die Bilanzsumme im Gegensatz zu Geschäftsfall 2a nicht berührt.

Die erfolgswirksame Verbuchung

Aktiva		Passiva	
Anlagevermögen		**Eigenkapital**	
Sachanlagen	150.000	Gezeichnetes Kapital	35.000
		Jahresüberschuss/Jahresfehlbetrag	145.000
Umlaufvermögen			
Handelswaren	70.000	**Fremdkapital**	
Forderungen aus L&L	90.000	Verbindlichkeiten aus L&L	50.000
Bankguthaben	30.000	Verbindlichkeiten gegen Banken	140.000
Kassa	50.000	Sonstige Verbindlichkeiten	20.000
	390.000		390.000

Umsatzerlöse	1.195.000
+/- Bestandsveränderungen	75.000
+ andere aktivierte Eigenleistungen	115.000
+ sonstige betriebliche Erträge	45.000
- Materialaufwand	-325.000
- Personalaufwand	-140.000
- Abschreibungen	-15.000
- Sonstige betriebliche Aufwendungen	-260.000
+/- Finanzergebnis	-110.000
Ergebnis der gewöhnlichen Geschäftstätigkeit	580.000
+/- außerordentliches Ergebnis	-225.000
- Steuern vom Ergebnis	-195.000
- sonstige Steuern	-15.000
Jahresüberschuss/Jahresfehlbetrag	145.000

Geschäftsfall 3c:

Die Lohnabrechnung der X-GmbH ergibt anfallende Löhne für die Mitarbeiter für den laufenden Monat in Höhe von € 50.000.

Buchungssatz:

	(6) Löhne	50.000	
an	(3) sonstige Verbindlichkeiten		50.000

Auswirkung auf Bilanz und GuV:

Anstatt eines Ertragskontos kommt nun ein Aufwandskonto ins Spiel. Das Konto (6) Löhne wird in der GuV unter der Position „Personalaufwand" dargestellt. Der Aufwand bedeutet eine Verkürzung des Jahresüberschusses sowohl in der GuV als auch in der Bilanz. Solange die Löhne nicht ausbezahlt sind, wir auf der Passivseite eine Verbindlichkeit, genauer gesagt auf dem Konto (3) sonstige Verbindlichkeiten, gebucht. Beide Veränderungen spielen sich auf der Passivseite der Bilanz ab. Die Bilanzsumme bleibt unverändert.

Aktiva		Passiva	
Anlagevermögen		**Eigenkapital**	
Sachanlagen	150.000	Gezeichnetes Kapital	35.000
		Jahresüberschuss/Jahresfehlbetrag	95.000
Umlaufvermögen			
Handelswaren	70.000	**Fremdkapital**	
Forderungen aus L&L	90.000	Verbindlichkeiten aus L&L	50.000
Bankguthaben	30.000	Verbindlichkeiten gegen Banken	140.000
Kassa	50.000	Sonstige Verbindlichkeiten	70.000
	390.000		390.000

Umsatzerlöse	1.195.000
+/- Bestandsveränderungen	75.000
+ andere aktivierte Eigenleistungen	115.000
+ sonstige betriebliche Erträge	45.000
- Materialaufwand	-325.000
- Personalaufwand	-190.000
- Abschreibungen	-15.000
- Sonstige betriebliche Aufwendungen	-260.000
+/- Finanzergebnis	-110.000
Ergebnis der gewöhnlichen Geschäftstätigkeit	530.000
+/- außerordentliches Ergebnis	-225.000
- Steuern vom Ergebnis	-195.000
- sonstige Steuern	-15.000
Jahresüberschuss/Jahresfehlbetrag	95.000

Geschäftsfall 3d:

Die Miete für Büroräumlichkeiten für das nächste Halbjahr in Höhe von € 20.000 wird per Banküberweisung bezahlt.

Buchungssätze:

	(7) Mietaufwand	20.000	
an	(2) Bankguthaben		20.000

Auswirkung auf Bilanz und GuV:

Die Zahlung der Miete wird auf dem Konto (7) Mietaufwand verbucht. In der GuV ist dieses Konto in der Position „Sonstige betriebliche Aufwendungen" enthalten. Während sich der Jahresüberschuss in der GuV sowie in der Bilanz vermindert, vermindert sich auch das Konto (2) Bankguthaben und somit die gleichlautende Position auf der Aktivseite der Bilanz. Die Bilanzsumme verringert sich durch die Verkürzung der Aktiv- als auch der Passivseite ebenfalls um € 20.000.

Aktiva		Passiva	
Anlagevermögen		**Eigenkapital**	
Sachanlagen	150.000	Gezeichnetes Kapital	35.000
		Jahresüberschuss/Jahresfehlbetrag	75.000
Umlaufvermögen			
Handelswaren	70.000	**Fremdkapital**	
Forderungen aus L&L	90.000	Verbindlichkeiten aus L&L	50.000
Bankguthaben	10.000	Verbindlichkeiten gegen Banken	140.000
Kassa	50.000	Sonstige Verbindlichkeiten	70.000
	370.000		370.000

Umsatzerlöse	1.195.000
+/- Bestandsveränderungen	75.000
+ andere aktivierte Eigenleistungen	115.000
+ sonstige betriebliche Erträge	45.000
- Materialaufwand	-325.000
- Personalaufwand	-190.000
- Abschreibungen	-15.000
- Sonstige betriebliche Aufwendungen	-280.000
+/- Finanzergebnis	-110.000
Ergebnis der gewöhnlichen Geschäftstätigkeit	**510.000**
+/- außerordentliches Ergebnis	-225.000
- Steuern vom Ergebnis	-195.000
- sonstige Steuern	-15.000
Jahresüberschuss/Jahresfehlbetrag	**75.000**

Beispiel 4: Herstellungskosten

Die Bilanz und GuV-Rechnung (Gesamtkostenverfahren) der X-GmbH vor Berücksichtigung des folgenden Geschäftsfalls haben folgendes (vereinfachtes) Aussehen:

Aktiva		Passiva	
Anlagevermögen		**Eigenkapital**	
Sachanlagen	150.000	Gezeichnetes Kapital	35.000
		Jahresüberschuss/Jahresfehlbetrag	65.000
Umlaufvermögen			
Handelswaren	70.000	**Fremdkapital**	
Forderungen aus L&L	20.000	Verbindlichkeiten aus L&L	160.000
Bankguthaben	30.000	Verbindlichkeiten gegen Banken	190.000
Kassa	200.000	Sonstige Verbindlichkeiten	20.000
	470.000		470.000

Umsatzerlöse	1.125.000
+/- Bestandsveränderungen	75.000
+ andere aktivierte Eigenleistungen	115.000
+ sonstige betriebliche Erträge	35.000
- Materialaufwand	-325.000
- Personalaufwand	-140.000
- Abschreibungen	-15.000
- Sonstige betriebliche Aufwendungen	-260.000
+/- Finanzergebnis	-110.000
Ergebnis der gewöhnlichen Geschäftstätigkeit	500.000
+/- außerordentliches Ergebnis	-225.000
- Steuern vom Ergebnis	-195.000
- sonstige Steuern	-15.000
Jahresüberschuss/Jahresfehlbetrag	65.000

Die X-GmbH erstellt im Geschäftsjahr für sich selbst eine neue Produktionsanlage. Dafür fallen insgesamt folgende Aufwendungen an: (diese werden sofort bar bezahlt)

Arbeitslöhne	50.000
Material	70.000
Mietaufwand für Spezialwerkzeuge	30.000

Die erfolgswirksame Verbuchung

Buchungssätze:

<u>Verbuchung der laufenden Aufwendungen:</u>

	(6) Löhne	50.000	
an	(2) Kassa		50.000

	(5) Materialaufwand	70.000	
an	(2) Kassa		70.000

	(7) Mietaufwand	30.000	
an	(2) Kassa		30.000

<u>Aktivierung der Produktionsanlage:</u>

	(0) Sachanlagen	150.000	
an	(4) Aktivierte Eigenleistungen		150.000

Auswirkung auf Bilanz und GuV:

Im Laufe des Jahres werden lediglich die laufenden Aufwendungen auf den Erfolgskonten verbucht. Am Jahresende muss die Produktionsanlage in die Bilanz aufgenommen, d.h. aktiviert werden. Diesem Zweck dient das Ertragskonto „Aktivierte Eigenleistungen". Insgesamt ist dieser Vorgang daher **erfolgsneutral** und hat keinerlei Einfluss auf den Erfolg des Unternehmens. Die diversen Aufwendungen werden durch Verbuchung desselben Betrags auf dem Ertragskonto „Aktivierte Eigenleistungen" ausgeglichen. In der Bilanz kommt es de facto zu einem Aktivtausch. In der GuV führt der Vorgang zwar zu Verschiebungen zwischen den einzelnen Ertrags- und Aufwandspositionen, nicht jedoch zu einer Auswirkung auf die Bilanzsumme bzw. den Jahresüberschuss/-fehlbetrag.

Aktiva		Passiva	
Anlagevermögen		**Eigenkapital**	
Sachanlagen	300.000	Gezeichnetes Kapital	35.000
		Jahresüberschuss/Jahresfehlbetrag	65.000
Umlaufvermögen			
Handelswaren	70.000	**Fremdkapital**	
Forderungen aus L&L	20.000	Verbindlichkeiten aus L&L	160.000
Bankguthaben	30.000	Verbindlichkeiten gegen Banken	190.000
Kassa	50.000	Sonstige Verbindlichkeiten	20.000
	470.000		470.000

Umsatzerlöse	1.125.000
+/- Bestandsveränderungen	75.000
+ andere aktivierte Eigenleistungen	265.000
+ sonstige betriebliche Erträge	35.000
- Materialaufwand	-395.000
- Personalaufwand	-190.000
- Abschreibungen	-15.000
- Sonstige betriebliche Aufwendungen	-290.000
+/- Finanzergebnis	-110.000
Ergebnis der gewöhnlichen Geschäftstätigkeit	500.000
+/- außerordentliches Ergebnis	-225.000
- Steuern vom Ergebnis	-195.000
- sonstige Steuern	-15.000
Jahresüberschuss/Jahresfehlbetrag	65.000

Beispiel 5: Latente Steuern

Die Bilanz und GuV-Rechnung (Gesamtkostenverfahren) der X-GmbH vor Berücksichtigung des folgenden Sachverhalts haben folgendes (vereinfachtes) Aussehen:

Aktiva		Passiva	
Anlagevermögen		**Eigenkapital**	
Sachanlagen	1.250.000	Gezeichnetes Kapital	1.035.000
		Jahresüberschuss/Jahresfehlbetrag	190.000
Umlaufvermögen			
Handelswaren	70.000	**Fremdkapital**	
Forderungen aus L&L	20.000	Verbindlichkeiten aus L&L	80.000
Bankguthaben	75.000	Verbindlichkeiten gegen Banken	190.000
Kassa	100.000	Sonstige Verbindlichkeiten	20.000
	1.515.000		1.515.000

Umsatzerlöse	1.125.000
+/- Bestandsveränderungen	75.000
+ andere aktivierte Eigenleistungen	115.000
+ sonstige betriebliche Erträge	35.000
- Materialaufwand	-325.000
- Personalaufwand	-140.000
- Abschreibungen	-15.000
- Sonstige betriebliche Aufwendungen	-260.000
+/- Finanzergebnis	-110.000
Ergebnis der gewöhnlichen Geschäftstätigkeit	500.000
+/- außerordentliches Ergebnis	-215.000
- Steuern vom Ergebnis	-80.000
- sonstige Steuern	-15.000
Jahresüberschuss/Jahresfehlbetrag	190.000

Die steuerliche Überleitung für die X-GmbH im Geschäftsjahr ergibt aufgrund von unterschiedlichen handelsrechtlichen und steuerrechtlichen Nutzungsdauern der Maschinen eine Zurechnung in Höhe von € 35.000 zum handelsrechtlichen Ergebnis. Die X-GmbH möchte das Wahlrecht zur Aktivierung von aktiven latenten Steuern in Anspruch nehmen. Der Steuersatz beträgt annahmegemäß 25 %.

Dem handelsrechtlichen Ergebnis von € 285.000 (Ergebnis der gewöhnlichen Geschäftstätigkeit abzüglich außerordentliches Ergebnis) ist ein Betrag von € 35.000 zuzurechnen. Die Bemessungsgrundlage für die Körperschaftsteuer beträgt daher € 320.000. Daraus ergibt sich – wie in der GuV ausgewiesen – eine Steuerbelastung in Höhe von € 80.000. Ohne steuerrechtliche Differenzen hätte sich hingegen eine Steuerbelastung in Höhe von € 71.250 ergeben (285.000 * 25 %). Aus handelsrechtlicher Sicht ist die anfallende Körperschaftsteuerbelastung um € 8.750 zu hoch. Da die Differenz aufgrund von unterschiedlichen Nutzungsdauern entstand, wird sich diese zu einem späteren Zeitpunkt ausgleichen. Es handelt sich daher um temporäre Differenzen. Die Kriterien für die (wahlweise) Aktivierung einer aktiven latenten Steuer sind demnach erfüllt. Diese ist auf der Aktivseite der Bilanz auszuweisen.

Buchungssatz:

	(2) Aktive latente Steuern		8.750
an	(8) Steuern vom Ergebnis		8.750

Auswirkung auf Bilanz und GuV:

Wahlrechte bedeuten Spielräume in der Darstellung des Jahresabschlusses. Auch durch die Aktivierung einer aktiven latenten Steuer kann das Bild der Bilanz und der GuV gesteuert werden. Die Aktivierung der aktiven latenten Steuer erhöht die Bilanzsumme. Die für den Bilanzleser oftmals interessante Position des Jahresüberschusses/-fehlbetrags wird ebenfalls positiv beeinflusst. In der GuV wird nun nicht mehr der tatsächliche, sondern der dem handelsrechtlichen Ergebnis entsprechende Körperschaftsteueraufwand, ausgewiesen.

Aktiva		Passiva	
Anlagevermögen		**Eigenkapital**	
Sachanlagen	1.250.000	Gezeichnetes Kapital	1.035.000
		Jahresüberschuss/Jahresfehlbetrag	198.750
Umlaufvermögen			
Handelswaren	70.000	**Fremdkapital**	
Forderungen aus L&L	20.000	Verbindlichkeiten aus L&L	80.000
Bankguthaben	75.000	Verbindlichkeiten gegen Banken	190.000
Kassa	100.000	Sonstige Verbindlichkeiten	20.000
Aktive latente Steuern	8.750		
	1.523.750		1.523.750

Umsatzerlöse	1.125.000
+/- Bestandsveränderungen	75.000
+ andere aktivierte Eigenleistungen	115.000
+ sonstige betriebliche Erträge	35.000
- Materialaufwand	-325.000
- Personalaufwand	-140.000
- Abschreibungen	-15.000
- Sonstige betriebliche Aufwendungen	-260.000
+/- Finanzergebnis	-110.000
Ergebnis der gewöhnlichen Geschäftstätigkeit	500.000
+/- außerordentliches Ergebnis	-215.000
- Steuern vom Ergebnis	-71.250
- sonstige Steuern	-15.000
Jahresüberschuss/Jahresfehlbetrag	198.750

9 Bilanzpolitik

9.1 Definition von Bilanzpolitik

Bilanzlesen hat wie bereits oben viel mit Bilanzpolitik zu tun. Mit dem Grad der (Er)Kenntnis der ausgeübten bilanzpolitischen Maßnahmen steigt der Grad der Aussagekraft des Jahresabschlusses. Der Begriff Bilanzpolitik umfasst alle Wahlrechte und Maßnahmen, die es dem Unternehmer ermöglichen, die Gestaltung des Jahresabschlusses im Rahmen der GoB derart zu beeinflussen, dass bestimmte Ziele erreicht werden können. Derartige Ziele können sowohl finanzpolitische Ziele sein als auch informations- und publizitätspolitische.

Finanzpolitische Ziele wären etwa:

- Gewinnmaximierung oder Gewinnminimierung, jeweils mit spezifischen Subzielen wie

    - Ergebnisglättung
      Vermeidung zu hoher Gewinne, Legung stiller Reserven, vor allem um bei schlechteren Ergebnissen die Möglichkeit zur Auflösung der stillen Reserven zwecks Gewinnerhöhung nutzen zu können

    - Ausschüttungspolitik
      Anreizschaffung durch hohe Dividenden, aber auch Kontinuität der Dividendenzahlung

    - Beeinflussung der Kreditwürdigkeit des Unternehmens, vor allem auch durch entsprechende Liquiditätspolitik

    - Steuerbelastungspolitik
      Ergebnisgestaltung zwecks Beeinflussung der Steuerbemessungsgrundlage.

Informationspolitische Ziele sind ganz allgemein die mit Hilfe des Jahresabschlusses unternommene Beeinflussung von Verhaltensweisen externer Bilanzadressaten (Gesellschafter, Fremdkapitalgeber, Kunden, Lieferanten, Arbeitnehmer etc.) hinsichtlich vor allem Stabilität, Kreditwürdigkeit und damit Krisenfestigkeit des Unternehmens.

Unter publizitätspolitischen Zielen wird das Verhalten des Unternehmens hinsichtlich des Umgangs mit Informationen über das Unternehmen ganz allgemein verstanden. Soll daher bewusst sehr umfassend über das Unternehmen, auch in Form des Jahresabschlusses und des Geschäftsberichts informiert werden oder nicht.

Die Grenzen der Bilanzpolitik liegen einerseits bei den GoB, d.h. Bilanzpolitik ist scharf zu trennen vom Begriff der Bilanzfälschung, und innerhalb des durch die GoB gesetzten Rahmens - wie oben dargestellt - in der Verschaffung eines möglichst getreuen Bildes der Vermögens-, (Finanz-) und Ertragslage.

Unter Bilanzfälschung wird gemeinhin das Angeben unwahrer Tatsachen im Jahresabschluss verstanden, unabhängig davon, ob dadurch das Jahresergebnis verändert wird oder nicht. Es geht somit um die bewusste Darstellung eines unrichtigen Bildes der Situation des Unternehmens.

Typische Fälle der Bilanzfälschung wären z. B.:

- Falsche Bewertungen von Vermögensgegenständen und Schulden
    - Bewusstes Unterlassen einer Wertberichtigung einer z. B. wertlosen Forderung
    - Unterlassen der Bildung einer Rückstellung trotz hoher Wahrscheinlichkeit der zukünftigen Inanspruchnahme
    - Aktivierung überhöhter Herstellungskosten eines Vermögensgegenstandes
- Erfassung von Scheinumsätzen, Scheinforderungen
    - Verkauf nicht vorhandener Produkte
    - Fingierte Rechnungen
- Unzutreffende Umsatzrealisation
    - Zeitliche Vorverlagerung von erst im Folgejahr tatsächlich getätigten Umsätzen
    - Bewusst unzutreffendes Unterstellen des Übergangs des wirtschaftlichen Eigentums

9.2 Bilanzpolitische Maßnahmen

Bilanzpolitik wird traditionell in folgende Kategorien unterteilt:

- Maßnahmen vor dem Bilanzstichtag – sog. Sachverhaltsgestaltungen
- Maßnahmen nach dem Bilanzstichtag – sog. Sachverhaltsabbildungen

9.2.1 Sachverhaltsgestaltung

Aus Sicht der bilanzpolitischen Wirkung kommt dabei den Sachverhaltsgestaltungen ein viel höheres Gewicht zu, da diese Maßnahmen als vor dem Bilanzstichtag gesetzt, das Unternehmen in die Lage versetzen, die bilanzpolitisch gewünschten Effekte zu erzielen. Innerhalb der Sachverhaltsgestaltung kann folgende Untergliederung vorgenommen werden:

- zeitliche Vor- oder Nachverlagerung von Geschäftsfällen, die ohnehin stattgefunden hätten
- Handlungen vor dem Bilanzstichtag, die nach dem Bilanzstichtag nicht ohne weiteres umkehrbar sind
- Handlungen vor dem Bilanzstichtag, die nach dem Bilanzstichtag umkehrbar sind

9.2.1.1 Zeitliche Vor- oder Nachverlagerung von Geschäftsfällen, die ohnehin stattgefunden hätten

Ziel derartiger Verlagerungen ist es, im Jahresabschluss gezielte Vermögens- und Kapitalstrukturen zu erreichen bzw. gezielt Aufwand oder Ertrag zu realisieren oder zu vermeiden. Durch sachverhaltsgestaltende Maßnahmen kann auch der (operative) Cash Flow beeinflusst werden.

Typische Sachverhalte, die diesen Zielen dienen sind:

- Die Fertigstellung langfristiger Aufträge, sodass der Gewinn noch vor dem Bilanzstichtag realisiert werden kann oder genau umgekehrt, das bewusste Nichtfertigstellen derartiger Aufträge zwecks Vermeidung der Gewinnrealisierung und die Verschiebung dieses Gewinns in das kommende Geschäftsjahr. Entsprechend dem imparitätischen Realisationsprinzip dürfen Gewinne erst ausgewiesen werden, wenn der Unternehmer alles Erforderliche getan hat, um seine Leistungsverpflichtung zu erfüllen. Ist daher ein Auftrag noch nicht vollständig erfüllt, darf der Gewinn aus dem Auftrag noch nicht durch Erfassen des vereinbarten Entgelts als Umsatzerlös und die entsprechende Verminderung des Vorratsbestandes ausgewiesen werden. Es ist der noch nicht fertig gestellte Aufwand unverändert als „noch nicht abrechenbare Leistung" mit den angefallenen Herstellungskosten (gegebenenfalls erhöht um die anteiligen Verwaltungs- und Vertriebskosten) zu bilanzieren.

- Der Abschluss von rechtlich getrennten Teilaufträgen anstelle eines Gesamtauftrages, sodass der einzelne fertig erfüllte Teilauftrag zur Gewinnrealisierung berechtigt. Durch das Trennen von Aufträgen wird für den jeweils fertiggestellten Auftrag eine Gewinnrealisierung möglich.

- Das Vorziehen von Anschaffungen des Anlagevermögens, um Abschreibungen als Aufwand zu generieren oder umgekehrt die Verzögerung der Anschaffung, um die Vermögens- und Kapitalstruktur nicht mit langfristig gebundenem Vermögen zu belasten. Mit dem Erwerb des wirtschaftlichen Eigentums an abnutzbarem Anlagevermögen, spätestens mit der Inbetriebnahme beginnt die Verpflichtung zur planmäßigen Abschreibung dieser Vermögensgegenstände über die voraussichtliche Nutzungsdauer. Erfolgt diese Investition noch vor bzw. am Jahresabschlussstichtag, besteht die Verpflichtung zur Vornahme einer Abschreibung. Dabei wird in der Praxis in Anlehnung an die Vereinfachungsregel des Steuerrechts vielfach eine Halbjahres-Abschreibung vorgenommen, sodass im Extremfall für die 1-tägige Nutzung eines Vermögensgegenstandes eine Halbjahres-Abschreibung geltend gemacht wird. Das gleiche gilt, wenn die Investition spätestens zum Ablauf des ersten Halbjahres getätigt wird, da dann für einen Zeitraum von im Extremfall 6 Monate und 1 Tag eine Ganzjahres-Abschreibung vorgenommen werden kann. Vielfach erfolgt aber eine Abschreibung auch monatsweise, wodurch sich der Effekt auf 1/12 des entsprechenden Jahresabschreibungsaufwands reduziert.

Die gleichen Überlegungen gelten letztlich auch für hergestelltes Anlagevermögen. Mit der Fertigstellung des abnutzbaren Anlagevermögens beginnt die Verpflichtung zur planmäßigen Abschreibung dieser Vermögensgegenstände über die voraussichtliche Nutzungsdauer. Erfolgt daher die Fertigstellung spätestens bis zum Jahresabschlussstichtag, kann eine Halbjahres-Abschreibung vorgenommen werden.

- Der Erwerb Geringwertiger Vermögensgegenstände vor dem Jahresabschluss bewirkt ebenfalls noch aufgrund der Sofortabschreibung dieser Vermögensgegenstände eine Erhöhung des Aufwands.

- Auch durch das Vorziehen oder nach hinten Verlagern der Anschaffung von Vorräten können Bilanzstrukturen beeinflusst werden. So wird die Anlageintensität und damit die langfristige Kapitalbindung rechnerisch reduziert. Sollten Vorräte preislich im Zeitablauf teurer werden, würde durch Anschaffungen vor dem Jahresabschlussstichtag bei Anwendung des LIFO-Verfahrens rechnerisch ein höherer Vorratseinsatz und damit geringerer Gewinn anfallen.

- Die zeitliche Verlagerung von Reparaturen oder Instandhaltungen von Vermögensgegenständen in nachfolgende Geschäftsjahre, wobei dies nur dann sinnvoll ist, wenn nicht aufgrund von § 249 Abs 1 Z 1 HGB (oder § 198 Abs 8 Z 2 öUGB) Rückstellungen zu bilden sind. Noch nicht durchgeführte Reparaturen führen grundsätzlich zu keinem Aufwand mangels Belastung des Vermögens des Unternehmens, können allerdings wirtschaftlich eine außerplanmäßige Wertminderung eines Vermögensgegenstandes bewirken. Allerdings besteht gemäß § 249 Abs 1 Z 1 HGB die Verpflichtung, eine Rückstellung für unterlassene Instandhaltung zu bilden, wenn die Instandhaltung innerhalb eines Zeitraums von 3 Monaten nach dem Jahresabschlussstichtag erfolgt.

- Die zeitliche Verlagerung von Marketingmaßnahmen, Personalausbildung und Forschungs- und Entwicklungsaktivitäten ins nachfolgende Geschäftsjahr. Solange Aufwand nicht angefallen ist, ist eine bilanzielle Berücksichtigung nicht möglich. Dass bereits derartige Maßnahmen geplant sind, ist genauso wenig bilanzrechtlich von Bedeutung wie ein allfälliger bereits abgeschlossener Vertrag zur Schulung von Mitarbeitern. Solange keine Schulungsmaßnahmen tatsächlich erfolgt sind, liegt ein schwebendes Geschäft vor, dessen Folgen bilanziell nicht zu berücksichtigen sind, es sei denn, es ist bereits zum Jahresabschlussstichtag erkennbar, dass aus dem abgeschlossenen Geschäft ein Verlust droht (z. B. dadurch, dass eine zukünftige Schulung an den Anbieter bezahlt werden muss, obwohl die zu schulende Person an der Schulung gar nicht (mehr) teilnehmen wird).

- Die zeitliche Abstimmung von ohnehin vorgesehenen Verkäufen von Anlagevermögen und der damit verbundenen Gewinnrealisierung im Hinblick auf das Erfordernis einer Ergebnisglättung (zeitlich vorgezogene Veräußerung zum Zwecke des Ausgleichs mit Aufwendungen). Beeinflussung des Zeitpunktes vorgesehener Pensionszusagen oder Pensionserhöhungen. Zusagen vor dem Jahresabschlussstichtag sind aufgrund der damit verbundenen Verpflichtung in der Bilanz als Rückstellung und damit aufwandswirksam zu berücksichtigen, Zusagen nach dem Jahresabschlussstichtag können aufgrund des Stichtagsprinzips mangels Verpflichtung am Bilanzstichtag nicht berücksichtigt werden.

- Nutzen der Möglichkeit der sog. phasenkongruenten Gewinnrealisierung von Dividenden. Damit ist gemeint, dass die Dividende einer Tochtergesellschaft nicht erst als Beteiligungsertrag erfasst wird, wenn die Dividende formell beschlossen wird, sondern bereits zum Jahresabschlussstichtag der Tochtergesellschaft. Voraussetzung für diese Möglichkeit ist, dass der Gesellschafter einen derart beherrschenden Einfluss auf die Tochtergesellschaft ausüben kann, dass die gewünschte Dividende zum späteren Zeitpunkt der formellen Beschlussfassung auch tatsächlich beschlossen werden kann. Dementsprechend wird dies regelmäßig eine Mehrheitsbeteiligung des betreffenden Gesellschafters sowohl am Jahresabschlussstichtag als auch bei Beschlussfassung der Dividende voraussetzen. Weiters darf aus Gründen des imparitätischen Realisationsprinzips der Jahresabschlussstichtag der Tochtergesellschaft nicht nach dem des Gesellschafters sein. Ebenso wird der Jahresabschluss der Tochtergesellschaft aufgestellt und regelmäßig auch festgestellt sein müssen, ehe der Jahresabschluss des Gesellschafters aufgestellt und festgestellt wird.

- Die gleichen Überlegungen gelten im Übrigen auch für Gewinnanteile aus Personengesellschaften.

9.2.1.2 Handlungen vor dem Bilanzstichtag, die nach dem Bilanzstichtag nicht ohne weiteres umkehrbar sind

Im Vergleich zu den zeitlich vor- oder nachverlagerten Geschäftsfällen stellen diese Handlungen Vorgänge dar, die in ihrer Umsetzung komplexer sind und sich in ihren Wirkungen vielfach über mehrere Geschäftsjahre verteilen und aus diesem Grund als in der Regel nicht umkehrbar bezeichnet werden.

Typische Sachverhalte, die diesem Ziel dienen, sind:

- Auslagerung von Tätigkeiten in Tochtergesellschaften

  Zum einen wird damit beim auslagernden Unternehmen eine Gewinnrealisierung anlässlich der Auslagerung erreicht durch das mit der Auslagerung verbundene Aufdecken der stillen Reserven, andererseits kann im Bereich immaterieller Vermögensgegenstände das Aktivierungsverbot des § 197 Abs 2 öUGB umgangen werden, wenn die Herstellung der immateriellen Vermögensgegenstände bei der Tochtergesellschaft im Auftrag der auslagernden Muttergesellschaft erfolgt und damit bei der Tochtergesellschaft Umlaufvermögen vorliegt, für das Aktivierungspflicht besteht und bei der Muttergesellschaft eine Anschaffung von immateriellen Vermögenswerten, für die ebenfalls Aktivierungszwang besteht.

- Veräußerung von Vermögensgegenständen an jemanden, von dem die veräußerten Vermögensgegenstände zurück gemietet werden (sale and lease back).

  Auch damit wird im Jahr der Veräußerung eine Gewinnrealisierung erreicht, verbunden mit einer Verkürzung der Bilanzsumme, wenn anschließend mit dem realisierten Gewinn Verbindlichkeiten getilgt werden, jedenfalls aber in der Regel eine Verbesserung der Eigenkapitalquote.

- Entscheidung für fremdfinanzierten Kauf oder Miete/Leasing von langfristig genutztem Vermögen

    Der Kauf des Anlagevermögens führt zu einer Aktivierung des Vermögensgegenstandes sowie einer Erfassung der Kaufpreisschuld in der Bilanz. Damit verlängert sich die Bilanzsumme, was zugleich z. B. eine Verminderung der Eigenkapitalquote zur Folge hat. Demgegenüber wirkt sich Miete/Leasing von Anlagevermögen auf den Bestand an Anlagevermögen und die Verbindlichkeiten im Jahresabschluss grundsätzlich nicht aus. Aus der Anschaffung des abnutzbaren Anlagevermögens ergibt sich für die Folgejahre eine aufwandswirksame Abschreibung, für Miete/Leasing gilt das gleiche hinsichtlich der laufenden Miet-/Leasingraten.

- Factoring

    Durch Factoring kann es zu einem Verkauf der Forderungen an einen Dritten kommen. Soweit das sog. echte Factoring vorliegt, bei dem der Forderungskäufer neben der Finanzierungsfunktion auch das Ausfallsrisiko übernimmt, kommt es durch das Wegfallen der Forderung in dem Moment zu einer Kürzung der Bilanzsumme, in der der Erlös aus dem Forderungsverkauf zur bspw. Schuldentilgung verwendet wird. Sollte hingegen ein unechtes Factoring vorliegen, bei dem das Ausfallsrisiko nicht durch den Forderungskäufer übernommen wird, wird der Forderungskauf als Darlehen gewertet, wodurch bilanziell keine Kürzung der Bilanzsumme eintreten kann, weil an die Stelle einer mittels dem Erlös aus dem Forderungsverkauf getilgten Verbindlichkeit die gegenüber dem Forderungskäufer getreten ist.

- Umstrukturierungen zur Realisierung stiller Reserven und/oder Verhinderung von insbesondere Beteiligungsabschreibungen

    Sollen stille Reserven zwecks Stärkung des Eigenkapitals von Unternehmen realisiert werden, bietet sich die Auslagerung des Vermögens in eine Tochtergesellschaft an. Aufgrund der mit der Auslagerung verbundenen Kapitalerhöhung bzw. Werterhöhung der Beteiligung an der Tochtergesellschaft ist es möglich, bei der auslagernden Gesellschaft wirtschaftlich einen Tauschgewinn zu realisieren, ohne dass das Vermögen den Konzern verlassen hat. Soweit mit dieser Auslagerung aufgrund steuerrechtlicher Sondergesetze wie dem Umwandlungssteuergesetz bzw. dem österreichischen Umgründungssteuergesetz keine Steuerbelastung verbunden ist, fällt auch keine Liquiditätsbelastung in Form von Steuern an. Allerdings besteht hinsichtlich der Differenz zwischen dem Buchwert und dem aufgrund des Tausches aktivierten tatsächlichen Wertes der Beteiligung an der Tochtergesellschaft bei der Muttergesellschaft der grundsätzliche Bedarf nach einer Rückstellung für latente Steuern, wobei allerdings zu beachten ist, dass aufgrund der voraussichtlich nicht bestehenden Veräußerungsabsicht der Beteiligung eine sog. quasipermanente Differenz besteht, für die keine Rückstellung für latente Steuern gebildet werden muss. Hinzuweisen ist in diesem Zusammenhang darauf, dass allerdings nach herrschender Ansicht kein Zwang zur Gewinnrealisierung in derartigen Fällen besteht, es wäre daher auch zulässig, den Beteiligungsansatz an der übernehmenden Gesellschaft um den Buchwert des ausgelagerten Vermögen zu erhöhen (in Österreich besteht, soweit eine Umgründung iSd § 202 Abs 2 öUGB vorliegt, diesbezüglich ein ausdrückliches gesetzliches Wahlrecht).

Ebenso kommt es zur Gewinnrealisierung und damit zur Erhöhung des Eigenkapitals, wenn beispielsweise die Tochtergesellschaft A mit der Tochtergesellschaft B verschmolzen wird. Diese Verschmelzung führt dazu, dass die Tochtergesellschaft A und damit die Beteiligung an dieser untergeht und sich dafür der Wert der Beteiligung an der Tochtergesellschaft B erhöht. Dies könnte wieder zum Anlass genommen werden, dass der Beteiligungsbuchwert an der Tochtergesellschaft B um den tatsächlichen Wert der untergegangenen Tochtergesellschaft A erhöht wird.

Die Übertragung von Vermögen in eine bestehende Tochtergesellschaft kann aber auch dazu genutzt werden, eine außerplanmäßige Abschreibung auf die Beteiligung an der Tochtergesellschaft zu verhindern. Sollte nämlich zusätzliches Vermögen vor dem Jahresabschlussstichtag in diese wertgeminderte Gesellschaft eingelegt werden, wodurch sich der Wert der Beteiligung an der Tochtergesellschaft erhöht, ist eine außerplanmäßige Abschreibung mangels dauerhafter Wertminderung nicht (mehr) erforderlich.

- Sicherungsgeschäfte zur Vermeidung von insbesondere Zins- und/oder Währungsrisiken stellen ebenfalls eine Sachverhaltsgestaltung dar, verhindern sie doch in ihrem Anwendungsbereich, dass es bei Zins- und/oder Wechselkursveränderungen zu Abwertungen der Bestandsgrößen kommt. Voraussetzung für die Bildung einer sogenannten Bewertungseinheit zwischen Grundgeschäft und Sicherungsgeschäft sind insbesondere:
  - Eignung des Grundgeschäfts zur Absicherung.
  - Dazu eignen sich sowohl Vermögensgegenstände, Schulden als auch abgeschlossene, aber zum Jahresabschlussstichtag noch schwebende Geschäfte.
  - Bestehen einer Sicherungsabsicht, die auch entsprechend zu dokumentieren ist.
  - Eignung des gewählten Sicherungsinstruments zur Absicherung des Grundgeschäfts.
  - Durchführung entsprechender Effektivitätstests zur Überprüfung der Tauglichkeit der Absicherung.

- Garantien durch Dritte sowie Garantien durch Gesellschafter stellen ebenfalls Sachverhaltsgestaltungen dar, denen bilanzrechtliche Bedeutung zukommt. Garantiert z. B. jemand für die Werthaltigkeit einer Forderung, bedarf es beim bilanzierenden Unternehmen keiner Forderungsabschreibung, wenn und soweit der Garant zahlungsfähig und –willig ist. Dementsprechend ist regelmäßig für die Beurteilung der Werthaltigkeit einer solchen Forderung von Bedeutung, ob der Garant die Zahlung verweigern kann. Soweit dies möglich wäre, besteht nämlich unverändert das Risiko der Nichtwerthaltigkeit der Forderung.

9.2.1.3 Handlungen vor dem Bilanzstichtag, die nach dem Bilanzstichtag umkehrbar sind

Unter diese Handlungen fallen nach ganz hA jene Maßnahmen, die unter dem Titel „window dressing" zusammengefasst werden können. Es handelt sich dabei um Maßnahmen, die kurz vor dem Bilanzstichtag gesetzt werden und wenige Tage danach in gegenteiliger Richtung wieder umgekehrt werden und deren Ziel darin besteht, bestimmte Bilanzrelationen herzustellen. Gerade diese kurzfristigen Maßnahmen können allerdings das Bild auf die Vermögens-, Finanz- und Ertragslage des Unternehmens nicht unwesentlich verzerren, weshalb deren Einsatz im Einzelfall nicht ungefährlich sein kann im Lichte des Überschreitens der Grenzen der GoB.

Typische Sachverhalte, die diesem Ziel dienen, sind:

- Die Rückzahlung von Bankkrediten kurz vor dem Bilanzstichtag, um den Verschuldungsgrad zu senken, obwohl sie kurz nach dem Bilanzstichtag wieder aufgenommen werden.

  Der Effekt auf die Kapitalstruktur bzw auf den Cash Flow lässt sich nach dem Bilanzstichtag durch die Kreditaufnahme, der vor dem Bilanzstichtag getilgten Summe, wieder umkehren.

- Der Abschluss von Pensionsgeschäften

  Unter Pensionsgeschäft versteht man Verträge, durch die ein Unternehmen (Pensionsgeber) ihm gehörende Vermögensgegenstände (idR Wertpapiere) einem anderen Unternehmer (Pensionsnehmer) gegen Zahlung eines Betrages überträgt und in denen gleichzeitig vereinbart wird, dass die Vermögensgegenstände später gegen Entrichtung des erhaltenen oder eines im Voraus vereinbarten anderen Betrages an den Pensionsgeber zurück übertragen werden. Dabei unterscheidet man zwischen sog. echten und unechten Pensionsgeschäften. Übernimmt der Pensionsnehmer die Verpflichtung, die Vermögensgegenstände zu einem bestimmten oder vom Pensionsgeber zu bestimmenden Zeitpunkt zurückzuübertragen, so handelt es sich um ein echtes Pensionsgeschäft. Da aufgrund der Rückgabeverpflichtung der Pensionsnehmer nicht wirtschaftliches Eigentum an den Vermögensgegenständen erworben hat, sind diese weiterhin beim Pensionsgeber zu bilanzieren. Das echte Pensionsgeschäft ist vielmehr als Kreditgeschäft zu behandeln. Anders verhält es sich beim unechten Pensionsgeschäft, da bei diesem der Pensionsnehmer ein Rückübertragungsrecht hat. Hier wird der Pensionsnehmer wirtschaftlicher Eigentümer. Allerdings darf der Pensionsgeber einen allfälligen Gewinn aus der Übertragung des Vermögensgegenstandes zu einem über dem Buchwert liegenden Betrag an den Pensionsnehmer erst dann realisieren, wenn die Rückgabefrist verstrichen ist. Bis dahin liegt ein schwebendes Geschäft vor, für das durch Bildung einer dem rechnerischen Gewinn entsprechenden Rückstellung vorzusorgen ist.

- Der Verkauf oder Rückverkauf von Vorräten zwischen Konzernunternehmen, um Ertrag und Liquidität zu verbessern.

- Das Gewähren von Gesellschafterzuschüssen nach § 229 Abs 2 Z 5 öUGB unter gleichzeitiger Aktivierung einer Forderung gegenüber dem Gesellschafter; der Zuschuss wird nach dem Bilanzstichtag wieder einvernehmlich rückgängig gemacht.

- Factoring

9.2.2 Sachverhaltsabbildung

Unter den Sachverhaltsabbildungen (buchmäßigen Bilanzpolitik) versteht man die sich aus der realen Verwirklichung eines Geschäftsfalles ergebenden bilanzpolitischen Möglichkeiten. Dabei wird unterschieden zwischen formeller Bilanzpolitik, zu der die Ausweis-, Gliederungs- und Erläuterungswahlrechte gehören und der materiellen Bilanzpolitik, zu der die Bilanzansatz- und Bewertungswahlrechte zählen, wobei insbesondere bei der materiellen Bilanzpolitik der Begriff Wahlrecht mehrdeutig verstanden wird im Sinne von Ermessen und Wahlrechte im engeren Sinn, die wiederum unterteilt werden in faktische Wahlrechte und gesetzliche Wahlrechte.

9.3 Bilanzansatzwahlrechte in Deutschland

Durch das BilMoG erfuhr das deutsche HGB umfangreiche Deregulierungsmaßnahmen in Form der Streichung bzw. Modifizierung zahlreicher handelsrechtlicher Ansatz-, Bewertungs- und Ausweiswahlrechte. Dennoch haben einige Vorschriften das BilMoG „überlebt". Insbesondere sind als aktivseitige Wahlrechte zu nennen:

- Aktivierungswahlrecht für bestimmte selbst erstellte immaterielle Vermögensgegenstände des Anlagevermögens § 248 Abs 2 HGB
- Aktivierungswahlrecht für latente Steuern § 274 Abs 1 HGB
- Aktivierungswahlrecht für das Disagio § 250 Abs 3 HGB

Passivseitig besteht ein Aktivierungswahlrecht für Pensionsrückstellungen die unter Art. 28 EGHGB (Einführungsgesetz zum Handelsgesetzbuch) fallen. Darunter fallen Pensionsverpflichtungen, die vor dem 1.1.1987 begründet wurden (= „Altzusagen"). Ein Passivierungswahlrecht für Aufwandsrückstellungen (wie in Österreich) besteht in Deutschland nicht.

9.4 Bewertungswahlrechte in Deutschland

Die wichtigsten Bewertungswahlrechte in Deutschland sind:
- Bewertung der hergestellten Vermögensgegenstände mit bloß den Einzelkosten und Gemeinkosten (= Mindestansatz) oder darüber hinaus mit angemessenen Teilen der Kosten der allgemeinen Verwaltung sowie angemessene Aufwendungen für soziale Einrichtungen des Betriebs, für freiwillige soziale Leistungen und für die betriebliche Altersversorgung (§ 255 Abs 2 HGB). Abschreibung von Finanzanlagevermögen auch dann, wenn die Wertminderung nicht von Dauer ist gemäß § 253 Abs 3 HGB.

- Anwendung der Bewertungsvereinfachungsverfahren gemäß §§ 240 und 253 HGB:
  - Eine Besonderheit für die Bewertung bestimmter Vermögensgegenstände stellt die Möglichkeit der Festbewertung gemäß § 240 Abs 3 HGB dar. Demnach dürfen die dort genannten Gegenstände unter bestimmten Voraussetzungen (bspw. Gesamtwert für das Unternehmen ist von nachrangiger Bedeutung) mit einem festen Wert angesetzt werden (siehe auch Bewertungswahlrechte in Österreich). Der Festwert ist in der Regel durch eine Inventur alle drei Jahre zu überprüfen. Bei diesen Verfahren werden die Zugänge sofort als Aufwand verbucht.
  - Gemäß § 240 Abs 4 HGB können gleichartige Vermögensgegenstände des Vorratsvermögens sowie andere gleichartige oder annähernd gleichwertige bewegliche Vermögensgegenstände und Schulden jeweils zu einer Gruppe (= Gruppenbewertung) zusammengefasst und mit dem gewogenen Durchschnittswert angesetzt werden
  - Anwendung der Bewertungsvereinfachungsverfahren für gleichartige Vermögensgegenstände des Vorratsvermögens gemäß § 253 HGB, wonach als Verbrauchsfolgeverfahren das FIFO oder LIFO-Verfahren angewendet werden dürfen.
- Festlegung des Abschreibungsverfahrens und -dauer gemäß § 253 Abs 3 HGB, wonach die Abschreibung der abnutzbaren Anlagevermögensgegenstände „planmäßig" zu erfolgen hat. Dies gilt sinngemäß auch für den Firmenwert.
- Gemäß § 253 Abs 3 HGB dürfen Rückstellungen für Altersversorgungsverpflichtungen oder vergleichbare langfristig fällige Verpflichtungen pauschal mit dem durchschnittlichen Marktzinssatz abgezinst werden, der sich bei einer angenommenen Restlaufzeit von 15 Jahren ergibt.

9.5 Bilanzansatzwahlrechte in Österreich

Die nach Einführung des RÄG 2010 (Rechnungslegungsänderungsgesetz verbliebenen aktivseitigen Bilanzansatzwahlrechte in Österreich sind:
- Aktivierungswahlrecht für das Disagio § 198 Abs 7 öUGB
- Aktivierungswahlrecht für latente Steuern § 198 Abs 10 öUGB
- Aktivierungswahlrecht für Buchverluste im Zusammenhang mit Umgründungen gem § 202 Abs 2 öUGB

Passivseitig besteht ein Wahlrecht hinsichtlich Aufwandsrückstellungen, soweit kein Passivierungszwang aufgrund GoB besteht sowie Rückstellungen von untergeordneter Bedeutung gemäß § 198 Abs 8 Z 2 und 3 öUGB.

Folge der Ausübung des jeweiligen Aktivierungswahlrechts ist eine Erhöhung des Jahresüberschusses im Jahr der Aktivierung und damit eine Erhöhung des Betrages des Eigenkapitals. Ebenso beeinflusst die Nichtpassivierung der genannten Rückstellungen den Jahresüberschuss positiv, während umgekehrt die Nichtaktivierung der genannten Posten bzw. die Passivierung der Rückstellung zu einer aufwandswirksamen Verminderung des Jahresüberschusses führt.

Hinsichtlich der Ausübung der Bilanzansatzwahlrechte besteht nach hA kein Stetigkeitsgebot, d.h. die Wahlrechte können jederzeit anders ausgeübt werden. Eine Nachholung einer in Vorjahren unterlassenen Aktivierung ist allerdings grundsätzlich nicht möglich.

9.6   Bewertungswahlrechte in Österreich

Innerhalb der Bewertungswahlrechte gibt es solche, bei denen der Gesetzgeber dem Unternehmer eine Auswahlmöglichkeit zwischen zumindest zwei möglichen Wertansätzen einräumt.

Typische Fälle, die diesem Gedanken entsprechen sind

- Bewertung der hergestellten Vermögensgegenstände mit bloß den Einzelkosten oder darüber hinaus mit den angemessenen Teilen der Gemeinkosten gemäß § 203 Abs 3 öUGB, wobei sowohl variable wie fixe Gemeinkosten aktiviert werden können.
- Bewertung von umgründungsbedingten Einlagen mit dem beizulegendem Wert oder dem Buchwert gemäß § 202 öUGB.
- Festlegung der Abschreibungsmethode gemäß § 204 Abs 1 öUGB, wonach die Abschreibung der abnutzbaren Anlagevermögensgegenstände „planmäßig" zu erfolgen hat. Als typische planmäßige Abschreibungsmethoden werden die lineare, die degressive, die progressive, die Abschreibung nach Leistung und die Abschreibung nach Substanzverbrauch angesehen. Auch hinsichtlich der Abschreibung von Disagio und Firmenwert stehen unterschiedliche Abschreibungsmethoden wahlweise zur Verfügung.
- Abschreibung von Finanzanlagevermögen auch dann, wenn die Wertminderung nicht von Dauer ist gemäß § 204 Abs 2 öUGB.
- Unterlassen der Zuschreibung von Vermögensgegenständen gemäß § 208 Abs 2 öUGB. Ein Unterlassen ist allerdings nur insoweit zulässig, als aus steuerlichen Gründen keine Zuschreibung erfolgen soll, sodass insbesondere bei Beteiligungen iSd § 228 öUGB eine Zuschreibung zwingend zu erfolgen hat, wenn die Gründe der außerplanmäßigen Abschreibung weggefallen sind.
- Anwendung der Bewertungsvereinfachungsverfahren gemäß § 209 Abs 1 und 2 öUGB.
  - Dabei geht es einerseits um den Ansatz von sog. Festwerten für Sachanlagevermögen sowie Roh-, Hilfs- und Betriebsstoffe, wenn diese regelmäßig ersetzt werden, ihr Gesamtwert von untergeordneter Bedeutung ist und diese voraussichtlich in ihrer Größe und Zusammensetzung nur geringen Veränderungen unterliegen werden. Damit soll verhindert werden, dass stets eine vollständige exakte Erfassung dieser in Summe nicht wesentlichen Vermögenswerte erfolgen muss.
  - Andererseits geht es vor allem um die Bewertung von gleichartigen Vorräten, aber auch Wertpapieren zu einer Gruppe, die mit dem gewogenen Durchschnittswert anstelle des jeweiligen Einzelanschaffungswert bewertet werden darf.

- Letztlich wird für gleichartige Vermögensgegenstände des Vorratsvermögens die Möglichkeit eröffnet, anstelle der Bewertung mit dem jeweiligen Anschaffungswert oder dem Durchschnittswert ein Verbrauchsfolgeverfahren wie insbesondere das FIFO (First In First Out), LIFO (Latest In First Out) anzuwenden. Dies hat zur Folge, dass bei Anwendung des FIFO-Verfahrens die zuletzt angeschafften Vorräte im Bestand verbleiben.

- In Österreich der Ansatz von Abfertigungsrückstellungen mit dem versicherungsmathematischen Wert oder vereinfachend mit einem bestimmten Prozentsatz der fiktiven Ansprüche zum jeweiligen Bilanzstichtag, sofern dagegen im Einzelfall keine erheblichen Bedenken bestehen gemäß § 211 Abs 2 öUGB.

Neben diesen Bewertungswahlrechten bestehen gerade beim Ermitteln eines konkreten Wertansatzes nicht unerhebliche Ermessensspielräume. Dieses Ermessen zeichnet sich dadurch aus, dass es eine Bandbreite akzeptabler Wertansätze gibt, die plausibel sind und daher als den GoB entsprechend angesetzt werden können. Zu erwähnen sind in diesem Zusammenhang unbestimmte Rechtsbegriffe wie „Gegenstände des Anlagevermögens sind bei voraussichtlich dauerhafter Wertminderung..", „Rückstellungen sind in der Höhe anzusetzen, die nach vernünftiger unternehmerischer Beurteilung notwendig ist", weiters die konkrete Festlegung der Nutzungsdauer von abnutzbaren Anlagegütern, die Ermittlung und Festlegung des beizulegenden Wertes von Vermögensgegenständen, sofern es sich nicht gerade um einen Vermögensgegenstand handelt, für den ein standardisierter Marktpreis (Börsenkurs) besteht (vgl. dazu ausführlicher Kapitel 7.12).

10 Bilanzanalyse

10.1 Chancen und Risiken

Grundsätzlich stellt die Bilanzanalyse ein sehr nützliches Instrument dar, um sich einen Überblick über die Vermögens-, Finanz- und Ertragslage eines Unternehmens zu verschaffen. Die Auswahl der Kennzahlen, die für ein Unternehmen berechnet werden sollen, hängt von zahlreichen Faktoren ab. Als Erstes sollte man sich die Frage stellen, welches Ziel mit der Analyse überhaupt verfolgt wird. Die große Menge an Kennzahlen wird in verschiedene Kategorien eingeteilt, die jeweils einen Aspekt des Unternehmens durchleuchten:

Finanzwirtschaftliche Analyse:

Die finanzwirtschaftliche Analyse arbeitet vor allem, aber nicht ausschließlich, mit Bestandsgrößen aus der Bilanz. Dabei wird die Struktur des Unternehmens im Bezug auf Investition und Finanzierung, aber auch die Liquidität des Unternehmens näher betrachtet.

- Investitionsanalyse: Die Vermögensstruktur des Unternehmens, d. h. die Aktivseite der Bilanz, wird analysiert. Im Zentrum stehen sowohl die Posten des Anlage- als auch des Umlaufvermögens.
- Finanzierungsanalyse: Das Pendant zur Investitionsanalyse betrachtet die Passivseite der Bilanz und damit die Finanzierungsstruktur des Unternehmens. Die Kennzahlen dieser Kategorie sind zumeist von großem Interesse, da mit der Eigen- bzw. Fremdfinanzierung unterschiedliche Risiken, aber auch Vorteile verbunden sind.
- Liquiditätsanalyse: Ein Unternehmen, das nicht liquide ist, wird früher oder später in Zahlungsschwierigkeiten geraten. Der Analyse dieses Risikos dient die Liquiditätsanalyse, die sich auf die Geldmittel des Unternehmens konzentriert.

Erfolgswirtschaftliche Analyse:

Im Fokus dieser Analyse steht die Rentabilität des Unternehmens. Es werden die Größen der GuV näher betrachtet oder ins Verhältnis zu anderen Werten des Jahresabschlusses gestellt und interpretiert.

- Erfolgsspaltung und Ergebnisquellenanalyse: Das Ziel der Erfolgsspaltung ist die Vereinheitlichung von Gewinngrößen, um einen Branchenvergleich zu ermöglichen. Je nach Kennzahl werden Faktoren wie die Finanzierungsstruktur oder die Abschreibungstradition des Unternehmens ausgeblendet, um so die Vergleichbarkeit herzustellen. Die Ergebnisse der Erfolgsspaltung werden zum Teil für die weitere erfolgswirtschaftliche Analyse anstatt der Zahlen aus dem Jahresabschluss verwendet. In der Ergebnisquellenanalyse wird das Gesamtergebnis in die einzelnen Bereiche des Unternehmens, beispielsweise in den operativen und den Finanzierungsbereich getrennt um die Herkunft des Erfolgs zu beurteilen.

In einem weiteren Schritt wird das Unternehmen selbst unter die Lupe genommen. Das Kennzahlenportfolio sollte je nach Branche und Größe des Unternehmens gewählt werden. Den Fokus auf Kennzahlen zum Anlagevermögen zu legen mag wohl bei einem Produktionsunternehmen sinnvoll, hingegen bei Dienstleistungsunternehmen grundsätzlich nicht die richtige Wahl sein. Ein einheitliches Rezept für eine gute Bilanzanalyse gibt es daher nicht. Die Ausgestaltung muss stets für den Einzelfall unter Berücksichtigung aller Faktoren erfolgen.

Insbesondere die Interpretation der Ergebnisse ist mit Vorsicht zu genießen. Auch wenn es Faustregeln gibt, welche Ergebnisse für welche Kennzahlen „gut" oder „schlecht" sind, müssen letztlich viele auch nicht bilanzierbare Faktoren berücksichtigt werden, um eine endgültige Aussage treffen zu können. Ein wesentliches Instrument der Bilanzanalyse ist der Vergleich. Analyseergebnisse haben oftmals für sich alleine keine oder kaum Aussagekraft. Für manche Kennzahlen ist daher ein Vergleich der Ergebnisse mit anderen Unternehmen des gleichen Umfelds (z. B. Land, Branche, Größe, Struktur) die einzig wertvolle Interpretationsweise. Nicht nur der Vergleich mit Konkurrenten ist eine gängige Methode der Interpretation, auch der Vergleich der Ergebnisse mit vergangenen Zahlen desselben Unternehmens ist in vielen Fällen sinnvoll, um eine Einschätzung über die Entwicklung im Zeitverlauf zu ermöglichen, vor allem auch, um auffällige Veränderungen anhand von sich signifikant ändernden Ergebnissen zu identifizieren.

10.2 Aufbereitung der Zahlen aus dem Jahresabschluss

Da vielen Lesern des Jahresabschlusses unternehmensinterne Informationen fehlen, ist der externe Analyst auf den Jahresabschluss angewiesen, der daher im Allgemeinen die Grundlage der Bilanzanalyse bildet. Besonders wichtig ist die sorgfältige Lektüre des gesamten Jahresabschlusses im Vorfeld, um sich als Analyst einen Überblick über das Unternehmen zu verschaffen. Keinesfalls vernachlässigt werden darf der Anhang, dessen Zweck die zusätzliche Angabe von essentiellen Informationen zur Bilanz und GuV ist. Im Anhang werden nützliche Informationen z. B. zur Ausübung von Wahlrechten, zu Marktwerten von Beteiligungen oder zur detaillierten Aufgliederung von aggregierten Jahresabschlussposten, gegeben.

10.2.1 Bereinigung - Wozu?

Basis der Bilanzanalyse ist der Jahresabschluss des jeweiligen Unternehmens. Im Normalfall ist dies die einzige Informationsquelle, da die meisten Unternehmen sparsam mit Informationen umgehen und weitestgehend nur so viel nach außen dringen lassen, wie dies vom Gesetz vorgeschrieben ist. Sowohl die Bilanz als auch die GuV sind allerdings Instrumente des Rechnungswesens, welches einem strengen Normensystem unterliegt. Die Zahlen, die im Jahresabschluss zu finden sind, basieren daher auf gesetzlichen Bestimmungen und entsprechen nicht zwangsweise den tatsächlichen Verhältnissen. Unterschiede entstehen einerseits durch zwingende gesetzliche Regelungen, andererseits bietet das Unternehmensrecht Spielräume durch diverse Wahlrechte in der Bilanzierung, Bewertung und Darstellung im Jahresabschluss. Wie bereits erwähnt ist der Vergleich von branchenverwandten Unternehmen in der Bilanzanalyse ein essentielles Element. Ohne Bereinigung werden Rechengrößen miteinander verglichen, die zwar den gleichen Namen haben, aber unterschiedlich bewertet bzw. dargestellt wurden. Bereinigungsbedarf kann sowohl auf der Aktiv- als auch auf der Passivseite der Bilanz bestehen. Das Ergebnis der bereinigten Bilanz wird vielfach Strukturbilanz genannt. Die Bilanzanalyse wird grundsätzlich mit bereinigten Zahlen durchgeführt.

Der Bereinigung von Werten aus dem Jahresabschluss sind Grenzen gesetzt. Es können nur jene Informationen einbezogen werden, die auch vorliegen. Es bleibt demnach immer ein gewisses Fragezeichen bestehen, ob die verwendeten Zahlen den tatsächlichen Verhältnissen entsprechen oder nicht. Zumindest einige verzerrende Posten sind aus dem Jahresabschluss ermittelbar und sollten in der Bereinigung berücksichtigt werden.

10.2.2 Berücksichtigung der Fristigkeit

Eine weitere Informationslücke im Jahresabschluss besteht hinsichtlich der Berücksichtigung von Fristigkeiten von Bilanzpositionen. Die Bilanz liefert uns nicht immer direkt alle Zahlen, die wir für die Berechnung der Kennzahlen benötigen. Die rechtlich klar vorgegebene Gliederung der Bilanz lässt wenig Spielraum. Anders als in IFRS-Abschlüssen ist im HGB/öUGB keine Unterscheidung zwischen lang- und kurzfristigen Bilanzposten vorgesehen. Die Aktivseite der Bilanz nach HGB/öUGB ist in Anlage- und Umlaufvermögen und die Passivseite in Eigen- und Fremdkapital untergliedert. Die Unterscheidung in lang- und kurzfristige Bilanzposten (wie nach IFRS) kann für die Analyse eines Unternehmens sinnvoll sein und muss für bestimmte Kennzahlen im Vorhinein vorgenommen werden. Zweckmäßig ist die Unterteilung nach Fristigkeit einerseits für die Aktivseite als Gesamtes und andererseits für das Fremdkapital. Aus dem Anhang können die Fristigkeiten zu bestimmten Positionen herausgelesen werden (bspw enthält der Anhang einen Forderungsspiegel und Verbindlichkeitenspiegel). Als Faustregel gilt als kurzfristiger Zeitraum 1 Jahr, alles darüber hinaus wird als langfristig behandelt. Auf der Passivseite wird manchmal eine dritte Kategorie der mittelfristigen Posten (1-5 Jahre) festgelegt.

10.3 Berechnung und Interpretation ausgewählter Kennzahlen

Die in der Praxis am häufigsten ermittelten Kennzahlen werden zuerst theoretisch erklärt und anschließend anhand eines konkreten Beispiels erläutert.

10.3.1 Erklärung ausgewählter Kennzahlen

10.3.1.1 Ertragskennzahlen

EBIT (Earnings before Interest and Tax)

EGT
+ Finanzierungsaufwendungen
EBIT

Die Kennzahl EBIT stellt eine Ergebnisgröße dar, die nicht in der GuV-Rechnung ausgewiesen wird, und muss daher erst berechnet werden. Die Ermittlung kann auf zwei verschiedenen Wegen erfolgen. Ausgehend vom EGT (Ergebnis der gewöhnlichen Geschäftstätigkeit) werden die Finanzierungsaufwendungen neutralisiert, sprich wieder hinzuaddiert um zum EBIT zu gelangen. Unter Finanzierungsaufwendungen sind Zinsen an Fremdkapitalgebern, d. h. durch die Fremdfinanzierung veranlasste Aufwendungen, zu verstehen. Alternativ kann vom Betriebsergebnis ausgegangen werden. Das EBIT wird erreicht, indem alle Finanzaufwendungen und -erträge bis auf die Fremdkapitalzinsen berücksichtigt werden. Da entweder das EGT oder das Betriebsergebnis als Ausgangsgröße gewählt werden, sind Steueraufwendungen ebenfalls nicht im EBIT enthalten. Das EBIT zeigt daher das Betriebsergebnis unabhängig von regionalen Besteuerungen, unterschiedlichen Rechts- sowie Finanzierungsformen an und ermöglicht dadurch eine objektivierte Betrachtungsweise. Aufgrund der höheren Vergleichbarkeit des EBIT, wird dieses auch als Größe für die Berechnung weiterer Kennzahlen herangezogen (z. B. bei der Berechnung des ROI, siehe weiter unten).

EBITD (Earnings before Interest, Tax and depreciation)

EBIT
+ Abschreibung Sachanlagevermögen
EBITD

Durch die Ermittlung des EBITD wird ein weiterer Schritt in Richtung Vergleichbarkeit gesetzt. Der Bereich der Abschreibungen bietet Unternehmen durchaus Gestaltungsspielraum. Je nachdem, welche Ziele ein Unternehmen verfolgt, wird es die optimalste Abschreibungsmethode wählen und die Nutzungsdauern aufgrund des bestehenden Ermessensspielraums entsprechend festlegen. Vom EBIT werden Aufwendungen für Abschreibungen auf das Sachanlagevermögen addiert und damit rückgängig gemacht. Bilanzpolitische Effekte aufgrund von Wahlrechten und Ermessensspielräumen im Zusammenhang mit Abschreibungen werden ausgeblendet. Durch das EBITD kann eine höhere Vergleichbarkeit der Ertragslage sowohl von Unternehmen mit unterschiedlichen Abschreibungspolitiken, als auch von Unternehmen verschiedener (mehr oder weniger anlagenintensiven) Branchen erreicht werden.

EBITA (Earnings before Interest, Tax and amortisation)

EBIT
+ Firmenwertabschreibung
EBITA

Die Kennzahl EBITA neutralisiert anstatt der Abschreibungen auf das Sachanlagevermögen die Firmenwertabschreibung. An sich enthält das englische Wort „amortisation" sämtliche Abschreibungen auf das immaterielle Anlagevermögen, in der Praxis ist davon lediglich die Firmenwertabschreibung betroffen.

EBITDA (Earnings before Interest, Tax, depreciation and amortisation)

EBIT
+ Abschreibung Sachanlagevermögen
+ Firmenwertabschreibung
EBITDA

Das EBITDA stellt wie die oben genannten Kennzahlen ebenfalls eine bereinigte Darstellung des Erfolgs dar. Ausgehend vom EBIT werden sowohl Abschreibungen auf das Sachanlagevermögen als auch getätigte Firmenwertabschreibungen neutralisiert. Das EBITDA wird daher durch jahresabschlusspolitische Maßnahmen im Zusammenhang mit Abschreibungen nicht beeinflusst.

Return on Investment (ROI, Gesamtkapitalrentabilität)

$$\frac{\text{EBIT}}{\text{Anfangsbestand Gesamtkapital}}$$

Der ROI (Return on Investment, Gesamtkapitalrentabilität) ist ein Indikator für die Verzinsung des zur Verfügung gestellten Kapitals aller Kapitalgeber aus dem laufenden Ergebnis. Das Verhältnis zwischen EBIT und Gesamtkapital soll Auskunft über die Rentabilität der Investition aus Sicht der Kapitalgeber geben. Da die Verzinsung für alle Kapitalgeber, sprich sowohl Eigen- als auch Fremdkapitalgeber, berechnet wird, muss eine Erfolgsgröße vor Abzug der Fremdkapitalzinsen herangezogen werden. Daher eignet sich das EBIT als Basisgröße für die Berechnung des ROI. Der ROI ist folglich von der Finanzierungsstruktur unabhängig.

Der Return on Investment kann entweder auf Basis des Gesamtvermögens zum Jahresbeginn oder auf Basis des durchschnittlichen Gesamtvermögens (Vereinfachte Berechnung: (Anfangsbestand + Endbestand) / 2) berechnet werden.

Eigenkapitalrentabilität

$$\frac{EGT}{\text{Anfangsbestand Eigenkapital}}$$

Im Gegensatz zur Gesamtkapitalrentabilität wird im Fall der Eigenkapitalrentabilität (auch ROE, Return on Equity) nur die Seite der Eigenkapitalgeber betrachtet. Eigenkapitalgebern ist nur jener Teil des Ergebnisses zuzurechnen, der nach Abzug der Fremdkapitalzinsen zur Verfügung steht. Anstatt des EBIT bildet daher das EGT den Zähler der Berechnungsformel für die Eigenkapitalrentabilität. Das EGT wird in ein Verhältnis zum Eigenkapital gesetzt. Auch hier wird in der Praxis oft die dynamische Berechnung anhand des durchschnittlichen Eigenkapitals bevorzugt. In vielen (wirtschaftlich orientierten) Unternehmen stellt die Maximierung der Eigenkapitalrentabilität eine Zielgröße dar. Ein Vergleich der Eigenkapitalverzinsung eines Unternehmens mit der Rendite alternativer Anlageformen (= Opportunitätskosten) zeigt dem investitionswilligen Anleger, Unternehmer, Gesellschafter etc., ob eine (etwaige) Investition für ihn „rentabel" ist. Ist die Eigenkapitalrendite höher als die Opportunitätskosten so kann dies für eine Investition in das Unternehmen sprechen. Auch ein Vergleich der Eigenkapitalrentabilität im Zeitvergleich kann sinnvoll sein. Wenn in den letzten Jahren die Rentabilität stetig gestiegen ist, kann dies ein Hinweis auf eine erfolgreiche Unternehmensführung sein. Eine niedrige Eigenkapitalverzinsung kann auf unrentables (unnötiges) gebundenes Kapital hindeuten (bspw hohe Vorratsbestände). Aber auch eine hohe Eigenkapitalrendite muss nicht unbedingt vorteilhaft sein, bspw kann eine hohe Rendite mit einer niedrigen Eigenkapitalquote (Definition siehe unten) einhergehen und damit ein höheres Finanzierungsrisiko in der Zukunft bewirken.

Exkurs: Leverageeffekt

Die Eigenkapitalrentabilität hängt in hohem Maße von der Gesamtkapitalrentabilität, der Fremdkapitalquote und der Höhe des Zinssatzes für das Fremdkapital ab.

Liegt der Fremdkapitalzinssatz unter der Gesamtkapitalrentabilität, steigt bei zunehmender Verschuldung (Verschuldungsgrad wird höher, Definition siehe unten) die Eigenkapitalrentabilität. So kann durch Einsatz von Fremdkapital die Eigenkapitalrendite eines Unternehmens/einer Investition gesteigert werden. Diesen Effekt nennt man Leverageeffekt (Hebelwirkung).

Kritisch kann es werden, wenn die Gesamtkapitalrentabilität unter den Fremdkapitalzinssatz (Kosten des Fremdkapitals) sinkt. In diesem Fall wird vom sogenannten „umgekehrten" Leverageeffekt gesprochen und die Eigenkapitalrentabilität geht zurück und kann im schlechtesten Fall negativ werden.

Der Leverageeffekt ist insofern von Interesse für den Bilanzadressaten, da er mithilfe der Gesamtkapitalrentabilität ersehen kann, zu welchem (oder bis zu welchem) Zinssatz jeweils zusätzliches Fremdkapital aufgenommen werden kann, ohne den Leverageeffekt umkehren zu lassen.

Umsatzrentabilität

$$\frac{EBIT}{Umsatzerlöse}$$

Die Umsatzrentabilität (ROS, Return on Sales) zeigt das Verhältnis des Ergebnisses zu den erzielten Umsatzerlösen eines Geschäftsjahres. Je höher die Umsatzrentabilität, desto rentabler ist die Tätigkeit des Unternehmens. Es wird gezeigt, welcher Teil des Umsatzes schlussendlich tatsächlich als Ergebnis bestehen bleibt und nicht durch Aufwendungen aufgezehrt wird. Bspw bedeutet eine Umsatzrentabilität von 15%, dass mit jedem umgesetzten Euro ein Gewinn von 15 Cent erwirtschaftet wird. Im Zeitvergleich weist eine steigende Umsatzrendite bei unverändertem Verkaufspreis auf eine zunehmende Produktivität im Unternehmen hin, während eine sinkende Umsatzrentabilität auf sinkende Leistungsfähigkeit und damit auf steigende Kosten hindeutet.

Je nachdem, welche Aussage mit der Berechnung der Umsatzrentabilität getätigt werden soll, kann die Berechnung auf unterschiedlichen Erfolgsgrößen basieren. Üblich sind z. B. das EGT, das EBIT oder das Betriebsergebnis.

Cash-Flow-Umsatzrate

$$\frac{Praktiker\text{-}Cash\text{-}Flow}{Umsatzerlöse}$$

Ein Bindeglied zwischen Ertrags- und Finanzierungskennzahl stellt die Cash-Flow-Umsatzrate dar. Diese ist definiert als der Quotient von Cash-Flow und Umsatzerlös, wobei als Cash-Flow üblicherweise ein zahlungswirksamer Gewinn wie der sog. Praktiker-CF oder der Geldfluss aus dem Ergebnis herangezogen wird. Mit dieser Kennzahl wird somit errechnet, wieviel Cent von einem Euro Umsatz als Liquidität dem Unternehmen verbleiben.

Rohertrag (Bruttoergebnis vom Umsatz)

Umsatzerlös

- Materialaufwand

Rohertrag

Der Rohertrag ist die Differenz von Umsatzerlös (bzw. Gesamtleistung, wozu neben dem Umsatzerlös auch die Bestandsveränderung sowie die aktivierte Eigenleistung zählen) und dem Materialaufwand. Er stellt von seinem betriebswirtschaftlichen Verständnis eine Art Deckungsbeitrag dar, wenngleich nicht sämtliche variablen Aufwendungen berücksichtigt werden können.

Bruttogewinnspanne

$$\frac{\text{Rohertrag}}{\text{Umsatzerlös}}$$

Die Bruttogewinnspanne ist der Quotient von Rohertrag und Umsatzerlös/Gesamtleistung und kann entsprechend dem Charakter des Rohertrags als Deckungsbeitrag als grobes Instrument zur Ermittlung von Mindestmengen (Break-Even-Berechnungen) eingesetzt werden.

Rohaufschlag (Handelsspanne)

$$\frac{\text{Rohertrag}}{\text{Materialaufwand}}$$

Der Rohaufschlag bzw. die Handelsspanne stellt den Rohertrag dem Materialaufwand gegenüber. Die Kennzahl gibt Auskunft darüber, wieviel % auf den Vorratseinstandspreis betraglich aufgeschlagen werden und dient als einfaches Kalkulationsinstrument. Diese Kennzahl ist insbesondere für Handels- und Produktionsunternehmen geeignet. Soll ein Dienstleistungsunternehmen analysiert werden, sollte eine andere Aufwandsgröße herangezogen werden, wie z. B. der Personalaufwand. Der Rohaufschlag hängt jedenfalls auch von der Materialintensität eines Unternehmens ab und sagt für sich allein daher noch nichts über die Effizient eines Unternehmens aus. Durch einen Branchen- bzw. Zeitvergleich kann der Rohaufschlag hingegen eine hilfreiche Kennzahl in der Bilanzanalyse darstellen.

10.3.1.2 Finanzierungskennzahlen

Eigenkapitalquote

$$\frac{\text{Endbestand Eigenkapital}}{\text{Endbestand Gesamtkapital}}$$

Die Eigenkapitalquote stellt den Anteil des Eigenkapitals am Gesamtkapital und daher die Finanzierungsstruktur eines Unternehmens dar. Eine niedrige Eigenkapitalquote bringt eine Reihe von Risiken mit sich: Die höhere Abhängigkeit von Kreditgebern, die Gefährdung der Liquidität durch laufende Zins- und Kredittilgungszahlungen sowie die Schwierigkeit der Aufnahme von weiterem Fremdkapital aufgrund schlechterer Bonitätsratings sind Beispiele für Nachteile von ausgeprägter Fremdfinanzierung. Jedoch ist auch eine hohe Eigenkapitalquote nicht nur mit Vorteilen behaftet. So ist bspw die steuerliche Diskriminierung des Eigenkapitals zu nennen, die sich namentlich in der Steuerbelastung des Dividendenanspruchs der Aktionäre niederschlagen kann.

Eine allgemeine Aussage über die „perfekte" Eigenkapitalquote kann nicht getroffen werden. Die Finanzierungsstruktur eines Unternehmens wird durch verschiedene kulturelle und länderspezifische Gegebenheiten sowie durch Branchenspezifika beeinflusst. Zur validen Bewertung des Ergebnisses müsste daher ein Vergleich mit anderen Unternehmen des gleichen oder eines ähnlichen Umfelds angestellt werden.

Verschuldungsgrad

$$\frac{\text{Fremdkapital}}{\text{Eigenkapital}}$$

Der Verschuldungsgrad zeigt das Verhältnis zwischen bilanziellem Fremdkapital und Eigenkapital an. Je höher das Fremdkapital, desto höher ist die Abhängigkeit eines Unternehmens von externen Gläubigern. Durch zusätzliche Aufnahme von Fremdkapital erhöht sich der Verschuldungsgrad und das Risiko der Überschuldung steigt. Der Verschuldungsgrad zeigt aber nicht, ob es sich um kurzfristige, mittelfristige oder langfristige Schulden handelt. Isoliert für sich betrachtet kann der Verschuldungsgrad daher nur eingeschränkt Aussagekraft liefern. Häufig wird die Kennzahl Nettoverschuldung und in weiterer Folge das Gearing für die Analyse der Finanzierungsstruktur eines Unternehmens herangezogen.

Nettoverschuldung

Verzinsliches Fremdkapital

- liquide Mittel

Nettoverschuldung

Die Nettoverschuldung ist wie die Eigenkapitalquote eine Kennzahl der Finanzierungsanalyse. Ziel ist daher, die Finanzierungsstruktur und daher die Passivseite der Bilanz eines Unternehmens näher zu beleuchten. Die Nettoverschuldung ist eine Darstellungsform des Fremdkapitals. Das in der Bilanz dargestellte Fremdkapital liefert unter Umständen keine zufriedenstellenden Informationen über die tatsächliche Verschuldenssituation eines Unternehmens. Dies versucht man mit der Nettoverschuldung auszugleichen. Dazu wird erstens in die Nettoverschuldung nur verzinsliches Fremdkapital, also jenes Fremdkapital, welches Zinsaufwendungen auslöst, einbezogen. Zweitens werden die bestehenden liquiden Mittel vom Fremdkapital abgezogen um zur Nettoverschuldung zu gelangen. Dieser Teil des Fremdkapitals könnte sofort durch die vorhandenen liquiden Mittel zurückbezahlt werden und stellt damit keine echte wirtschaftliche Belastung dar und ist deshalb aus Sicht der Nettoverschuldung auszuscheiden.

Gearing

$$\frac{\text{Nettoverschuldung}}{\text{Endbestand Eigenkapital}}$$

Das Gearing basiert auf der oben erläuterten Nettoverschuldung. Das Gearing ist eine Form des Verschuldungsgrades. Während der klassische Verschuldungsgrad die Relation von Fremdkapital und Eigenkapital darstellt, ersetzt das Gearing das bilanzielle Fremdkapital durch die Nettoverschuldung. Das Gearing ist daher im Normalfall um einiges geringer als der „einfache" Verschuldungsgrad.

10.3.1.3 Liquiditätskennzahlen

Working Capital

kurzfristiges Umlaufvermögen

- kurzfristiges Fremdkapital

Working Capital

Die Liquidität eines Unternehmens ist für seine Überlebensfähigkeit in der Zukunft von immenser Bedeutung. Hat ein Unternehmen dauerhaft mit Liquiditätsproblemen zu kämpfen und werden keine Maßnahmen getroffen, wird es früher oder später in die Krise geraten. Das Working Capital ist ein Indikator für die Liquidität eines Unternehmens. Durch Subtraktion des kurzfristigen Fremdkapitals vom kurzfristigen Umlaufvermögen (zur Einteilung der Fristigkeit siehe oben) wird das Working Capital ermittelt. Ist das Working Capital negativ, so ist das kurzfristige Fremdkapital größer als das kurzfristige Umlaufvermögen. Dies bedeutet wiederum, dass Teile des langfristigen Umlaufvermögens bzw. vielleicht sogar Teile des Anlagevermögens durch kurzfristiges Fremdkapital finanziert sind. Es gilt daher der Grundsatz, dass das Working Capital zumindest positiv sein sollte. Je höher das Working Capital, desto mehr Liquiditätsspielraum steht dem Unternehmen zur Verfügung. Ergänzt wird das Working Capital durch die Aussage, dass langfristiges Vermögen durch langfristiges Kapital gedeckt sein muss, um die Liquidität eines Unternehmens nicht zu gefährden.

„Cash-Flow"

Der Cash-Flow (= Geldfluss) ist eine der wichtigsten Kennzahlen. Er stellt den aus der Geschäftstätigkeit erzielten Nettozufluss liquider Mittel während eines Zeitabschnittes dar. Für den Praktiker ermöglicht die Cash-Flow Berechnung eine genaue Abschätzung der finanziellen Situation eines Unternehmens (= Zahlungskraft, Innenfinanzierungspotential eines Unternehmens), sprich inwiefern ein Unternehmen im Rahmen der operativen Tätigkeit die notwendigen finanziellen Ressourcen für die Erhaltung der Substanz des im Jahresabschluss ausgewiesenen Vermögens und für Investitionen selbst erwirtschaften kann. Mit anderen Worten zeigt der Cash Flow an inwiefern das Unternehmen sich aus eigener Kraft finanziell erhalten kann. Durch Verwendung des Cash-Flow versucht man nur die tatsächlichen Zahlungsströme zu erfassen. Im handelsrechtlichen Jahresergebnis eines Unternehmens sind eine Fülle von unbaren Aufwendungen enthalten. Zu nennen sind insbesondere Abschreibungen und Rückstellungen. In diesen Fällen findet überhaupt kein Zahlungsfluss („es fließt kein Geld") statt.

Der Cash-Flow kann sowohl direkt als auch indirekt ermittelt werden.

Direkte Ermittlung:

    Erfolgswirksame Einnahmen

    - Erfolgswirksame Ausgaben

    Cash-Flow

Dem externen Bilanzadressat stehen für eine direkte Ermittlung des Cash-Flow nicht die notwendigen (unternehmensinternen) Daten zur Verfügung. Er muss daher den Cash-Flow nach der indirekten Methode ermitteln.

Indirekte Ermittlung:

    Jahresergebnis

    + Nichtzahlungswirksame Aufwendungen

    - Nichtzahlungswirksame Erträge

    Cash-Flow

Ein einfaches – in der Praxis übliches – Schema zur Ermittlung des Cashflow (in indirekter Form) ist die so genannte „Praktikermethode":

    Jahresüberschuss

    + Abschreibungen vom Anlagevermögen

    - Zuschreibungen zum Anlagevermögen

    +/- Erhöhung/Verminderung langfristiger Rückstellungen

    Cash-Flow (Praktikermethode)

Genauere und umfassendere Ergebnisse liefert eine sogenannte Kapital(Geld)flussrechnung. Die Kapitalflussrechnung soll die Mittelherkunft und Mittelverwendung der liquiden Mittel darstellen. Als Zahlenbasis dienen die Gewinn- und Verlustrechnung und die Bilanz. Im Allgemeinen werden die Zahlungsströme in drei Stufen des Cash-Flows unterschieden:

- Cash-Flow aus laufender Tätigkeit zeigt an, inwieweit das Unternehmen in der Lage war, Geldmittel zur Aufrechterhaltung der Geschäftstätigkeit, zur Kredittilgung und Dividendenzahlungen sowie für Investitionen ohne Zugriff auf externe Finanzmittel zu schaffen.
- Cash-Flow aus Investitionstätigkeit zeigt das Ausmaß der Zahlungsströme für Investitionen an, die künftige Erträge und Einzahlungen bewirken sollen.
- Cash-Flow aus Finanzierungstätigkeit: Diesem sind grundsätzlich die Zahlungsströme zuzuordnen, die aus Transaktionen mit den Unternehmenseignern und Minderheitsgesellschaftern konsolidierter Tochterunternehmen sowie aus der Aufnahme oder Tilgung von (Finanz-) Krediten resultieren.

Das Ergebnis dieser drei Cash-Flow Größen stellt den Finanzmittelfonds eines Unternehmens am Ende einer Periode dar. Gemäß den Empfehlungen des Deutschen Standardisierungsrats (DRS 2) ist eine indirekte Kapitalflussrechnung wie folgt aufgebaut:

1.		Jahresergebnis vor außerordentlichen Posten
2.	+/-	Abschreibungen/Zuschreibungen auf das Anlagevermögen
3.	+/-	Zunahme/Abnahme von Rückstellungen
4.	+/-	sonstige unbare Aufwendungen und Erträge
5.	+/-	Verlust/Gewinn aus dem Abgang von Anlagevermögen
6.	+/-	Abnahme/Zunahme der Vorräte, Forderungen aus Lieferungen und Leistungen sowie anderer Aktiva, die nicht der Investitions- oder Finanzierungstätigkeit zuzuordnen sind
7.	+/-	Zunahme/Abnahme der Verbindlichkeiten aus Lieferungen und Leistungen sowie anderer Passiva, die nicht der Investitions- oder Finanzierungstätigkeit zuzuordnen sind
8.	+/-	Ein- und Auszahlungen aus außerordentlichen Positionen
9.	=	**Cash-Flow aus laufender Geschäftstätigkeit**
10.	+	Einzahlungen aus Abgängen des Sachanlagevermögens
11.	-	Auszahlungen für Investitonen in das Sachanlagevermögen
12.	+	Einzahlungen aus Abgängen des immateriellen Anlagevermögens
13.	-	Auszahlungen für Investitionen in das immaterielle Anlagevermögen
14.	+	Einzahlungen aus Abgängen des Finanzanlagevermögens
15.	-	Auszahlungen für Investitionen in das Finanzanlagevermögen
16.	+	Einzahlungen aus dem Verkauf von konsolidierten Unternehmen und sonstigen Geschäftseinheiten
17.	-	Auszahlungen aus dem Erwerb von konsolidierten Unternehmen und sonstigen Geschäftseinheiten
18.	+	Einzahlungen aufgrund von Finanzmittelanlagen im Rahmen der kurzfristigen Finanzdisposition
19.	-	Auszahlungen aufgrund von Finanzmittelanlagen im Rahmen der kurzfristigen Finanzdisposition
20.	=	**Cash-Flow aus der Investitionstätigkeit**
21.	+	Einzahlungen aus Eigenkapitalzuführungen
22.	-	Auszahlungen an Unternehmenseigner und Minderheitsgesellschafter
23.	+	Einzahlungen aus der Begebung von Anleihen und der Aufnahme von (Finanz-)Krediten
24.	-	Auszahlungen aus der Tilgung von Anleihen und der Aufnahme von (Finanz-)Krediten
25.	=	**Cash-Flow aus der Finanzierungstätigkeit**
26.		**Zahlungswirksame Veränderungen des Finanzmittelfonds (Summe aus 9., 20. und 25.)**
27.	+/-	Wechselkurs-, konsolidierungskreis- und bewertungsbedingte Änderungen des Finanzmittelfonds
28.	+	Finanzmittelfonds am Anfang der Periode
29.	=	**Finanzmittelfonds am Ende der Periode**

Hinzuweisen ist darauf, dass eine Geldflussrechnung für Unternehmen welche einen Konzernabschluss aufzustellen haben verpflichtend durchzuführen ist. Daher sind einzelne Positionen für die Analyse eines Einzelabschlusses irrelevant.

10.3.1.4 Sonstige Kennzahlen

Sachanlagenabnutzungsgrad

$$\frac{\text{Kumulierte Abschreibungen SAV}}{\text{Endbestand SAV zu AK/HK}}$$

Die Kennzahl des Abnutzungsgrads soll zeigen, in welchem Alterszustand sich das Anlagevermögen befindet. Ist der Abnutzungsgrad des Sachanlagevermögens relativ hoch, muss das Unternehmen unter Umständen in der nahen Zukunft mit Neuanschaffungen rechnen und sollte diesen Investitionsbedarf in seine Planung einbeziehen. Zu beachten ist allerdings, dass die tatsächliche und die buchhalterische Nutzungsdauer nicht unbedingt übereinstimmen müssen und Gegenstände des Anlagevermögens auch nach der vollständigen Abschreibung dem Unternehmen noch viele weitere Jahre dienen können. Ebenso können Ersatzinvestitionen nicht nur durch Kauf (Erwerb des wirtschaftlichen Eigentums), sondern durch nicht aktivierungsfähiges Finanzierungsleasing erfolgen, mit der Folge, dass mangels bilanzwirksamen Zugangs keine sichtbare Erneuerung und damit Verjüngung des Vermögens erfolgt.

Im Gegensatz bspw. zur Abschreibungsquote ist der Abnutzungsgrad eine statische Kennzahl. Es soll kein Jahresdurchschnittswert berechnet werden, sondern der Stand des Abnutzungsgrads zum Jahresende. Daher sind keine Durchschnittswerte sondern statische Werte heranzuziehen. Für die Berechnung dieser Kennzahl wird die kumulierte Abschreibung, also die bereits vorgenommene Abschreibung des bestehenden Sachanlagevermögens, mit dem Endbestand des abnutzbaren Sachanlagevermögens zu Anschaffungs- oder Herstellungskosten in ein Verhältnis gesetzt. Auch hier sind wie oben bereits ausgeführt, jene Sachanlagen vom Endbestand des Sachanlagevermögens abzuziehen, die als nicht abnutzbar anzusehen sind. In den kumulierten Abschreibungen können naturgemäß ohnehin keine verzerrenden Werte enthalten sein.

Investitionsdeckung

$$\frac{\text{Nettoinvestition in das SAV}}{\text{Abschreibung SAV}}$$

Eine vor allem in der Mehrjahresbetrachtung weitere sinnvolle Kennzahl ist die sog. Investitionsdeckung. Bei dieser werden die Nettoinvestitionen, d. h. die Zugänge ins Sachanlagevermögen abzüglich der Buchwertabgänge der Jahresabschreibung des Sachanlagevermögens gegenübergestellt. Damit kann rechnerisch die Substanzerhaltung des Sachanlagevermögens überprüft werden. Die Berechnung ist lediglich für das abnutzbare Sachanlagevermögen sinnvoll, da nur dieses abgeschrieben wird. Zu bedenken ist bei dieser Kennzahl allerdings, dass durch Veränderung des Finanzierungsverhaltens (z. B. vermehrte Miete/Leasing anstelle Kauf) die Aussage der Kennzahl verzerrt wird.

Umschlagshäufigkeit und -dauer der Vorräte

Umschlagshäufigkeit:

$$\frac{\text{Materialaufwand}}{\varnothing \text{ Roh-, Hilfs- und Betriebsstoffe + Handelswaren}}$$

Umschlagsdauer:

$$\frac{365}{\text{Umschlagshäufigkeit der Vorräte}}$$

Umschlagshäufigkeiten zeigen grundsätzlich, wie oft sich ein Posten der Bilanz im Jahr erneuert. Je häufiger dies passiert, umso geringer ist die Kapitalbindung im Unternehmen, umso weniger Kapitalbindungskosten fallen daher an. Aus der Umschlagshäufigkeit lässt sich die Umschlagsdauer ermitteln.

Eine Kennzahl aus der Gruppe der Umschlagskennzahlen (weitere wären z. B. die Debitoren- sowie die Kreditorenumschlagshäufigkeit) ist die sogenannte Umschlagshäufigkeit der Vorräte, auch Lagerumschlagshäufigkeit genannt. Diese Kennzahl nimmt den Lagerbestand und die Lagerhaltung unter die Lupe. Besonders in Produktionsunternehmen mit hohem Warenverbrauch ist eine effiziente Lagerhaltung essentiell, da der Lagerbestand mit einer Kapitalbindung einhergeht und daher möglichst gering gehalten werden sollte. Die Lagerumschlagshäufigkeit zeigt daher, wie oft der Lagerbestand im Jahr erneuert wird. Die Lagerdauer stellt den Mittelwert der durchschnittlichen Verweildauer von Vorratsbeständen dar.

Der Vorratseinsatz ist in der GuV als „Materialaufwand" zu finden. Zu diesem Vorratseinsatz zählt einerseits der Verbrauch von Roh-, Hilfs- und Betriebsstoffen sowie andererseits der Handelswareneinsatz. Die Lagerumschlagshäufigkeit bezieht sich naturgemäß auf das gesamte Jahr. Um eine dynamische Berechnung zu erreichen wird anstelle eines Stichtagwerts der Jahresdurchschnittswert der Vorräte herangezogen, wobei ebenfalls nach Möglichkeit die Roh, Hilfs- und Betriebsstoffe sowie die Handelswaren zu berücksichtigen sind. Sollte eine Trennung der Fertigerzeugnisse von den Handelswaren aus der Bilanz nicht möglich sein, wird vielfach nur mit dem Bestand der Roh-, Hilfs- und Betriebsstoffe lt. Bilanz gerechnet.

Aus der Lagerumschlagshäufigkeit lässt sich ganz einfach die Umschlagsdauer ermitteln, indem die Anzahl der Tage pro Jahr (365) durch die Umschlagshäufigkeit dividiert wird.

10.3.2 Bereinigungen – Typische Sachverhalte

10.3.2.1 AKTIVSEITE

Warum die Bereinigung von Kennzahlen unerlässlich für die Validität der Ergebnisse ist wurde bereits ausführlich erläutert. Im Zuge der Bereinigung sind viele unterschiedliche Posten zu berücksichtigen. Um die Systematik der Bereinigung zu verdeutlichen, werden im Folgenden einige häufige Bereinigungsfälle erläutert.

Bereinigtes Anlagevermögen

Aktive latente Steuern

Im Handelsrecht besteht ein Wahlrecht zur Aktivierung von aktiven latenten Steuern. Um Verzerrungen zu vermeiden und die Vergleichbarkeit von unterschiedlichen Unternehmen zu gewährleisten, müssen diese allerdings im Zuge der Bereinigung hinzugezählt werden. Da der Ausgleich der aktiven latenten Steuern in der Zukunft liegt, muss ein Zinseffekt aufgrund der Langfristigkeit berücksichtigt werden. Allgemein wird bei latenten Steuern daher oftmals der Einfachheit halber von einem halben nominellen Steuersatz ausgegangen. Die Hälfte der aktiven latenten Steuern sind daher aufgrund ihres langfristigen Charakters dem Anlagevermögen zuzurechnen, der restliche Betrag wird mit dem Eigenkapital verrechnet.

Leasinggegenstände

Die Leasinggegenstände werden mangels wirtschaftlichen Eigentums nicht als Anlagevermögen qualifiziert sondern scheinen im jeweiligen Jahr als Leasingaufwand auf. Wirtschaftlich betrachtet stellen Leasinggegenstände für die Laufzeit des Leasingvertrages ein einem gekauften Anlagevermögen vergleichbares Nutzungspotential dar. Da im Anhang über die Höhe der Leasingverpflichtungen der kommenden 5 Jahre zu berichten ist, können die Leasinggegenstände in Höhe der im Anhang angegebenen Leasingverpflichtungen für Zwecke der Bilanzanalyse als Anlagevermögen eingestuft und zugleich die Leasingverpflichtungen der nächsten 5 Jahre als Verbindlichkeiten in die Strukturbilanz aufgenommen werden.

Aktive latente Steuern im Disagio

In einem in der Bilanz ausgewiesenen Disagio sind noch nicht berücksichtigte aktive latente Steuern enthalten. Das Disagio wird zwar aus der Bilanz ausgeschieden (siehe unten zum Umlaufvermögen), die aktiven latenten Steuern werden aber im bereinigten Anlagevermögen berücksichtigt.

Bereinigtes Umlaufvermögen

Aktive Rechnungsabgrenzungsposten

In der Bilanz werden als dritte Kategorie die „Rechnungsabgrenzungsposten" ausgewiesen. Diese stellen grundsätzlich Umlaufvermögen dar.

Disagio

Das Disagio, das ebenfalls den Rechnungsabgrenzungsposten zugerechnet wird, ist einer wirtschaftlichen Betrachtungsweise zufolge nicht in die Strukturbilanz aufzunehmen. Diese sogenannte Bilanzierungshilfe ist ein rein fiktiver Posten des HGB und existiert tatsächlich schlichtweg nicht. Die im Disagio enthaltenen aktiven latenten Steuern werden hingegen im Anlagevermögen berücksichtigt.

Bereinigtes Gesamtvermögen

Das bereinigte Gesamtvermögen ergibt sich aus den bereinigten Ergebnissen des Anlage- und Umlaufvermögens.

10.3.2.2 PASSIVSEITE

Ausschüttung des Jahresgewinns

Bei der Bereinigung der Passivseite sind mehrere Aspekte zu berücksichtigen. Beim ersten Schritt der Bereinigung handelt es sich um eine Umgliederung vom Eigen- in das Fremdkapital. Die bereits bekannte geplante Ausschüttung des Bilanzgewinns wird bis zum Ausschüttungsbeschluss in der General- oder Hauptversammlung weiterhin im Bilanzgewinn ausgewiesen. Es ist allerdings bereits bekannt, dass diese Mittel innerhalb naher Zukunft an die Eigenkapitalgeber abfließen werden. Wirtschaftlich betrachtet stellt dieser Teil des Bilanzgewinns eine Verbindlichkeit gegenüber den Gesellschaftern oder Aktionären dar und wird daher in das (kurzfristige) Fremdkapital umgegliedert.

Disagio

Die Aktivseite der Bilanz muss mit der Summe der Passivseite jedenfalls übereinstimmen. Die obigen Ausführungen zur Bereinigung der Aktivseite zeigen, dass die Bilanzsumme lt. Bilanz nicht mit dem bereinigten Gesamtvermögen übereinstimmt. Dies kommt daher, dass das Disagio ausgeschieden und die Leasingverpflichtungen hinzugezählt wurden. Diese Vorgänge müssen nun auch auf der Passivseite berücksichtigt werden. Das Disagio (abzüglich der beinhaltenden aktiven latenten Steuern) ist vom Eigenkapital abzuziehen.

Leasingverpflichtungen

Nicht vergessen werden dürfen die Leasingverpflichtungen der nächsten fünf Jahre, die im Anhang ausgewiesen sind. Wie auf der Aktivseite ist diese Information aus dem Anhang auch auf der Passivseite, nämlich im Fremdkapital, zu berücksichtigen.

Aktive latente Steuern

Die aktiven latenten Steuern sind auf der Passivseite aufgrund der Langfristigkeit dem Eigenkapital zuzuordnen.

10.3.3 Spezifika für Österreich

Unversteuerte Rücklagen

Unversteuerte Rücklagen gibt es nur in der österreichischen Bilanz. Unversteuerte Rücklagen sind im Zuge der Bereinigung auf das Eigenkapital aufzuteilen. Sie werden abzüglich des abgezinsten latenten Steueranteils dem Eigenkapital zugerechnet.

Cash-Flow-Rechnung nach KFS/BW 2

Im Rahmen des Fachgutachten über die Geldflussrechnung als Ergänzung des Jahresabschlusses und Bestandteil des Konzernabschlusses des Fachsenats für Betriebswirtschaft und Organisation des Instituts für Betriebswirtschaft, Steuerrecht und Organisation der Kammer der Wirtschaftstreuhänder (KFS/BW 2) wurde eine Empfehlung zur Darstellung der verpflichtenden oder freiwilligen Geldflussrechnung im Jahres- oder Konzernabschluss ausgearbeitet. Die Ergebnisse der einzelnen Cash-Flows entsprechen der Berechnung des DRS 2 wie oben dargestellt. Die Reihenfolge und Bezeichnung weichen allerdings ab. Die Endergebnisse, d. h. die zahlungswirksame Veränderung des Finanzmittelbestands, müssen jedenfalls nach beiden Berechnungen übereinstimmen.

```
  Ergebnis der gwöhnlichen Geschäftstätigkeit
+ Abschreibungen auf Vermögensgegenstände des Investitionsbereichs
- Zuschreibungen auf Vermögensgegenstände des Investitionsbereichs
- Erträge aus dem Abgang von Vermögensgegenstände des Investitionsbereichs
+ Verluste aus dem Abgang von Vermögensgegenstände des Investitionsbereichs
  Geldfluss aus dem Ergebnis
+ Verminderung Vorräte
- Erhöhung Vorräte
+ Verminderung Forderungen
- Erhöhung Forderungen
+ Verminderung ARA
- Erhöhung ARA
- Verminderung Rückstellungen (ohne Steuerrückstellung)
+ Erhöhung Rückstellungen (ohne Steuerrückstellung)
- Verminderung Verbindlichkeiten (ohne Anleihen und Finanzkredite)
+ Erhöhung Verbindlichkeiten (ohne Anleihen und Finanzkredite)
- Verminderung PRA
+ Erhöhung PRA
  Nettogeldfluss aus der gew. Geschäftstätigkeit
+/- ao Aufwand
- Steuern vom Einkommen und vom Ertrag
- Verminderung Steuerrückstellung
  Nettogeldfluss aus laufender Geschäftstätigkeit

+ Einzahlungen aus dem Anlagenabgang (ohne Finanzanlagen)
+ Einzahlungen aus dem Abgang von Finanzanlagen und sonstigen Finanzinvestitionen
- Auszahlungen für Anlagenzugänge (ohne Finanzanlagen)
- Auszahlungen für Finanzanlagenzugang und sonstigen Finanzinvestitionen
  Nettogeldfluss aus der Investitionstätigkeit

+ Einzahlungen von Eigenkapital
- Rückzahlungen von Eigenkapital
- Auszahlungen aus der Bedienung des Eigenkapitals
- Verminderung Finanzkredite
+ Erhöhung Finanzkredite
  Nettogeldfluss aus der Finanzierungstätigkeit

  Nettogeldfluss aus laufender Geschäftstätigkeit
  Nettogeldfluss aus der Investitionstätigkeit
  Nettogeldfluss aus der Finanzierungstätigkeit
  zahlungswirksame Veränderung des Finanzmittelbestandes
```

Kennzahlen nach URG

Das österreichische URG (= Unternehmensreorganisationsgesetz) sieht eigene Kennzahlen für die Bilanzanalyse eines Unternehmens vor. Diese sind für ein Unternehmen im Falle einer Insolvenz von großer Bedeutung und können erhebliche rechtliche Konsequenzen nach sich ziehen. Die beiden relevanten Kennzahlen sind die Eigenmittelquote sowie die fiktive Schuldentilgungsdauer. Da die Berechnung der beiden Kennzahlen gesetzlich vorgeschrieben und anhand von Bilanzwerten zu erfolgen hat, sind keine Bereinigungen vorzunehmen.

Eigenmittelquote

$$\frac{\text{Endbestand Eigenmittel nach URG}}{\text{Endbestand Gesamtkapital nach URG}}$$

Die Eigenmittelquote ist eine abgewandelte Version der Eigenkapitalquote. Zusätzlich zum Eigenkapital lt. Bilanz werden die unversteuerten Rücklagen addiert und somit ebenfalls als Eigenmittel behandelt. Im obigen Beispiel entspricht die Eigenmittelquote der Eigekapitalquote, da weder unversteuerte Rücklagen noch Anzahlungen auf Vorräte vorliegen.

Fiktive Schuldentilgungsdauer

$$\frac{\text{Schulden}}{\text{CF (Mittelüberschuss)}}$$

Rückstellungen

+ Verbindlichkeiten

− erhaltene Anzahlungen auf Vorräte

− Sonstige Wertpapiere des UV

− Kassenbestand, Schecks,…

Schulden

EGT

− Steuern vom Einkommen (EGT)

+ Abschreibung AV

+ Verluste aus Abgang AV

− Zuschreibungen AV

− Erträge aus Abgang AV

+ Erhöhung langfr. Rückstellungen

− Verminderung langfr. Rückstellungen

Mittelüberschuss aus EGT

Die fiktive Schuldentilgungsdauer gibt an, wie viele Jahre die Tilgung der Schulden aus dem laufenden Cash-Flow aus heutiger Sicht dauert. Dabei wird vom aktuellen Schuldenstand und dem aktuellen Cash-Flow ausgegangen. Die Berechnung der fiktiven Schuldentilgungsdauer ist explizit im Gesetz geregelt.

Unterlassung von Zuschreibungen

In Österreich besteht unternehmensrechtlich im Fall der Wertaufholung grundsätzlich ein Wahlrecht zur Zuschreibung zum Anlagevermögen im Falle einer Wertaufholung. Wurde nach einer außerplanmäßigen Abschreibung von einer Zuschreibung abgesehen, sollte diese im Rahmen der Bilanzbereinigung auf Basis der dazu bestehenden Anhangsangabe berücksichtigt werden. Wurde bspw eine Zuschreibung von € 30.000 (Vorjahr 20.000) unterlassen (diese Angabe findet sich im Anhang), liegt der Wert in der Bilanz um € 30.000 (Vorjahr 20.000) unter dem tatsächlichen Verkehrswert. Daher sind ausgehend vom Anlagevermögen lt. Bilanz auf der Aktivseite stille Reserven, die aufgrund des im öUGB vorherrschenden Niederstwertprinzips in der Bilanz nicht aufscheinen, zu addieren. So wird der dem wahren Wert nähere Verkehrswert erreicht.

Auf der Passivseite werden die stillen Reserven im Anlagevermögen auf das Eigen- und Fremdkapital aufgeteilt. Grundsätzlich stellen stille Reserven im Anlagevermögen Eigenkapital dar. Allerdings sind in den stillen Reserven passive latente Steuern enthalten, welche grundsätzlich eine zukünftige Steuerlast für das Unternehmen und daher Fremdkapital darstellen. Die latenten Steuern werden wie im Fall der aktiven latenten Steuern abgezinst. Der Großteil der stillen Reserven werden daher zum Eigenkapital, der verbleibende Rest zum Fremdkapital gezählt (die voraussichtliche zukünftige Steuerbelastung muss ebenfalls im Anhang angegeben werden).

10.4 Beispiel

Anhand eines Beispiels wird nun gezeigt, wie die oben besprochenen Bilanzkennzahlen berechnet und interpretiert werden. Um die Bedeutsamkeit von Bereinigungen zu verdeutlichen, werden die Kennzahlen zunächst ohne Bereinigungen, anschließend unter der Berücksichtigung von Bereinigungen, ermittelt. Der Anhang sowie sonstige Zusatzinformationen werden im ersten Fall außer Acht gelassen, im zweiten Fall in die Berechnungen einbezogen.

Abbildung 10.1 Bilanz & GuV

SCHLUSSBILANZ FÜR DAS GESCHÄFTSJAHR X1
(alle Angaben in TEUR)

AKTIVA			31.12.X1	31.12.X0	PASSIVA		31.12.X1	31.12.X0
Anlagevermögen					**A. Eigenkapital**			
I. Immaterielle Vermögensgegenstände			23.000	10.000	I. Grundkapital			
II. Sachanlagen					1. Nennkapital		74.000	54.000
1. Grundstücke, grundstücksgleiche Rechte und Bauten	12.000			9.000				
2. technische Anlagen und Maschinen	32.000			41.000	II. Kapitalrücklagen			
3. andere Anlagen, Betriebs- und Geschäftsausstattung	14.000	58.000		7.000	1. gebundene	7.000		0
					2. nicht gebundene	5.000	12.000	5.000
III. Finanzanlagen								
1. Beteiligungen	22.600			16.000	III. Gewinnrücklagen			
2. Wertpapiere des Anlagevermögens	6.000	28.600		5.000	1. freie Rücklagen		11.000	2.000
Summe Anlagevermögen			**109.600**	**88.000**				
					IV. Bilanzgewinn		34.000	41.000
					davon Gewinnvortrag		*26.000*	*800*
Umlaufvermögen					**Summe Eigenkapital**		**131.000**	**102.000**
I. Vorräte								
1. Roh-, Hilfs- und Betriebsstoffe	20.000			18.000				
2. fertige Erzeugnisse und Waren	39.500			30.000				
			59.500	48.000				
II. Forderungen und sonstige Vermögensgegenstände					**B. Rückstellungen**			
1. Forderungen aus Lieferungen und Leistungen	56.000			44.000	1. Rückstellung für Pensionen		23.500	17.000
2. sonstige Forderungen	6.000	62.000		8.000	2. Steuerrückstellungen		12.000	17.000
					3. Sonstige Rückstellungen		9.500	15.000
III. Kassenbestand, Schecks, Guthaben bei Kreditinstituten			13.000	8.000	**Summe Rückstellungen**		**45.000**	**49.000**
Summe Umlaufvermögen			**134.500**	**108.000**				
					C. Verbindlichkeiten			
Rechnungsabgrenzungsposten					1. Verbindlichkeiten gegenüber Kreditinstituten		30.600	19.000
1. Disagio			12.000	15.000	2. Verbindlichkeiten aus Lieferungen und Leistungen		24.500	17.000
2. sonstige Rechnungsabgrenzungen			2.000	1.000	3. sonstige Verbindlichkeiten		27.000	25.000
Summe Rechnungsabgrenzungen			**14.000**	**16.000**	**Summe Verbindlichkeiten**		**82.100**	**61.000**
Bilanzsumme			**258.100**	**212.000**	**Bilanzsumme**		**258.100**	**212.000**

	GEWINN- UND VERLUSTRECHNUNG FÜR DAS GESCHÄFTSJAHR X1		X1 TEUR	X0 TEUR
1.	Umsatzerlöse		512.000	463.600
2.	Veränderung des Bestands an fertigen und unfertigen Erzeugnissen		-8.500	-2.000
3.	sonstige betriebliche Erträge			
	a) Erträge aus dem Abgang von Anlagevermögen	1.000		
	b) übrige	2.000	3.000	1.500
4.	Materialaufwand und Aufwendungen für bezogene Herstellungsleistungen			
	a) Materialaufwand	-198.000		
	b) Aufwendungen für bezogene Leistungen	-7.300	-205.300	-185.000
5.	Personalaufwand			
	a) Gehälter	-105.000		
	b) Aufwendungen für Pensionen	-32.000		
	c) Aufwendungen für gesetzliche Sozialabgaben	-37.000	-174.000	-167.000
6.	Abschreibungen auf immaterielle Vermögensgegenstände und Sachanlagen		-18.000	-9.500
7.	sonstige betriebliche Aufwendungen			
	a) Steuern, soweit sie nicht unter Z. 15 fallen	-7.400		
	b) übrige	-67.600	-75.000	-42.000
8.	**Zwischensumme aus Z. 1 bis 7**		**34.200**	**59.600**
9.	Wertpapiererträge		1.000	600
10.	Zinserträge		800	200
11.	Aufwendungen aus Beteiligungen		-2.000	0
12.	Zinsen und ähnliche Aufwendungen		-7.000	-3.200
13.	**Zwischensumme aus Z. 9 bis 12**		**-7.200**	**-2.400**
14.	**Ergebnis der gewöhnlichen Geschäftstätigkeit**		**27.000**	**57.200**
15.	Steuern vom Einkommen und Ertrag		-10.000	-16.000
16.	**Jahresüberschuss**		**17.000**	**41.200**
17.	Zuweisung zu Gewinnrücklagen		-9.000	-1.000
18.	Gewinnvortrag aus dem Vorjahr		26.000	800
19.	**Bilanzgewinn**		**34.000**	**41.000**

Abbildung 10.2 Anlagespiegel

ANLAGESPIEGEL	historische AKo/HStKo Stand 01.01.X1	Zugänge X1	Abgänge X1	Umbuchung X1	historische AKo/HStKo Stand 31.12.X1	kumulierte Abschreibungen	Buchwert 31.12.X1	Buchwert Vorjahr 31.12.X0	Abschreibungen des Jahres X1
A. Anlagevermögen									
I. Immaterielle Vermögensgegenstände	15.000	24.000	7.000	0	32.000	9.000	23.000	10.000	11.000
II. Sachanlagen									
1. Grundstücke, grundstücksgleiche Rechte und Bauten *	16.000	5.000	2.000	0	19.000	7.000	12.000	9.000	500
2. technische Anlagen und Maschinen	50.000	0	12.000	0	38.000	6.000	32.000	41.000	5.500
3. andere Anlagen, Betriebs- und Geschäftsausstattung	15.000	8.000	0	0	23.000	9.000	14.000	7.000	1.000
III. Finanzanlagen									
1. Beteiligungen	16.000	8.600	0	0	24.600	2.000	22.600	16.000	2.000
2. Wertpapiere des Anlagevermögens	5.000	1.000	0	0	6.000	0	6.000	5.000	0
Summe Anlagevermögen	117.000	46.600	21.000	0	142.600	33.000	109.600	88.000	20.000
* davon Grundwert	1.000	0	0	0	1.000	0	1.000	1.000	0

Abbildung 10.3 Forderungenspiegel

AUSZUG AUS DEM ANHANG x1:

Forderungenspiegel Restlaufzeit	bis 1 Jahr	1 - 5 Jahre	> 5 Jahre	Summe
1. Forderungen aus Lieferungen und Leistungen	50.000	6.000	0	56.000
2. sonstige Forderungen	2.000	4.000	0	6.000
Summe	52.000	10.000	0	62.000

Abbildung 10.4 Verbindlichkeitenspiegel

Verbindlichkeitenspiegel Restlaufzeit	bis 1 Jahr	1 - 5 Jahre	> 5 Jahre	Summe
1. Verbindlichkeit gegenüber Kreditinstituten	5.000	14.700	10.900	30.600
2. Verbindlichkeit aus Lieferungen & Leistungen	20.000	4.500	0	24.500
3. sonstige Verbindlichkeiten	15.000	8.000	4.000	27.000
Summe	40.000	27.200	14.900	82.100

> **Hinweise:**
>
> Der Vorstand schlägt eine Gewinnausschüttung i. H. v. 20.000 vor.
>
> Im Anhang werden nicht aktivierte latente Steuern i. H. v. 4.500 (Vorjahr: 3.000) ausgewiesen. Diese sind im Zuge der Bilanzbereinigung mit 50 % zu berücksichtigen.
>
> Das Disagio sowie die stillen Reserven bestehen zu 12,5 % aus latenten Steuern.
>
> Die latenten Steuern sind als langfristiges Fremdkapital zu behandeln.
>
> Von den Umsatzerlösen wurden 40 % im Ausland erzielt. Die Umsatzsteuer beträgt 20 %.

Die Pensionsrückstellung ist als langfristig, die übrigen Rückstellungen sind als kurzfristig zu behandeln.

Die sonstigen Verbindlichkeiten stammen aus einem Gesellschafterdarlehen.

Im Unternehmen sind 2.000 Angestellte beschäftigt.

Von den Steuern vom Einkommen und Ertrag entfallen 10.000 auf das EGT.

Für vorhandene Leasinggegenstände bestehen Zahlungsverpflichtungen der nächsten 5 Jahre im Betrag von 70.000, davon 20.000 im ersten Jahr (Vorjahr 80.000, davon 30.000 im ersten Jahr).

10.4.1.1 Bereinigung der Bilanz

Den ersten Schritt der Bilanzanalyse stellt die Bereinigung der Bilanz dar. Wie bereits erläutert werden unterschiedliche Positionen nach den vorliegenden Informationen berücksichtigt.

Bereinigung der Aktivseite

	X 1	X 0
Anlagevermögen:		
Summe Anlagevermögen lt. Bilanz	109.600	88.000
Nicht aktivierte latente Steuern aus dem Anhang	2.250	1.500
Leasingverpflichtungen	70.000	80.000
Aktive latente Steuern auf das Disagio	1.500	1.875
Summe Anlagevermögen	**183.350**	**171.375**
Umlaufvermögen:		
Summe Umlaufvermögen lt. Bilanz	134.500	108.000
Rechnungsabgrenzungsposten	14.000	16.000
Disagio	- 12.000	- 15.000
Summe Umlaufvermögen	**136.500**	**109.000**
Gesamtvermögen	**319.850**	**280.375**

Nicht aktivierte latente Steuern sind im Anhang verpflichtend anzugeben und können daher für Zwecke der Bereinigung diesem entnommen werden. Die Leasingverpflichtungen der nächsten Jahre sind ebenfalls im Anhang zu finden. Aus dem in der Bilanz ausgewiesenen Disagio werden die aktiven latenten Steuern berechnet und dem Anlagevermögen zugeordnet.

Dem Umlaufvermögen laut Bilanz sind die Rechnungsabgrenzungsposten unter Punkt C. der Bilanz zuzurechnen, während das Disagio ausgeschieden wird.

Auffällig ist, dass das bereinigte Gesamtvermögen deutlich höher ist als das Gesamtvermögen laut Bilanz. Dies ist vorrangig auf die hohen nicht in der Bilanz ausgewiesenen Leasingverpflichtungen zurückzuführen. Die Bereinigung des Vermögens kann daher erheblichen Einfluss auf die Kennzahlenberechnung haben.

Bereinigung der Passivseite

	X 1	X 0
Eigenkapital:		
Summe Eigenkapital lt. Bilanz	131.000	102.000
Nicht aktivierte latente Steuern aus dem Anhang	2.250	1.500
Disagio	- 10.500	- 13.125
Geplante Gewinnausschüttung	- 20.000	- 15.000
Summe Eigenkapital	**102.750**	**75.375**
Fremdkapital:		
Rückstellungen lt. Bilanz	45.000	49.000
Verbindlichkeiten lt. Bilanz	82.100	61.000
Leasingverpflichtungen	70.000	80.000
Geplante Gewinnausschüttung	20.000	15.000
Summe Fremdkapital	**217.100**	**205.000**
Gesamtkapital	**319.850**	**280.375**

Die Bereinigungen der Aktivseite müssen ebenfalls auf der Passivseite berücksichtigt werden. Die nicht aktivierten latenten Steuern sind dem Eigenkapital zuzurechnen, während die Leasingverpflichtungen Fremdkapital darstellen. Das Disagio wird abzüglich der enthaltenen aktiven latenten Steuern aus dem Eigenkapital gerechnet.

In einem weiteren Schritt ist die geplante Gewinnausschüttung umzugliedern. Die geplante Ausschüttung des Bilanzgewinns aus X1 findet sich in der Angabe unter dem Punkt „Hinweise". Die Gewinnausschüttung für das Jahr X0 kann hingegen aus der Bilanz berechnet werden: Der Bilanzgewinn des Jahres X0 abzüglich des Gewinnvortrags im Jahr X1 (welcher aus dem Jahr X0 stammt), ergibt die erfolgte Gewinnausschüttung des Jahres X0 (hier: 41.000 – 26.000 = 15.000). Die jeweilige Gewinnausschüttung wird lediglich vom Bilanzgewinn in das Fremdkapital verschoben, das Gesamtkapital wird durch diese Maßnahme nicht berührt.

10.4.1.2 Ertragskennzahlen

EBIT (Earnings before Interest and Tax)

EGT	27.000
+ Finanzierungsaufwendungen	7.000
EBIT	**34.000**

In diesem Beispiel fallen Fremdkapitalzinsen in Höhe von € 7.000 an. Das EBIT ist daher um € 7.000 größere als das EGT. Wäre das Unternehmen vollständig eigenfinanziert, so würde das EBIT dem EGT entsprechen. Das EBIT ist daher finanzierungsneutral.

Auf diese rein aus der GuV-Rechnung abgeleiteten Rechengrößen hat die Bereinigung der Bilanz grundsätzlich keinen Einfluss. Dasselbe gilt für die Kennzahlen EBITD, EBITA und EBITDA.

EBITD (Earnings before Interest, Tax and Depreciation)

EBIT	34.000
+ Abschreibung Sachanlagevermögen	7.000
EBITD	**41.000**

Das EBITD beträgt € 41.000. Auswirkungen von bilanzpolitischen Maßnahmen im Zusammenhang mit Abschreibungen wurden eliminiert und dadurch eine höhere Vergleichbarkeit mit anderen Unternehmen erzielt.

EBITA (Earnings before Interest, Tax and Amortisation)

EBIT	34.000
+ Firmenwertabschreibung	0
EBITA	**34.000**

In diesem Beispiel gibt es keine Firmenwertabschreibung im Wirtschaftsjahr, daher unterscheidet sich das EBITA nicht vom EBIT.

EBITDA (Earnings before Interest, Tax, Depreciation and Amortisation)

EBIT	34.000
+ Abschreibung Sachanlagevermögen	7.000
+ Firmenwertabschreibung	0
EBITDA	**41.000**

Das EBITDA entspricht mit € 41.000 aufgrund des Fehlens von Firmenwertabschreibungen dem EBITD.

Return on Investment (ROI, Gesamtkapitalrentabilität)

Ohne Bereinigung:

$$\frac{\text{EBIT}}{\text{AB Gesamtkapital lt. Bilanz}} = \frac{34.000}{212.000} = 16,04\ \%$$

Aus der Gegenüberstellung von EBIT und Gesamtvermögen zu Beginn des Geschäftsjahres ergibt sich ein ROI von 16,04 %.

Mit Bereinigung:

$$\frac{\text{EBIT}}{\text{AB bereinigtes Gesamtkapital}} = \frac{34.000}{208.375} = 12,13\ \%$$

Das bereinigte Gesamtkapital ist durch die Bereinigung erheblich höher als das Gesamtkapital lt. Bilanz. Dies hat direkte Auswirkungen auf den ROI. Im Gegensatz zu einem Ergebnis von 16,04 % beträgt der ROI bereinigt lediglich 12,13 %, ein Unterschied von immerhin 3,91 %. Ohne Bereinigung würde die Rentabilität des Unternehmens daher höher bewertet als den tatsächlichen Umständen entspricht.

Eigenkapitalrentabilität

Ohne Bereinigung:

$$\frac{\text{EGT}}{\text{AB Eigenkapital lt. Bilanz}} = \frac{27.000}{102.000} = 26,47\ \%$$

Auf Basis des EGT entspricht die Rentabilität des eingesetzten Eigenkapitals einer Verzinsung von 26,47 %. Diese Kennzahl gibt keine Auskunft über die tatsächlich ausbezahlte Dividende oder den ausschüttungsfähigen Gewinn. Die Eigenkapitalrentabilität ist außerdem durch diverse bilanzpolitische Maßnahmen beeinflussbar.

Mit Bereinigung:

$$\frac{\text{EGT}}{\text{AB bereinigtes Eigenkapital}} = \frac{27.000}{75.375} = 35,82\ \%$$

Im Gegensatz zur Gesamtkapitalrentabilität hat die Bereinigung einen positiven Effekt auf die Eigenkapitalrentabilität. Zwar wird das Eigenkapital auf der einen Seite durch die stillen Reserven gestärkt, gleichzeitig wird aber der auszuschüttende Bilanzgewinn in das Fremdkapital verschoben. Der Effekt der Bereinigung auf die Eigenkapitalrentabilität kann daher sowohl positiv als auch negativ ausfallen. In diesem Fall steigt die Eigenkapitalrentabilität durch die Bereinigung um fast 10 %.

Umsatzrentabilität

$$\frac{\text{EBIT}}{\text{Umsatzerlöse}} = \frac{34.000}{512.000} = 6,64\ \%$$

Die Umsatzrentabilität beträgt nach dieser Berechnung 6,64 %. Je nachdem, welche Basisgröße im Zähler verwendet wird, wird ein abweichendes Ergebnis erzielt.

Soweit die gleiche Erfolgsgröße im Zähler gewählt wird, kommt es durch die Bereinigung zu keiner Veränderung der Umsatzrentabilität. Die Umsatzrentabilität wird ausschließlich anhand von Größen der GuV-Rechnung und nicht der Bilanz ermittelt.

Cash-Flow-Umsatzrate

$$\frac{\text{Praktiker-Cash-Flow}}{\text{Umsatzerlöse}} = \frac{48.500}{512.000} = 9,47\ \%$$

Jahresüberschuss	17.000
+ Abschreibung AV	20.000
− Zuschreibung AV	0
+ Buchwertabgang AV	5.000
+ Erhöhung lfr. Rückstellungen	6.500
− Verminderung lfr. Rückstellungen	0
Praktiker-CF	**48.500**

Eine Cash-Flow-Umsatzrate i. H. v. 9,47 % besagt, dass dem Unternehmen vom erzielten Umsatz etwa ein Zehntel als tatsächlicher Zahlungsmittelüberschuss verbleibt.

Die Cash-Flow-Umsatzrate ist unabhängig von der Bilanz und somit von der Bilanzbereinigung.

Rohertrag (Bruttoergebnis vom Umsatz)

Umsatzerlös	512.000
− Materialaufwand	− 205.300
Rohertrag	**306.700**

Der Rohertrag beträgt in diesem Beispiel 306.700. Den Umsatzerlösen in Höhe von 512.000 steht ein Materialaufwand in Höhe von 205.300 gegenüber. Andere Aufwendungen, wie bspw. für Personal, sind im Rohertrag noch nicht berücksichtigt.

Der Rohertrag ist unabhängig von Bereinigungen der Bilanz.

Bruttogewinnspanne

$$\frac{\text{Rohertrag}}{\text{Umsatzerlös}} = \frac{306.700}{512.000} = 59{,}90\ \%$$

Der Rohertrag beträgt im Verhältnis zu den Umsatzerlösen fast 60 %. Für materialintensive Unternehmen kann die Bruttogewinnspanne als grobes Instrument zur Break-Even-Berechnung dienen.

Die Bereinigung der Bilanz hat aufgrund der beiden GuV-Größen in Zähler und Nenner keinen Einfluss auf die Bruttogewinnspanne.

Rohaufschlag (Handelsspanne)

$$\frac{\text{Rohertrag}}{\text{Materialaufwand}} = \frac{306.700}{205.300} = 149{,}39\ \%$$

Der Rohaufschlag beträgt fast 150 %. Der Rohaufschlag selbst sagt nichts über die Rentabilität des Unternehmens aus. Diese hängt zusätzlich von den weiteren Kostenfaktoren ab, wie z. B. Personal- oder Mietaufwendungen.

Da zur Berechnung des Rohaufschlags lediglich Zahlen aus der GuV-Rechnung herangezogen werden, hat die Bereinigung der Bilanz keinerlei Einfluss auf das Ergebnis.

10.4.1.3 Finanzierungskennzahlen

Eigenkapitalquote

Ohne Bereinigung:

$$\frac{\text{EB Eigenkapital lt. Bilanz}}{\text{EB Gesamtkapital lt. Bilanz}} = \frac{131.000}{258.100} = 50{,}76\ \%$$

Die unbereinigte Eigenkapitalquote beträgt über 50 %. Dies kann tendenziell, unter den oben angeführten Einschränkungen, als eher vorteilhaft beurteilt werden.

Mit Bereinigung:

$$\frac{\text{EB bereinigtes Eigenkapital}}{\text{EB bereinigtes Gesamtkapital}} = \frac{102.750}{319.850} = 32,12\,\%$$

Besonders betroffen von der Bereinigung ist die Eigenkapitalquote. Das Eigenkapital wurde durch die Verschiebung der geplanten Ausschüttung des Bilanzgewinns reduziert. Gleichzeitig stieg das Gesamtkapital aufgrund von Berücksichtigung von z. B. stillen Reserven im Anlagevermögen und Leasingverpflichtungen erheblich an. Das Verhältnis zwischen Eigen- und Gesamtkapital sinkt folglich um mehr als 18 % auf 32,12 %. Die Bereinigung ändert das Ergebnis substantiell. Die Bereinigung ist insbesondere aufgrund bilanzpolitischer Maßnahmen sinnvoll, da keine verzerrenden Werte miteinander verglichen werden sollten.

Nettoverschuldung

Ohne Bereinigung:

verzinsliches Fremdkapital lt. Bilanz	81.100
- liquide Mittel	- 13.000
Nettoverschuldung	**68.100**

Pensionsrückstellung	23.500
Verbindlichkeiten gegenüber Kreditinstituten	30.600
Sonstige Verbindlichkeiten	27.000
verzinsliches Fremdkapital	**81.100**

Während das Fremdkapital lt. Bilanz € 127.100 beträgt, ergibt sich lediglich eine Nettoverschuldung in Höhe von € 68.100.

Mit Bereinigung:

verzinsliches bereinigtes Fremdkapital	131.100
- liquide Mittel	- 13.000
Nettoverschuldung	**118.100**

Pensionsrückstellung	23.500
Verbindlichkeiten gegenüber Kreditinstituten	30.600
Sonstige Verbindlichkeiten	27.000
Leasingverpflichtungen mit Laufzeit > 1 Jahr	50.000
verzinsliches bereinigtes Fremdkapital	**131.100**

Die Nettoverschuldung steigt durch die Bilanzbereinigung erheblich. Dies ist auf die hohen langfristigen Leasingverbindlichkeiten, welche im Zuge der Bereinigung dem verzinslichen Fremdkapital zugerechnet werden, zurückzuführen.

Gearing

Ohne Bereinigung:

$$\frac{\text{Nettoverschuldung}}{\text{EB Eigenkapital lt. Bilanz}} = \frac{68.100}{131.000} = 51,98\,\%$$

Im Beispiel ist das verzinsliche Fremdkapital, welches nicht sofort mit liquiden Mitteln zurückbezahlt werden könnte, zweifach vom Eigenkapital gedeckt. Das nicht verzinsliche Fremdkapital ist in diesem Fall nicht von der Kennzahl umfasst. Für die Interpretation des Gearings gilt dasselbe wie für die Eigenkapitalquote. Eine konkrete Bewertung ist grundsätzlich nur anhand eines Vergleichs sinnvoll.

Mit Bereinigung:

$$\frac{\text{Nettoverschuldung}}{\text{EB bereinigtes Eigenkapital}} = \frac{118.100}{102.750} = 114,94\,\%$$

Der Anstieg der Nettoverschuldung hat dramatische Auswirkungen auf das Gearing. Die hohe Nettoverschuldung wird nur in geringem Ausmaß durch das niedrigere bereinigte Eigenkapital abgefedert. In diesem Beispiel vervielfacht sich das Gearing um mehr als das Doppelte, sobald mit bereinigten Werten gerechnet wird.

10.4.1.4 Liquiditätskennzahlen

Working Capital

Ohne Bereinigung:

kurzfristiges Umlaufvermögen lt. Bilanz	124.500
- kurzfristiges Fremdkapital lt. Bilanz	- 61.500
Working Capital	**63.000**

Umlaufvermögen lt. Bilanz	134.500
- langfristiges Umlaufvermögen lt. Bilanz	- 10.000
kurzfristiges Umlaufvermögen	**124.500**

Verbindlichkeiten mit Laufzeit bis 1 Jahr	40.000
+ Steuerrückstellung	12.000
+ Sonstige Rückstellungen	9.500
kurzfristiges Fremdkapital	**61.500**

Das Working Capital im Beispiel beträgt 63.000. Das langfristige Vermögen ist daher zur Gänze durch langfristiges Kapital (Eigenkapital und langfristiges Fremdkapital) gedeckt. Außerdem sind € 63.000 vom kurzfristigen Umlaufvermögen ebenfalls durch langfristiges Fremdkapital finanziert. Die Gefahr einer akuten Zahlungsunfähigkeit des Unternehmens durch die plötzliche Rückzahlung von kurzfristigem Fremdkapital ist daher kleiner als im Falle eines negativen Working Capitals.

Mit Bereinigung:

kurzfristiges bereinigtes Umlaufvermögen	126.500
- kurzfristiges bereinigtes Fremdkapital	- 101.000
Working Capital	**25.000**

Umlaufvermögen (laut bereinigter Bilanz)	136.500
- langfristiges Umlaufvermögen	- 10.000
kurzfristiges bereinigtes Umlaufvermögen	**126.500**

geplante Gewinnausschüttung	20.000
Steuerrückstellung	12.000
sonstige Rückstellungen	9.500
Verbindlichkeiten gegenüber Kreditinstituten	5.000
Verbindlichkeiten aus L&L	20.000
sonstige Verbindlichkeiten	15.000
Leasingverpflichtungen mit Laufzeit < 1 Jahr	20.000
kurzfristiges bereinigtes Fremdkapital	**101.500**

Sowohl die Passiv- als auch die Aktivseite sind von den Bereinigungen betroffen. Das Working Capital sinkt im Vergleich zum Ergebnis ohne Bereinigungen um € 38.000. Würde das Unternehmen anhand von unbereinigten Werten analysiert, würde die Einschätzung der Liquidität besser ausfallen als bei Berücksichtigung der Zusatzinformationen.

„Cash-Flow"

	Jahresergebnis vor außerordentlichen Posten	17.000
+/-	Abschreibungen/Zuschreibungen auf das Anlagevermögen	20.000
+/-	Zunahme/Abnahme von Rückstellungen	-4.000
+/-	sonstige unbare Aufwendungen und Erträge	0
+/-	Verlust/Gewinn aus dem Abgang von Anlagevermögen	-1.000
+/-	Abnahme/Zunahme der Vorräte, Forderungen aus Lieferungen und Leistungen sowie anderer Aktiva, die nicht der Investitions- oder Finanzierungstätigkeit zuzuordnen sind	-19.500
+/-	Zunahme/Abnahme der Verbindlichkeiten aus Lieferungen und Leistungen sowie anderer Passiva, die nicht der Investitions- oder Finanzierungstätigkeit zuzuordnen sind	7.500
+/-	Ein- und Auszahlungen aus außerordentlichen Positionen	0
=	**Cash-Flow aus laufender Geschäftstätigkeit**	**20.000**
+	Einzahlungen aus Abgängen des Sachanlagevermögens	6.000
-	Auszahlungen für Investitonen in das Sachanlagevermögen	-13.000
+	Einzahlungen aus Abgängen des immateriellen Anlagevermögens	0
-	Auszahlungen für Investitionen in das immaterielle Anlagevermögen	-24.000
+	Einzahlungen aus Abgängen des Finanzanlagevermögens	0
-	Auszahlungen für Investitionen in das Finanzanlagevermögen	-9.600
+	Einzahlungen aus dem Verkauf von konsolidierten Unternehmen und sonstigen Geschäftseinheit	0
-	Auszahlungen aus dem Erwerb von konsolidierten Unternehmen und sonstigen Geschäftseinheit	0
+	Einzahlungen aufgrund von Finanzmittelanlagen im Rahmen der kurzfristigen Finanzdisposition	0
-	Auszahlungen aufgrund von Finanzmittelanlagen im Rahmen der kurzfristigen Finanzdisposition	0
=	**Cash-Flow aus der Investitionstätigkeit**	**-40.600**
+	Einzahlungen aus Eigenkapitalzuführungen	27.000
-	Auszahlungen an Unternehmenseigner und Minderheitsgesellschafter	-15.000
+	Einzahlungen aus der Begebung von Anleihen und der Aufnahme von (Finanz-)Krediten	13.600
-	Auszahlungen aus der Tilgung von Anleihen und der Aufnahme von (Finanz-)Krediten	0
=	**Cash-Flow aus der Finanzierungstätigkeit**	**25.600**
	Zahlungswirksame Veränderungen des Finanzmittelfonds (Summe aus 9., 20. und 25.)	**5.000**
+/-	Wechselkurs-, konsolidierungskreis- und bewertungsbedingte Änderungen des Finanzmittelfonds	0
+	Finanzmittelfonds am Anfang der Periode	8.000
=	**Finanzmittelfonds am Ende der Periode**	**13.000**

Anmerkungen:

1. Buchwertabgang Sachanlagevermögen:

Buchwert 1.1.	67.000
+ Zugänge	37.000
+/- Umbuchungen	0
+ Zuschreibungen	0
- Abschreibungen	-18.000
- Buchwert 31.12.	-81.000
Buchwertabgang Sachanlagevermögen	**5.000**

Einzahlungen aus Abgängen des Sachanlagevermögens:

Buchwertabgang Anlagevermögen	5.000
+ Gewinn aus dem Abgang von Sachanlagevermögen	1.000
Einzahlungen aus Abgängen des Sachanlagevermögens	**6.000**

2. Gewinnausschüttung:

Bilanzgewinn Vorjahr	41.000
- Gewinnvortrag	-26.000
Gewinnausschüttung	**15.000**

Die Geldflussrechnung ist in drei Cash-Flows unterteilt. Auf diese Weise kann die Liquidität der einzelnen Bereiche eines Unternehmens besser analysiert werden. Aus der operativen Tätigkeit des Unternehmens wurde ein Überschuss von 20.000 erzielt. Diese Mittel stehen dem Investitions- und Finanzierungsbereich zur Verfügung. Dh mit diesen Mitteln können grundsätzlich neue Investitionen finanziert sowie Kredite getilgt und Dividenden ausgeschüttet werden. Ein positiver Cash-Flow aus der laufenden Geschäftstätigkeit ist essentiell, um die Liquidität eines Unternehmens zu wahren. Ist der Cash-Flow aus der laufenden Geschäftstätigkeit über mehrere Jahre negativ, so müssen sämtliche Investitionen sowie Tilgungen von Fremdkapital und Zahlungen an Eigenkapitalgeber aus der Investitions- oder Finanzierungstätigkeit finanziert werden. Langfristiges Ziel sollte daher jedenfalls ein positiver Cash-Flow aus der laufenden Geschäftstätigkeit sein.

Der Cash-Flow aus der Investitionstätigkeit ist hingegen in vielen Fällen negativ. Ein negativer Cash-Flow bedeutet, dass das Unternehmen Investitionen tätigt. Ist der Cash-Flow positiv, so würde dies auf einen Kapazitätsabbau deuten. Ein positiver Cash-Flow aus der Investitionstätigkeit kann allerdings auf eine Änderung der Investitionspolitik hindeuten, bspw. durch die Umstellung auf operatives Leasing.

Der Cash-Flow aus der Finanzierungstätigkeit ist in diesem Fall aufgrund der Erhöhung des Nennkapitals und sonstiger Zahlungen von Eigentümern positiv. Ein negativer Cash-Flow wäre gegeben, wenn den Kredittilgungen sowie den Dividendenzahlungen nicht genügend neues Kapital gegenübersteht.

Insgesamt konnte in diesem Jahr ein positiver Cash-Flow erzielt werden. Da vor allem der operative Cash-Flow positiv ist, wird in diesem Bereich Liquidität erwirtschaftet, was für den Fortbestand des Unternehmens von zentraler Bedeutung ist.

Für die Berechnung des Cash-Flow ist keine Bereinigung der Bilanz notwendig. Der Cash-Flow basiert ohnehin auf tatsächlichen Ein- und Auszahlungen. Der Cash-Flow selbst stellt im Prinzip eine Art der Bereinigung dar, da der Jahresgewinn um nicht zahlungswirksame Aufwendungen und Erträge bereinigt wird.

10.4.1.5 Sonstige Kennzahlen

Sachanlagenabnutzungsgrad

$$\frac{\text{kumulierte Abschreibung SAV}}{\text{Endbestand SAV zu AK/HK}} = \frac{22.000}{79.000} = 27{,}85\ \%$$

Ein Sachanlagenabnutzungsgrad in Höhe von 27,85 % spricht im Allgemeinen für einen relativ neuen Zustand des Anlagevermögens. Die handelsrechtlichen Nutzungsdauern des Sachanlagevermögens sind im Durchschnitt erst zu etwas mehr als einem Viertel erreicht.

Die Kennzahl Sachanlagenabnutzungsgrad ist unabhängig von etwaigen Bereinigungen. Da sowohl die kumulierten Abschreibungen als auch die Anschaffungs- und Herstellungskosten definitiv feststehen und es hier keine Bereinigungen geben kann, ist für die Berechnung des Sachanlagenabnutzungsgrades auch keine Bereinigung erforderlich bzw. überhaupt möglich.

Investitionsdeckung

$$\frac{\text{Nettoinvestition in das SAV}}{\text{Abschreibung SAV}} = \frac{8.000}{7.000} = 114{,}29\ \%$$

Investition in das SAV	13.000
- Buchwertabgänge im SAV	- 5.000
Nettoinvestition	**8.000**

Buchwert 1.1	57.000
+ Zugänge	13.000
+/- Umbuchungen	0
+ Zuschreibungen	0
- Abschreibungen	- 7.000
- Buchwert 31.12.	- 58.000
Buchwertabgänge im SAV	**5.000**

Die Nettoinvestition in das Sachanlagevermögen ist die Differenz zwischen den in das Sachanlagevermögen getätigten Investitionen des Geschäftsjahres und den Buchwertabgängen. Die Buchwertabgänge müssen erst aus dem Anlagenspiegel berechnet werden, da diese nicht explizit ausgewiesen sind. Die Abschreibungen des Sachanlagevermögens sind ebenfalls im Anlagespiegel zu finden. Jedenfalls sind bei allen Berechnungen jeweils nur die Werte des abnutzbaren Sachanlagevermögens heranzuziehen.

Die Investitionsdeckung beträgt über 100 %. Die Nettosachanlageninvestition ist daher höher als die Jahresabschreibungen des abnutzbaren Sachanlagevermögens. Das Unternehmen scheint die Kapazität daher grundsätzlich aufrecht erhalten zu können. Für eine valide Interpretation der Kennzahl wären zusätzliche Informationen zur Sachanlagenstruktur notwendig. Bspw. kann die Investitionsdeckung durch vermehrte Inanspruchnahme von operativem Leasing sinken. Die Investitionsdeckung kann andererseits durch die Preisentwicklung der Sachanlagen beeinflusst und daher verzerrt werden.

Die Bereinigung der Bilanz hat auf die Investitionsdeckung keinen Einfluss.

Umschlagshäufigkeit und -dauer der Vorräte

Umschlagshäufigkeit:

$$\frac{\text{Materialaufwand}}{\varnothing \text{ Roh-, Hilfs- und Betriebsstoffe}} = \frac{198.000}{19.000} = 10{,}42 \text{ / Jahr}$$

Umschlagsdauer:

$$\frac{365}{\text{Umschlagshäufigkeit der Vorräte}} = \frac{365}{10{,}42} = 35 \text{ Tage}$$

> **Hinweis:**
> Da die Handelswarenvorräte nicht genau bestimmbar sind, werden nur die Roh-, Hilfs- und Betriebsstoffe als Bezugsgröße herangezogen, wodurch das Ergebnis rechnerisch besser ist als tatsächlich.

Mit der Lagerdauer in Höhe von rund 35 Tagen sind auf jeden Fall entsprechende Kapitalbindungskosten verbunden. Ob insgesamt eine längere Lagerbindung wirtschaftlich sinnvoll ist, kann mit dieser einen Kennzahl nicht beurteilt werden.

Die Umschlagshäufigkeit und –dauer der Vorräte werden durch die Bereinigung nicht berührt. Die Vorratsbestände können direkt aus der Bilanz gelesen werden.

Cash-Flow-Rechnung nach KFS/BW 2 (Österreich)

Ergebnis der gwöhnlichen Geschäftstätigkeit	27.000
+ Abschreibungen auf Vermögensgegenstände des Investitionsbereichs	20.000
- Zuschreibungen auf Vermögensgegenstände des Investitionsbereichs	0
- Erträge aus dem Abgang von Vermögensgegenstände des Investitionsbereichs	-1.000
+ Verluste aus dem Abgang von Vermögensgegenstände des Investitionsbereichs	0
Geldfluss aus dem Ergebnis	**46.000**
+ Verminderung Vorräte	0
- Erhöhung Vorräte	-11.500
+ Verminderung Forderungen	2.000
- Erhöhung Forderungen	-12.000
+ Verminderung ARA	3.000
- Erhöhung ARA	-1.000
- Verminderung Rückstellungen (ohne Steuerrückstellung)	-5.500
+ Erhöhung Rückstellungen (ohne Steuerrückstellung)	6.500
- Verminderung Verbindlichkeiten (ohne Anleihen und Finanzkredite)	0
+ Erhöhung Verbindlichkeiten (ohne Anleihen und Finanzkredite)	7.500
- Verminderung PRA	0
+ Erhöhung PRA	0
Nettogeldfluss aus der gew. Geschäftstätigkeit	**35.000**
+/- ao Aufwand	0
- Steuern vom Einkommen und vom Ertrag	-10.000
- Verminderung Steuerrückstellung	-5.000
Nettogeldfluss aus laufender Geschäftstätigkeit	**20.000**
+ Einzahlungen aus dem Anlagenabgang (ohne Finanzanlagen)	6.000
+ Einzahlungen aus dem Abgang von Finanzanlagen und sonstigen Finanzinvestitior	0
- Auszahlungen für Anlagenzugänge (ohne Finanzanlagen)	-37.000
- Auszahlungen für Finanzanlagenzugang und sonstigen Finanzinvestitionen	-9.600
Nettogeldfluss aus der Investitionstätigkeit	**-40.600**
+ Einzahlungen von Eigenkapital	27.000
- Rückzahlungen von Eigenkapital	0
- Auszahlungen aus der Bedienung des Eigenkapitals	-15.000
- Verminderung Finanzkredite	0
+ Erhöhung Finanzkredite	13.600
Nettogeldfluss aus der Finanzierungstätigkeit	**25.600**
Nettogeldfluss aus laufender Geschäftstätigkeit	20.000
Nettogeldfluss aus der Investitionstätigkeit	-40.600
Nettogeldfluss aus der Finanzierungstätigkeit	25.600
zahlungswirksame Veränderung des Finanzmittelbestandes	**5.000**

Eigenmittelquote nach URG (Österreich)

$$\frac{\text{EB Eigenmittel nach URG}}{\text{EB Gesamtkapital lt. Bilanz}} = \frac{131.000}{258.100} = 50,76\,\%$$

Da in diesem Beispiele keine unversteuerten Rücklagen vorhanden sind, entspricht die Eigenmittelquote der unbereinigten (!) Eigenkapitalquote. Das URG sieht eine eigene Berechnungsformel für die Eigenmittelquote vor, die jedenfalls einzuhalten ist. Bereinigungen sind daher nicht vorzunehmen. Eine Eigenmittelquote von über 50 % ist aus Sicht des URG als sehr positiv zu beurteilen, da die Grenze von 8 % weit überschritten ist.

Fiktive Schuldentilgungsdauer nach URG (Österreich)

$$\frac{\text{Schulden}}{\text{CF (Mittelüberschuss)}} = \frac{114.100}{42.500} = 2,68\,\%$$

Rückstellungen	45.000
+ Verbindlichkeiten	82.100
- erhaltene Anzahlungen auf Vorräte	0
- sonstige Wertpapiere des UV	0
- Kassenbestand, Schecks,…	- 13.000
Schulden	**114.100**
EGT	27.000
- Steuern vom Einkommen (EGT)	- 10.000
+ Abschreibung AV	20.000
+ Verluste aus Abgang AV	0
- Zuschreibungen AV	0
- Erträge aus Abgang AV	- 1.000
+ Erhöhung langfr. Rückstellungen	6.500
- Verminderung langfr. Rückstellungen	0
Mittelüberschuss aus EGT	**42.500**

Die Berechnung der fiktiven Schuldentilgungsdauer ist explizit im Gesetz geregelt. Mit einer fiktiven Schuldentilgungsdauer in Höhe von 2,68 Jahren ist die kritische Grenze nach URG von 15 Jahren längst nicht erreicht.

Weiterführende Literaturhinweise

[1] *Altenberger/Brandstätter/Schultze*, Bilanzpolitik versus Bilanzdelikte: Die Haftung von Unternehmensorganen für mangelhafte Finanzberichterstattung in Österreich, in IWP (Hrsg), Wirtschaftsprüfer-Jahrbuch 2005, S. 167.
[2] *Baetge/Kirsch/Thiele* (Hrsg.), Bilanzrecht: Handelsrecht mit Steuerrecht und den Regelungen des IASB. Kommentar, 40. Lieferung, Bonn, Stand Oktober 2011.
[3] *Bertl*, Steuerbilanzpolitik, in Bertl ua, Handbuch der österreichischen Steuerlehre, Band II, S. 291.
[4] *Bertl/Fraberger*, Bilanzpolitische Maßnahmen, RWZ 1/2000, S. 26.
[5] *Bertl/Fraberger*, Materielle Instrumente der Bilanzpolitik, RWZ 39/2000, S. 120.
[6] *Bertl/Mandl* (Hrsg.), Handbuch zum Rechnungslegungsgesetz: Rechnungslegung, Prüfung und Offenlegung, 16. Lieferung, Wien, Stand Dezember 2011.
[7] *Detert/Sellhorn*, Bilanzpolitik, DBW 2/2007, S. 247.
[8] *Egner*, Eine wirkungsorientierte Systematisierung bilanzpolitischer Gestaltungen am Beispiel der Bilanzskandale der jüngsten Vergangenheit, in Seicht, Jahrbuch für Controlling und Rechnungswesen 2006, S. 204.
[9] *Ellrott/Förschle/Kozikowski/Winkeljohann* (Hrsg.), Beck'scher Bilanz-Kommentar[7], München 2010.
[10] *Haeseler/Kirchberger*, Bilanzanalyse: Rechnungslegungsunterstützte Unternehmensanalyse mittels Kennzahlen und Kennzahlen-Verknüpfungen, Wien 2003.
[11] *Hilke*, Bilanzpolitik: Jahresabschluss nach Handels- und Steuerrecht; mit Aufgaben und Lösungen[6], Wiesbaden 2002.
[12] *Hinz*, Sachverhaltsgestaltungen im Rahmen der Jahresabschlusspolitik, Düsseldorf 1994.
[13] *Hirschler* (Hrsg.) Bilanzrecht. Kommentar, Wien 2010.
[14] *Hlavica/Klapproth/Hülsberg*, Tax Fraud & Forensic Accounting: Umgang mit Wirtschaftskriminalität, Wiesbaden 2011.
[15] *Isola/Toifl/Riedl*, Bilanzpolitik versus Bilanzdelikte, in IWP (Hrsg), Wirtschaftsprüfer-Jahrbuch 2011, S. 289.
[16] *Kalss/Kunz* (Hrsg.), Handbuch für den Aufsichtsrat, Wien 2010.
[17] *Keppert/Brandstetter*, Bilanzdelikte, Wien 2009.
[18] *Küting*, Die Ermittlung der Herstellungskosten nach den Änderungen durch das Bilanzrechtsmodernisierungsgesetz, StuB 11/2008, S. 419.
[19] *Küting*, Erkennung von Unternehmenskrisen anhand angewandter Bilanzpolitik, Controlling 4/5/2005, S. 223.
[20] *Küting/Cassel*, Bilanzierung von Bewertungseinheiten nach dem Entwurf des BilMoG, KoR 12/2008, S. 769.
[21] *Küting/Pfirmann/Ellmann*, Die Bilanzierung von selbsterstellten immateriellen Vermögensgegenständen nach dem RegE des BilMoG, KoR 11/2008, S. 689.
[22] *Küting/Pfitzer/Weber* (Hrsg.), Handbuch der Rechnungslegung: Einzelabschluss – Kommentar zur Bilanzierung und Prüfung[5], 13. Lieferung, Stuttgart, Stand Dezember 2011.
[23] *Küting/Weber*, Die Bilanzanalyse: Beurteilung von Abschlüssen nach HGB und IFRS, Stuttgart 2012.
[24] *Lüdenbach/Hoffmann*, Die wichtigsten Änderungen der HGB-Rechnungslegung durch das BilMoG, StuB 8/2009, S. 287.
[25] *Melcher/Tonas*, Fallbeispiele zur Überleitung ausgewählter Sachverhalte auf das HGB nach BilMoG, KoR 1/2010, S. 50.
[26] *Moxter*, Grundsätze ordnungsgemäßer Rechnungslegung, Düsseldorf 2003.
[27] *Mujkanovic*, Die Bilanzierung des derivativen Geschäfts- oder Firmenwerts, StuB 5/2010.
[28] *Peemöller/Hofmann*, Bilanzskandale: Delikte und Gegenmaßnahmen, Berlin 2005.
[29] *Petersen/Zwirner*, Abgrenzung und Erläuterung latenter Steuern nach dem BilMoG, StuB 6/2010, S. 216.
[30] *Petersen/Zwirner*, Latente Steuern nach dem BilMoG – Darstellung und Würdigung der Neukonzeption, StuB 11/2009, S. 416.

[31] *Petersen/Zwirner/Brösel* (Hrsg.), Systematischer Praxiskommentar Bilanzrecht: Rechnungslegung – Offenlegung, Köln 2010.
[32] *Petersen/Zwirner/Brösel* (Hrsg.), Handbuch Bilanzrecht: Abschlussprüfung und Sonderfragen in der Rechnungslegung, Köln 2010.
[33] *Pfleger*, Bilanz-Lifting: Legale und illegale Praktiken zur Schönung von Bilanzen, Freiburg 1999.
[34] *Pfleger*, Die neue Bilanzpolitik, Freiburg 1991.
[35] *Philipps*, Rechnungslegung nach BilMoG, Kurzkommentar zum Jahresabschluss und Lagebericht nach neuem Bilanzrecht, Wiesbaden 2010.
[36] *Pristner*, Legale Bilanzschönung beim Einzelabschluss nach öUGB, Insbesondere: Ergebnisoptimierung bei kurzfristigen Vorräten, Linz 2009.
[37] *Probst*, Bilanzen lesen leicht gemacht: GuV – gerätselt und verstanden? Frankfurt/Wien 2000.
[38] *Rebhan*, Modernisierung der unternehmensrechtlichen Rechnungslegung in Österreich – Ein Vergleich mit dem BilMoG in der Fassung des Regierungsentwurfes, RWZ 1/2009, S. 19.
[39] *Siart*, Den Jahresabschluss verstehen einfach gemacht, Wien 2011.
[40] *Selchert*, Windowdressing – Grenzbereich der Jahresabschlussgestaltung, DB 39/1996, S. 1933.
[41] *Straube* (Hrsg.), Wiener Kommentar zum Unternehmensgesetzbuch – Band II: Rechnungslegung - IFRS, 24. Lieferung, Wien, Stand November 2011.
[42] *Treisch*, Bilanzierung in Deutschland und Österreich, SWI 3/2010, S. 120.
[43] *Wagenhofer*, Bilanzierung und Bilanzanalyse: eine Einführung, Wien 2010.
[44] *Wolz/Oldewutel*, Pensionsrückstellungen nach BilMoG, StuB 11/2009, S. 424.

Stichwortverzeichnis

Abgrenzungsprinzip 58
Absatzmarkt 95
Abschluss GuV 117
Abschlussstichtag 51
Abschreibung 35, 73
Abschreibungsmethode 82
Abschreibungsverfahren 138
Absetzung für Abnutzung 73
Afa 73
Aktiva und Passiva 3
Aktive latente Steuern 155, 156
Aktive latente Steuern im Disagio 155
Aktive Rechnungsabgrenzungsposten 155
Aktivierungswahlrecht 43, 82, 137
Aktivseite 19
Aktivseite der Bilanz 15
Aktivseite der österreichischen Bilanz 17
Aktivtausch 13
Allgemeine Verwaltungskosten 39
Anhang 41, 42, 43, 44
Anlagevermögen 19, 61
Anleihen 29
Anschaffungskosten 62
Anschaffungskostenprinzip 58
Anschaffungswertminderungen 98
Anteile an verbundenen Unternehmen 21
Aufwand 94
Aufwandsrückstellungen 28, 138
Aufwertung 80
Auslagerung von Tätigkeiten 133
Ausschüttung des Jahresgewinns 156
Ausschüttungs- und Abführungssperre 83
Ausschüttungspolitik 129
Ausschüttungsregelungsfunktion 6
Außerordentliches Ergebnis 36
Außerplanmäßige Abschreibung 78
Bereinigtes Anlagevermögen 155
Bereinigung 143, 154
Beschaffungsmarkt 95

Bestandskonten 109
Bestandskontentausch 72
Bestandsveränderung 34
Beteiligungen 22
Betriebserfolg 35
Betriebsstoffe 22
Betriebsvermögensvergleich 5
Bewertung 61
Bewertung von Verbindlichkeiten 100
Bewertungseinheiten 51
Bewertungswahlrechte in Deutschland 137
Bewertungswahlrechte in Österreich 139
Bilanz 109
Bilanzadressat 59
Bilanzanalyse 141
Bilanzansatzwahlrechte 137
Bilanzansatzwahlrechte in Österreich 138
Bilanzfälschung 129
Bilanzgliederungsschema 14
Bilanzierungsmethode 42
Bilanzkontinuität 53
Bilanzpolitik 129
Bilanzrechtsmodernisierungsgesetz (BilMoG) 82
Bilanzsumme 25, 59
Bruttogewinnspanne 148
Bundesbankguthaben 24
Cash-Flow 150
Cash-Flow-Umsatzrate 147
Dauerhafte Wertminderung bei Finanzanlagen 85
Degressive Abschreibung 75
Degressive Afa 82
Direkte Einsatzermittlung 87
Dokumentationsfunktion 4
Doppelte Buchhaltung 109
Eigenkapital 25
Eigenkapitalquote 148
Eigenkapitalrentabilität 146

Eigenmittelquote 158
Einzelbewertungsprinzip 50, 87
Einzelkosten 65
Erfolgskonten 115
Erfolgsneutralität 65
Erfolgswirksame Buchung 118
Erfolgswirtschaftliche Analyse 141
Ergebnis der gewöhnlichen Geschäftstätigkeit 36
Ergebnisglättung 129
Eröffnungsbialnz 5
Erträge 35
Ertrags- und Aufwandskonten 118
Ertragskennzahlen 144
Factoring 134
Fertige Erzeugnisse 23
Festbewertung(-sverfahren) 94
FIFO-Verfahren 89, 93
Finanzanlagen 21, 85
Finanzierungskennzahlen 148
Finanzwirtschaftliche Analyse 141
Firmenwert 83
First in – first out 89
Forderungen aus Lieferung und Leistungen 98
Formelle Bilanzkontinuität 53
Fremdkapitalzinsen 42
Fristigkeiten 143
Gearing 149
Geleistete Anzahlungen 23
Gemeinkosten 65
Gesamtkostenverfahren 31
Gesamtkostenverfahren nach dem öGuV-Schema (§ 231 öUGB) 33
Geschäfts- oder Firmenwert 20
Geschäftsergebnis 45
Geschäftsverlauf 45
Geschäftswert 83
Gesetzliche Rücklage 26
Gewähren von Gesellschafterzuschüssen 136
Gewinn- und Verlustrechnung (GuV) 6, 31
Gewinnermittlungsfunktion 4

Gewinnrealisierung 56
Gewinnrücklagen 26
Gewinnverwendung 39, 40
Gewogenes Durchschnittspreisverfahren 92
Gläubigerschutz 99
Gleitendes Durchschnittspreisverfahren 88, 91
going-concern-Prinzip 54
Grundsatz der Bewertungsstetigkeit 78
Grundsatz der Bilanzklarheit 49
Grundsatz der Bilanzwahrheit 48
Grundsatz der Unternehmensfortführung 54
Grundsatz der Vollständigkeit 49
Grundsatz der Vorsicht 54, 99
Grundsatz der Wesentlichkeit 59
Grundsatz der Willkürfreiheit 48
Grundsätze ordnungsmäßiger Bilanzierung (GoB) 47
Guthaben bei Kreditinstituten und Schecks 24
GuV 109
GuV nach dem Gesamtkostenverfahren 32
GuV nach dem Umsatzkostenverfahren 37
Herstellungskosten 63, 65
Herstellungskosten, Höchstansatz 71, 73
Herstellungskosten, Mindestansatz 71
Hilfsstoffe 22
Identitätspreisverfahren 88, 90
Immaterielle Vermögensgegenstände 20, 82
Imparitätsprinzip 57
INCOTERMS 55
Informationsfunktion 7
International Commercial Terms 55
Investitionsdeckung 153
Jahresabschlussstichtag 9
Jahresüberschuss 26, 36, 59, 116
Kapitalerhaltungsfunktion 6
Kapitalrücklagen 25, 40
Kassabestand 24

Kennzahlen 144
KFS/BW 2 157
Kostenarten 38
Kostenstellen 38
Kunstbewertungsverfahren 89
Lagebericht 45
Last in – first out 89
Leasinggegenstände 155
Leasingverpflichtungen 156
Leistungsabschreibung 76
Leverageeffekt 146
Lifo 89
LIFO-Verfahren 94
Lineare Abschreibung 74
Liquiditätskennzahlen 150
Materielle Bilanzkontinuität 53
Mengenmäßige Einsatzermittlung 87
Mittelherkunft 3
Mittelverwendung 3
Nettoverschuldung 149
Nicht dauerhafte Wertminderung bei Finanzanlagen 86
Niederstwertprinzip 98
Nutzungsdauer 82
Nutzungsdauerschätzung 83
Passive Rechnungsabgrenzungsposten 30
Passivierungswahlrecht 137
Passivposten 102
Passivseite 25
Passivseite der Bilanz 16
Passivseite der österreichischen Bilanz 18
Personalaufwand 34
Planmäßige Abschreibung 74, 106
Progressive Abschreibung 76
Realbewertungsverfahren 88
Realisationsprinzip 55
Rechnungsabgrenzungsposten 24
Rohaufschlag 148
Rohertrag 147
Rohstoffe 22
Rückstellungen 27, 102
Rückzahlung von Bankkrediten 136

Sachanlagenabnutzungsgrad 152, 174
Sachverhaltsabbildung 137
Sachverhaltsgestaltungen 130
Schlechtes Geschäft 10, 11
Schlussbilanz 5
Schulden 27
Schwebende Geschäfte 10, 28
Sicherungsgeschäfte 51
Steuerbelastungspolitik 129
Steuerrecht 82
Stichtagsprinzip 51
stille Reserven 19
strenges Höchstwertprinzip 99
Übertragbarkeit 8
Umlaufvermögen 61, 95
Umsatzerlöse 34
Umsatzkostenverfahren 43
Umsatzkostenverfahren nach dem öGuV-Schema 38
Umsatzrentabilität 147
Umschlagsdauer 154
Umschlagshäufigkeit 153, 175
unbestimmte Rechtsbegriffe 106
ungewisse Verbindlichkeiten 28
Unternehmensreorganisationsgesetz 158
Unversteuerte Rücklagen 156
Veräußerung von Vermögensgegenständen 133
Verbindlichkeiten 99
Verbindlichkeiten gegenüber verbundenen Unternehmen 30
Vergleichswert 95
Vermögensgegenstand 7
Vermögensgegenstände, unbewegliche 21
Vermögenslage 7
vernünftige kaufmännische (unternehmerische) Beurteilung 106
vernünftige kaufmännische Beurteilung 102
Verschuldungsgrad 149
vertragliches Veräußerungsverbot 8
Vertragsstrafe 52
Vertriebskosten 39

Vor- oder Nachverlagerung von
    Geschäftsfällen 131
Vorratseinsatz 154
Vorsichtsprinzip 51, 98, 102
Wahlrechte 41, 105
Wareneinsatzermittlung 86
Wechsel 30
Wertaufholungsgebot 85
wertmäßige Einsatzermittlung 87
Wertminderung 78, 79, 85

Wertpapiere des Anlagevermögens 22
Wiederbeschaffungskosten 95
window dressing 135
wirtschaftliches Eigentum 9
Working Capital 150
Zinsen 36
Zuschlagssatz 66
    Zuschreibungen zum
    Anlagevermögen 80

MIX
Papier aus verantwortungsvollen Quellen
Paper from responsible sources
FSC® C105338

If you have any concerns about our products,
you can contact us on
ProductSafety@springernature.com

In case Publisher is established outside the EU,
the EU authorized representative is:
**Springer Nature Customer Service Center GmbH
Europaplatz 3, 69115 Heidelberg, Germany**

Printed by Libri Plureos GmbH
in Hamburg, Germany